시네 아프리카

영화로 읽는 아프리카 문화

영화로 읽는
아프리카 문화

시네
아프리카

Cine-
Africa

Reading
African Culture
through Films

이은별
지음

한울

[차례]

Part II

아프리카의 목소리: 편견에 맞서는 아프리카

Part III

아프리카의 내일: 미래를 짓는 아프리카

아프리카의 미래 정체성에 대한 소고

마동훈(고려대학교 미디어학부 교수)

미디어가 만드는 세상과 실제 세상 사이의 간극이 지구촌 시민의 편견과 오해의 근원이 되고, 나아가 갈등과 분쟁을 부추기는 사례는 얼마든지 많다. 특히 우리가 직접 경험하지 못한 세상에 대한 미디어의 재현은 그 세상에 대한 왜곡된 인식의 출발점이 되기 쉽다. 우리가 쉽게 경험하지 못하는 미지의 세상의 경우 미디어의 영향력은 더욱 크다.

몇 년 전 이은별 선생이 '시네 아프리카: 영화로 읽는 아프리카 문화'라는 녹록지 않은 주제로 저술을 준비한다는 이야기를 듣고 매우 기뻤다. 보통의 사람들에게는 미지의 세상인 아프리카가 영화 미디어를 통해 어떻게 재현되고 있는지를 분석·비평하여, 우리가 아프리카에 대해 갖고 있는 왜곡된 이미지의 근원이 무엇인지를 진지하게 성찰할 수 있다는 기대 때문이었다. 서구의 시선에 의해 철저히 타자화된 아프리카. 이를 넘어서는 새로운 시선의 구상은 어떻게 가능할까? 이를 위해 글로벌 시민들, 더 구체적으로는 우리 다음 세대들이 생각해야 할 출발점은 어디일까? 이은별 선생이 보내준 초고를 읽으면서 내내 머리에 맴돈 질문이다. 『시네 아프리카』가 단순한 영화 비평을 넘어 더욱 균형 있고 공정하며, 지속 가능한 미래 사회에 대한 염원과 구체적인 진단을 담았다는 점 때문이었으리라.

이은별 선생이기에 가능했던 역작이다. 내가 대학원 시절 내내 가까이에서 지켜본 이 선생의 열정과 문제의식이 고스란히 담겨 있는 책이다. 기회 있을 때마다 아프리카를 직접 경험했고, 또한 꽤 긴 시간을 북부 아프리카 튀니지에서 보냈으며, 그 사유의 결과를 논문으로 정리했던 이 선생의 학문적 중간 성과물이기에 더욱 가치 있는 저술이다. 몇 편의 영화에 대한 단순한 비평 수준을 넘어, 저자가 직접 경험하고 깊이 성찰한 아프리카 이야기가 곳곳에서 교차하며 전개되기에 더욱 흥미롭고 가치 있는 저술이 되었다.

"인종은 안정적이지 않은 기표Race is a floating signifier"라고 영국의 문화 연구자 스튜어트 홀은 오래전 간결하게 설명한 바 있다. 서구의 식민주의적 세계관이 만든 인종 프레임으로 인해 우리 인식 속의 아프리카, 아프리카 사람들은 끊임없이 재생산됐다. 교과서, 뉴스, 소설, 영화를 통해 만들어진 아프리카와 아프리카 사람들에 대한 인식이 의심받지 않고 통용되면서, 실제로서의 아프리카, 실제로서의 아프리카 사람들은 설 곳이 없어졌다. 안정적이지 않은, 유동적인 기표가 마치 진실인 양 자리를 잡고 있기 때문이다. 안정적이지 않은 기표의 문제이기에, 인식의 대전환의 단초도 여기에서 찾을 수 있다. 아프리카와 아프리카 사람들에 대한 공정한 인식의 방법을 미디어가 만들어내는 기표 분석과 그 기표를 읽는 방식에 대한 미디어 리터러시 영역에서 찾아야 하리라. 이러한 관점에서 『시네 아프리카』는 매우 의미 있는 저술이다.

아프리카 사람들이 살아가는 일상의 현장에 대한 연구, 미디어를 통한 아프리카 사람들의 정체성 회복을 위한 이은별 선생의 연구의 미래가 매우 기대된다. 이제 다시 아프리카로 떠날 준비를 하는 이은별 선생의 다음 작업이 또한 기대된다.

왜 아프리카 영화인가?

2021년 여름, 아프리카를 소재로 한 류승완 감독의 영화 〈모가디슈〉
가 개봉되었다. 코로나 팬데믹 상황에도 불구하고 관객 360만 명 이상
을 동원하며 2021년 최고의 흥행작이 되었다. 영화 제목으로 모가디슈
를 사용해야 할 만큼 우리에게는 낯선 곳에서 벌어진 실화를 사실감 있
게 그려냈다. 당시 주소말리아대사관에 근무했던 외교관의 증언을 토
대로 더욱 실감 나는 연출을 위해 영화 속 장면들은 총성과 폭력으로
채워졌다. 이러한 영화적 장치가 관객들의 이목을 끌기에 충분했지만,
한편으로는 생존을 위해 목숨을 건 탈출을 시도해야 했던 소말리아에
국한된 이야기임에도, 아프리카 전체가 무법천지인 것처럼 인식하게
하는 문제점도 있었다. 이는 아프리카 대륙이라는 퍼즐을 채워온 필자
개인의 경험에서도 여실히 드러났다.

지금으로부터 10여 년 전 스포츠 ODA^{Official Development Assistance} 관
련 프로젝트를 진행하러 케냐에 갈 때나, 에티오피아에 봉사활동을 갈
때나, 튀니지에 2년 정도 거주할 때나, EBS 〈세계테마기행〉 방송 촬영
으로 르완다에 갈 때나 지인들은 "또 아프리카에 가?"라고 물어왔다.
매번 다른 나라에 각기 다른 목적으로 떠나는데, 주변 사람들은 언제나
하나의 '아프리카'로 되물었다. 북반구와 남반구에 걸쳐 있는 유일한
대륙에 자리한 나라만 55개국(모로코 관할하에 있는 서사하라를 포함한 국
가 수이다. 아프리카연합(AU)은 서사하라를 회원국으로 인정하지만, 유엔과

AfDB(아프리카개발은행)는 서사하라를 국가로 승인하지 않기 때문에 통상 54개국이다]인데, 우리는 왜 항상 거대한 대륙을 하나의 나라로 생각해 온 것일까? 이처럼 아프리카에 대한 단편적인 인식들과 마주할 때마다, 우리와 아프리카 사이의 경계는 너무나 명징해졌다.

이러한 문제의식을 바탕으로 필자는 2012년 9월, 외교부(당시 외교통상부)가 시행한 에세이 공모전 '대아프리카 진출방안 및 아프리카에 대한 대국민 인식제고'에서 「경계 밖의 아프리카 바라보기, 이제는 마주 보기」라는 글로 외교부 장관상을 받았다. 마음으로 곁에 두고 있는 아프리카가 너무나도 멀리 있었기에 글로 쏟아낼 수 있었다. 그리고 경계 밖으로 밀려난 아프리카에 대한 글을 써 내려간 지 어언 10년이 다 되어가는 시점에, 대중의 아프리카에 대한 인식이 여전히 정체되어 있다는 사실을 깨달으며 다시 책상 앞에 앉게 되었다.

실제로 대한민국 남녀 1000명을 대상으로 시행한 대국민 아프리카 인식 조사[정부 용역 보고서 「대국민 아프리카 인식조사 및 재단 인지도 조사」 (2020.12)]에 따르면, 아프리카 지역에 대한 관심도와 호감도에 긍정적으로 답변한 비율은 약 20% 정도다. 그리고 아프리카 하면 연상되는 이미지로 자연환경(초원이나 야생, 사파리 등)을 언급한 경우가 가장 많았고, 부정적인 측면에서 가난, 흑인, 난민과 같은 단어를 떠올렸다. 이는 대중이 영화나 다큐멘터리와 같은 영상 매체나 소셜 미디어를 위시한 온라인 매체를 통해 아프리카 관련 정보를 상당 부분 얻고 있다는 미디어 이용 실태와 닿아 있다. 다시 말해, 직접 경험해 보지 못한 아프리카라는 미지의 공간은 미디어가 재현하는 시선에 따라 상상되는 것이다. '아프리카'로 단순화된 집단의 정체성이 아프리카 대륙의 다양한 국가나 구성원 개개인의 특수성을 묵살하고 있는 것인지도 모르겠다.

12

아프리카 지도 그리기

미국의 인류학자 머독George P. Murdock은 『아프리카: 민족과 그들의 문화사Africa: Its People and Their Culture History』(1959)에서 다소 생소한 지도 하나를 선보였다. 아프리카 부족들의 거주지에 따라 삐뚤삐뚤 경계선을 그은 것이다. 이 지도만으로 아프리카에 얼마나 많은 부족이 다양한 토착어로 이야기하는지, 굳이 수치를 명시하지 않더라도 짐작할 수 있다. 하지만 이러한 공동체 중심의 땅에 누군가가 '국경선'을 그어 국가 체계의 세계 질서에 편입되도록 했다. 본래 땅의 주인인 부족들은 몇 발자국 차이로 케냐인이 되거나 소말리아인이 된 것이다. 그렇다면 우리는 국경선으로 나누어진 나라 이름을 몇 개나 말할 수 있을까?

어디선가 들어본 적 있는 아프리카 국가 몇몇을 나열할 수는 있을지 몰라도, 지도상의 위치까지 파악하는 것은 웬만한 관심으로는 어려운 일이다. 우리는 그동안 수십여 개의 나라들을 너무나도 당연하게 '아프리카'로 뭉뚱그려 버렸다. 아프리카를 하나의 국가로 간주하는 것은, 단순히 54개국을 일원화하는 차원을 넘어 아프리카 출신은 모두가 유사한 의식주와 생활양식을 따르고, 비슷한 언어로 소통하며, 언제든 상호 교류할 수 있는 역사적 배경을 가졌다고 단정하는 것과 같다. 특히 한반도에서 반만년 단일민족의 역사를 간직하며 살아온 한국인들은 아프리카라는 거대한 대륙 내 인종적·언어적·문화적 다양성을 이해하기 어려울 수도 있다. 지리적으로 먼 아프리카에 관한 정보를, 선지자 역할을 자처한 서구의 렌즈로 바라봐 왔기 때문이다.

T.I.A.(This is Africa): 아프리카를 정의하는 것

영화 〈블러드 다이아몬드〉의 주인공 대니는, 다이아몬드를 차지하기 위해 서로에게 총을 겨누는 시에라리온의 참상을 보며 아프리카를 '신이 버린 땅Godforsaken continent'이라고 단언한다. 그리고 그러한 아프리카에서 갈등의 순간마다 "T.I.A.This Is Africa"라고 스스럼없이 이야기한다. 이는 아프리카를 정의하는 가치판단의 기준이 되기에 되짚어 볼 필요가 있다.

우선 아프리카의 현주소를 가늠할 수 있는 가장 손쉬운 방법은 수치화된 자료들을 살펴보는 것이다. 정치적 측면에서는 민주주의 지수나 언론자유 지수, 경제적 측면에서는 GNP(국민총생산)나 GNI(불평등) 지수, 사회문화적 측면에서는 문맹률(문해율)이나 행복 지수를 고려할 수 있다. 이처럼 수치화된 통계자료들은 조사 대상국인 세계 160여 개국을 서열화하여 우월성을 입증하거나 원조를 정당화하는 데 활용된다. 그리고 해마다 조사한 결과로 원조 효과성이나 발전 가능성을 가늠하는데, 별다른 변화 없이 후순위에 머무르는 아프리카를 발견하기란 어렵지 않다. 이처럼 T.I.A.는 아프리카인 스스로 규정한 적 없는, 외부자인 서구 백인의 시선이 담긴 것과 동시에, 내부자인 아프리카인의 자조적인 평가, "우리가 이렇지 뭐. 여기는 아프리카인데, 안 돼"로 수동적이고 절망적인 위치를 강화한다.

아프리카에 대한 시각적 오류도 한몫한다. 시각적 차원에서, 지도상에서 확인할 수 있는 아프리카 대륙은 미국과 얼추 비슷해 보인다. 메르카토르Mercator 방식에 따라 제작된 세계지도는 둥근 지구를 평면에 그려 넣어 고위도로 갈수록 실제보다 면적이 훨씬 커 보인다. 예컨대 대서양과 북극해 사이에 위치한, 세계에서 가장 큰 섬인 그린란드는 메르카토르 기법에 따라 아프리카와 비슷한 크기로 보이지만, 실제로 아프리카 대륙이 그린란드보다 14배나 크다. 사실 아프리카 대륙은 미국, 그린란드, 인도, 중국, 스페인, 프랑스, 독일, 영국을 모두 품고도 여유가 있는 크기다. 이처럼 거대한 면적만큼 지리적인 환경도 다채롭다.

아프리카는 사하라사막을 중심으로 북쪽 3분의 1에 해당하는 북아프리카와 나머지 3분의 2의 사하라 이남 아프리카로 나눌 수 있다. 이때 북아프리카는 아랍어로 '해가 지는 서쪽'이라는 뜻인 '마그레브' 지역으로도 불린다. 그리고 세계 최대 규모인 사하라사막 바로 아래, 아랍어로 해안을 뜻하는 '사헬Sahel' 지역(사하라를 거대 모래 바다로 보고 그 해안선에 해당하는 반건조 지대)을 지나 비로소 블랙 아프리카(흑아프리카)가 자리하고 있다. 그리고 다인종·다민족·다언어가 혼재한 이곳은 19세기 후반 식민지 쟁탈전이라는 이름 아래 제국주의의 희생양이 되었다. 이것이 바로 우리가 오늘날 지도상의 아프리카 대륙에 매끈하게 그어진 국경선으로 마주하는 역사적 비운이다.

아프리카와 우리 사이는 물리적 거리만큼 마음의 거리도 멀다. 현재 아프리카 대륙을 잇는 유일한 직항은 에티오피아항공이 운항하는 인천-아디스아바바 노선인데, 실제 두 도시 간 직선거리는 9216킬로미터로 인천에서 뉴욕까지의 거리(1만 1064킬로미터)보다 짧다. 그럼에도 불구하고 사람들은 일반적으로 미국 뉴욕을 여행하는 것보다 에티오피아 여행에 더 부담을 느끼는 것으로 보인다. 70여 년 전 6·25 전쟁 당시 황실 근위병을 파병한 에티오피아 참전 용사들의 이야기가 교과서에 박제된 채 낯설게 느껴지는 것처럼 말이다. 여전히 아프리카는 황열병, 장티푸스, 파상풍, A형 간염, 수막구균 등의 예방주사를 여럿 맞고서야 떠날 수 있는 머나먼 곳으로 남아 있다. 다행히 아프리카로의 여행이 이전보다 대중화되고 이를 소재로 한 방송 프로그램이 제작되며 거리감이 좁혀지는 것처럼 보이지만, 여전히 Death(죽음), Disease(질병), Disaster(재앙), Despair(절망)라는 4D의 땅으로 얼룩져 있다. 가난을 문신처럼 새기고 사는 사람들은 영양실조부터 각종 풍토병과 에이즈에 이르는 질병에 노출되어 죽음으로 내몰리고 있다. 이러한 비위생적인 환경과 함께 끊이지 않는 종족 갈등과 부패한 정부는 그들의 삶을 재앙으로 몰아넣었고, 결국에는 아프리카 전체를 절망의 늪에 빠뜨렸다. 이것이 우리가 아프리카를 정의하는 방식이다. 결과적으로 아프리카의 이미지를 고정하는 요소는 대내적으로 단절된 역사, 종교 분쟁, 종족 갈등, 장기화된 독재 정권, 빈곤과 기아 등이 얽혀 있고, 이 모든 것의 동인이 된 대외적인 식민지 잔재와 자원 수탈이 개발원조라는 미명하에 은폐되고 있다.

하지만 그 누구도 아프리카가 '왜' 검은 눈물의 대륙이 되었는지 말하지 않는다. 오히려 4D를 아프리카의 상징적인 이미지로 강화하여 그들을 도와주는 것을 백인의 짐the white man's burden으로 여겨왔다. 특히 개발 협력 담론에서 저개발의 원인에 관한 본질을 파악하지 못한 채, 그저 시혜자-수혜자 관계를 강화하는 데 급급했다. 그렇기 때문에 T.I.A.는 단순히 '여기가 아프리카다'라고 정의하기보다는 '아프리카니까 어쩔 수 없다'는 체념 조의 표현이라 볼 수 있다. 지극히 서구의 입장에서 자행되어 온 '피해자 탓하기blaming the victim'가 담긴 이 문구를 마주하며, 이제는 4D를 넘어서는 도전의 필요성을 절감했다.

16

이제는, 아프리카 영화다

서구가 그린 아프리카를 찾는 데 영화만큼 적절한 콘텐츠도 없었다. 지상파, 케이블 방송을 넘어 OTT 시장의 활성화로, 우리는 굳이 영화관에 가지 않더라도 전 세계 곳곳에서 제작된, 관객들의 주목을 받지 못했던 특별한 소재의 영화들을 손쉽게 볼 수 있게 되었다. 다양한 플랫폼은 그에 걸맞은 콘텐츠가 미디어 시장에 등장할 기회를 준 것이다. 그러한 흐름 가운데 아프리카 영화도 있다. 이때 아프리카 영화란, 아프리카를 소재로 거대 자본을 투입하여 제작된 영미권 영화와 아프리카 자체 제작 영화 모두를 포함한다. 실제로 2021년 유네스코 보고서 「아프리카 영화 산업: 성장을 위한 트렌드, 도전과제 그리고 기회The African Film Industry: Trends, Challenges and Opportunities for Growth」에 따르면, 역내 영화 산업은 연간 50억 달러의 수익과 500만 명의 고용을 창출할 만큼 역동적인 분야다. 특히 나이지리아 영화 시장인 '놀리우드Nollywood'는 매년 2500여 개의 영화를 제작하여 자체 경제모델을 구축할 만큼 매우 안정적이다. 이처럼 영화 산업의 현실적인 효과를 고려했을 때, 그동안 우리가 아프리카 대륙을 그저 기준 미달의 의식주 환경만 탓해온 것은 아닌지 자문해 볼 필요가 있다. 아프리카 대륙을 가로지르며 성장하고 있는 영화는, 그들의 진짜 삶을 들여다보며 아프리카에 대한 문화적 감수성을 키울 수 있는 더없이 좋은 콘텐츠인 것이다.

이에 필자는 이 책을 통해 아프리카의 과거·현재·미래, 다시 말해 제국주의 시대 이래 아프리카를 정의 내려온 요소가 무엇인지 확인하고, 오늘날 아프리카에 대한 고정관념으로 고착된 이미지에 도전해 미래를 만들어나갈 그들의 목소리를 담아 독자들과 함께 읽어보고자 한다. 그럼에도 『시네 아프리카』로 아프리카에 관한 모든 영화를 다루진 못했음을 미리 밝혀둔다. 비교적 대중적으로 알려져 세대를 아우르는 영화와 OTT 서비스나 유튜브로 쉽게 찾아볼 수 있는 영화를 위주로 선정했다. 이 외에도 다큐멘터리, 호러, 스릴러 등 다양한 장르를 오가며 세계적으로 주목받는 아프리카 영화들이 많으므로, 독자들이 그런 영화를 발굴하는 데 이 책이 동기 부여가 된다면 더할 나위 없이 기쁠 것이다.

사실 필자는 대학 때 '영화 속 라틴 아메리카의 이해', '영화로 보는 인도 문화'와 같은 교양 과목을 찾아 들었다. 다른 나라의 문화를 엿볼 때, 영화가 최고의 콘텐츠이던 시절이었다. 요즘은 손 안에 들어오는 스마트폰의 손톱만 한 앱이 세계 곳곳의 이야기를 담아내고 있다. 그런데도 언론학자로서 '영화로 읽는 아프리카 문화'를 집필한 것은, 정보의 홍수 속에서도 좁디좁은 물길로만 흘러가는 아프리카를 경험했기 때문이다.

이를 함께 고민하며 거대한 아프리카 대륙의 퍼즐을 맞춰 나가는 남편에게 고마운 마음을 전한다. 그리고 언제나 따뜻한 사랑으로 채워주시는 부모님들이, 오래도록 우리의 아프리카를 향한 도전을 지켜봐 주시면 좋겠다. 이 책을 통해 같은 언론학자인 동생에게도 힘을 더하고 싶다. 끝으로 이론과 현장을 오가는 학자로 커나가는 긴 여정을 지도해 주신 마동훈 교수님께 진심으로 감사드린다. 지면 너머에서 응원해 주는 고마운 분들과 함께, 이제 아프리카 영화 속으로 한 걸음 내디뎌 보자.

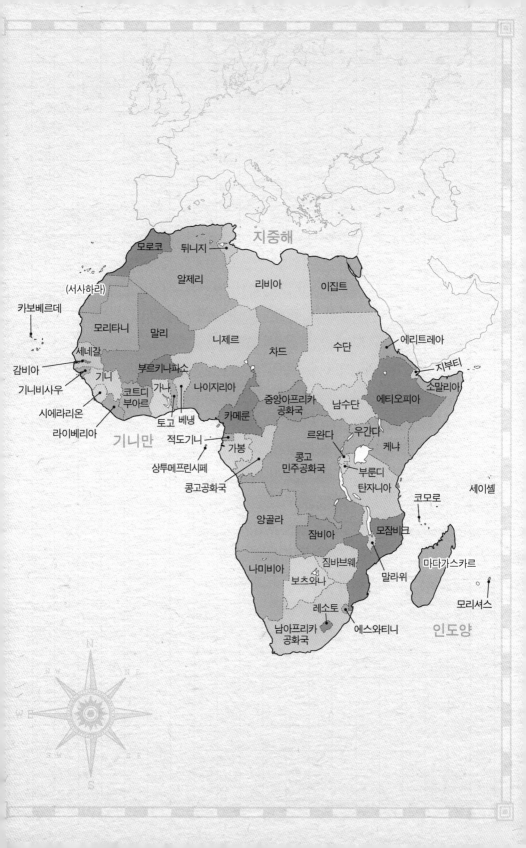

Part I

보여지는 아프리카

아프리카 팩트 체크

• 01 •

우리가 생각하는 '그' 아프리카

시대를 관통하는 고정된 이미지

영화 〈부시맨(The Gods must be crazy)〉(1980) 시리즈, 〈구혼 작전(Coming to America)〉(1988), 〈커밍 투 아메리카(Coming 2 America)〉(2021), 〈블랙 팬서(Black Panther)〉(2018)
배경 국가 나미비아, 보츠와나, 그리고 이보다 더 유명할지 모를 자문다, 와칸다

"우- 와- 우와- 우와, 퀴. 즈. 탐. 험! 신비의 세계!"

1984년부터 30년간 KBS 〈퀴즈 탐험 신비의 세계〉가 방영되었다. 당시 오프닝 영상과 음악을 기억한다면, 동물원에서나 볼 수 있는 야생동물들이 울타리 없는 초원을 달리는 모습이 떠오를 것이다. 이는 잡지 ≪내셔널 지오그래픽≫이나 고품격 다큐멘터리를 엄선한 KBS 〈동물의 왕국〉에서 흔히 볼 수 있는 장면이다. 영화 〈부시맨〉의 오프닝도 별반 다른 것이 없다. 오직 사자, 코끼리, 기린, 얼룩말, 물소 등이 한가로이 무리 지어 다니는 모습이 화면을 채운다. 그 모습만으로도 낯선 '신비의 세계'가 아닐 수 없다. 영화의 주 배경이 되는, 남아프리카공화국(이하 남아공) 북서쪽에 인접한 나미비아와 보츠와나에 걸친 칼라하리 사막(〈그림 1-1〉)은 건기가 연 9개월 이상 이어지는 매우 건조한 기후 지

그림 1-1 칼라하리 사막

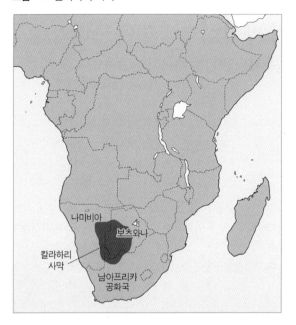

대다. 그곳에 사는 이들이 바로 부시맨이다.

솔직히 고백하건대, 나에게 아프리카에 대한 인식의 시작은 비디오 영화 〈부시맨〉이었다. 누가 봐도 가진 것 없이, 가지고 싶은 욕심도 없이, 그저 황량한 사막에서 날것 그대로의 삶을 살아가는 부시맨 아저씨가 아프리카 전체를 대변하는 것 같았다. '부시맨'이 남아프리카 보츠와나, 남아공, 나미비아의 칼라하리 사막의 수풀bush 속에서 수렵·채집 생활을 하는 코이산족을 희화화한 표현이라는 사실을 안 것은 아주 오랜 시간이 지난 후였다. 이들은 아프리카 대륙에 현존하는 부족 중 현 인류의 조상과 가장 유사한 유전자를 지닌 부족으로도 알려져 있다. 이러한 왜곡된 이름 짓기와 과학적 정보는 차치하고, 아프리카에 관심을 가지고 영화를 다시 찾아보고 나서야 진짜 부시맨을 알게 되었다. 영화의 원제가 'The Gods must be crazy'라는 것과 1980년대 한국에 유통되었던 VCR 비디오테이프 커버에 "신이 미쳤다고 말하진 마라. 그분은 너의 삶이고 기쁨이니 그분을 사랑하라"라고 쓰여 있었다는 사실도. 그제야 제이미 우이스^{Jamie Uys} 감독이 말하고자 했던 신의 미친 결정이 과연 부시맨이었는지, 아니면 다 마신 빈 콜라병을 경비행기 밖으로 내던진 백인 남성이었는지 고민하기 시작했다.

'클릭 클릭' 부시맨의 등장

영화 시작과 동시에 백인 남성으로 추정되는 내레이터는, 3개월의 짧은 우기가 끝나면 동물들도 떠날 수밖에 없는 칼라하리 사막의 척박한 환경에서 살아가는 부시맨을 이렇게 소개한다.

"칼라하리의 작은 사람들. 예쁘장하고 앙증맞고, 자그마하면서도 기품 있는 부시맨"은 "부시맨만의 개성이 드러나는, 주로 딸각거리는 소리로 이뤄진 언어를 구사한다".

그리고 내레이터는 부시맨의 언어를 알아들을 수 없는 관객들을 위하여 영화 대부분을 '읽고 해석'한다. 구체적으로 부시맨들의 일상을 묘사하고 그들의 대화를 통역하는 역할을 한다. 이로 인해 간간히 주인공 자이와 부족의 최고령자로 추정되는 가부의 몇 마디만 들을 수 있을 뿐 좀처럼 부시맨들의 목소리를 듣기 어렵다. 아마 코이산족을 처음 만난 백인 탐험가들이 그들을 '발견'했다고 주장하며 알아들을 수도, 따라 발음할 수도 없는 그들의 언어를 딸깍거리는 소리 정도로 판단했던 것 같다. 실제로 영화 중간중간 부시맨 가족의 대화를 통해 혀의 앞뒤를 튕기며 소리 내는 '똑, 딱, 쯧'과 같은 흡착(폐쇄)음을 들을 수 있다. 이는 폐에서 나온 기류가 조음 기관의 개폐에 따라 발음이 달라지는 자음과 구분된다. 오늘날에는 음성 표기법에 따라 이와 같은 흡착음을 c, q, x 등의 라틴어 자음으로 나타내어 문자화한다. 이러한 코이산족의 언어를 음악으로 들을 수도 있다. 1960년대부터 아프리카를 넘어 전 세계적으로 활동한 남아공 출신 여성 가수 미리엄 마케바Miriam Makeba의 〈더 클릭 송The Click Song〉(원제: Qongqothwane)은 그녀의 대표곡 중 하나다. 문자 없이 혀를 튕기는 소리만으로 의사소통하는 코이산족의 노래에 영미권 사람들이 제목을 붙여준 것이 바로 '더 클릭 송'으로, 남아프리카 전통 혼례에서 행운을 기원하는 민요다. 아쉽게도 영화는 코이산족 특유의 언어를 그들의 목소리로 들을 기회를 주지 않는다. 코이산족의 대화를 그대로 통역하는 것인지 아니면 장면을 주관적으로 묘사하는 것인지 알 수 없는 영어 내레이션에 코이산족의 흡착음 대화가 묻혀버리기 때문이다.

신은 왜 그랬을까?: 콜라병은 신의 선물인가, 경고인가?

어느 날 갑자기 하늘에서 콜라병이 떨어진다면? 황당무계해 보이는 이야기가 법도, 범죄도, 폭력도 전무한 코이산족 마을에 벌어진다. 부족사회를 중심으로 더불어 살아가던 이들의 머리 위로 웬 콜라병이 떨어진 것이다. 이는 경비행기로 칼라하리 사막 상공을 지나던 백인 조종 사가 무심코 창밖으로 내던진 것인데, 조종사에게는 그저 다 마신 빈 콜라병이지만 코이산족 마을 사람들에게는 이름 지을 수 없는 신기한 물건이 되었다. 그들은 생전 처음 보는 딱딱하고 투명한 물건을 요리조 리 살피며 곡식을 빻거나, 가죽을 연마하거나, 때로는 악기 삼아 불어 본다. 신통방통한 물건이 아닐 수 없다. 그간 신이 내려준 자연에서 모 든 것을 구하는 삶을 살아온 부시맨은 건기에도 사막에 남아 고립된 생 활을 해왔기에 그 어떠한 물질문명의 이기를 누려본 적이 없었다. 하지 만 갑자기 등장한 하나뿐인 콜라병은 모두의 호기심을 충족시킬 수 없 었고, 이들은 콜라병을 갖기 위해 다투기 시작한다. 결국 '소유'의 개념 조차 없던 마을의 평화가 깨지며 콜라병은 '악마의 물건the evil thing'이 되고 만다.

한편 영화는 콜라병과 같이 칼라하리 사막과 대비되는 새로운 공간 도 보여준다. 부시맨이 사는 곳에서 남쪽으로 1000킬로미터 떨어진 곳 에 위치한 도시다. 가장 키가 큰 것은 나무뿐이던 칼라하리와 달리, 도 시를 가로지르는 아스팔트 도로에 빼곡하게 우뚝 솟은 건물들이 낯설 기만 하다. 두 공간을 재현하는 방식(〈표 1-1〉 참고)도 다르다. 부시맨의 공간은 그들의 발걸음에 맞춰 아주 천천히 흐르는 반면, 도시 공간은 도로를 달리는 자동차, 분주한 마트 계산대, 쉴 새 없이 돌아가는 공장 기 기들, 그리고 바삐 오가는 사람들로 화면 전환이 굉장히 빠르다. 편리 함을 추구해 온 인간들이 오히려 삶을 복잡하게 만들고 있는 건 아닌지 자문해 본다. 이러한 상황은 도시에 살던 여기자 케이트가 보츠와나 시 골 교사를 자청하여 마을로 들어오면서 더욱 대비된다. 특히 원주민인 부시맨의 공간으로 들어온 이방인인 백인이 자연의 순리에 적응하지

표 1-1 부시맨-도시인의 이분법적 대립

부시맨(코이산족)	도시인(백인)
· 칼라하리 사막	· 도시 공간
· 자연환경을 그대로 받아들임(순응)	· 환경에 순응하는 것을 거부해 변화시킴
· 미개한 생활 방식	· 문명화된 인간
· 나무와 뼈를 도구로 활용	· 물질만능주의
· 소유 의식 부재, 현실에 대한 만족과 행복	· 반복되는 일상의 지루함과 분주한 도시 생활
· 위기 상황을 대처하는 기지와 순발력	· 돌발 상황에 당황하는 우스꽝스러운 모습

못하는 어설픈 모습을 우스꽝스럽게 그린다. 하지만 유희적 요소로 치환하는 영화적 장치 속에는 타자를 재현하는 서구의 이분법적 사고가 발동하고 있다.

〈표 1-1〉과 같이 부시맨과 도시의 백인들은 구분된다. 그들을 양분하는 접근이 낯설지 않다면, 그간 서구의 시선으로 아프리카인들을 바라보는 데 익숙해진 탓이다. 이처럼 문명과 야만으로 양분하는 위선적인 문화 인식을 극복하는 방법은, 영화를 통해 곱씹어 보는 것이다. 자문화 중심적 사고로 낯선 집단의 행동 양식을 재단하고 있는지, 감히 그들을 계몽시키기 위해 문명화의 사명을 내세우고 있는지 고민하며 백인 내레이터에 묻힌 주인공 자이의 목소리를 들어보려 애쓰는 것만으로도 〈부시맨〉의 양분된 시각을 극복할 수 있다. 어쩌면 〈부시맨〉은 자연 그대로의 삶을 살아가는 것을 거부한 채 삶의 쳇바퀴를 미친 듯이 돌려대는 오늘날 인간의 삶을 풍자한 것은 아닐까? 평생을 시간별, 날짜별로 짜인 일정대로 살아가는 도시인들과 달리 자연의 흐름에 순응하는 부시맨에게는 그 어떤 스트레스도, 걱정도, 갈등도 없어 보이기 때문이다. 신은 이렇게 극화된 부시맨과 도시인의 삶으로 서로를 바라

보게 한다.

이같이 서구의 시선이 극대화된 연출은 오히려 토착민인 부시맨을 미개한 종족으로, 아프리카 전체를 상징하는 이미지로 고정시킬 수 있다. 예컨대 콜라병을 보고 부시맨과 유사한 반응을 보이는 원숭이를 등장시켜 야생동물과 원주민을 동일시하게 만든다. 한국에서도 역시 이러한 시선을 무비판적으로 수용한 적이 있다. 2013년 KT&G의 담배 광고 'This AFRICA'에서는 새로운 담배를 소개하는 앵커로 양복 입은 원숭이를 내세웠다. 지금은 찾아볼 수 없지만, 광고 게재 당시 단순히 동물을 의인화한 것이 아닌, 아프리카인을 동물에 빗댄 표현으로 비판을 받은 바 있다. 사실 우리는 〈표 1-1〉과 같이 편하고 간단하다는 이유만으로 세상을 양분해 온 관습에 쉽게 적응한다. 인간의 간극 본능the gap instinct에 기인한 고정관념이 결국 부시맨과 도시인을 양분한 것이다.

결과적으로 적은 제작 비용으로 아프리카 원주민을 가볍게 연출한 〈부시맨〉은, 코미디 장르로는 예상 밖의 흥행 기록과 후속작들을 남겼다. 1980년 원작을 시작으로 〈부시맨 II〉(1989), 홍콩에서 제작된 〈부시맨 III: 강시와 부시맨〉(1991), 〈부시맨 IV: 홍콩에 간 부시맨〉(1993), 〈부시맨 V: 팬더곰과 부시맨〉(1994)까지 이어졌다. 1991년 부시맨의 주인공 자이 역을 맡은 배우 니카우Nixau가 한국을 방문해 토크쇼와 오락 프로그램에 출연했다는 사실만 보더라도 〈부시맨〉이 일으킨 아프리카에 대한 호기심을 짐작해 볼 수 있다. 그뿐만 아니라 지금까지 공식처럼 자리 잡은 '아프리카인 = 원시인 = 착한 야만인'이라는 등식을 한 편의 영화로 완성했다고 감히 말할 수 있을 것이다. 결국, 인류학자 레비스트로스가 지적한 대로 문명과 동떨어진 칼라하리 사막은 아마존이 '슬픈 열대'로 박제된 것처럼 안타깝고, 안쓰럽고, 한없이 부족해 보이는 '슬픈 사막'으로 남게 될지도 모른다. 〈부시맨〉을 시작으로 서사 구조와 배경만 조금씩 바꾸어, 여러 대중문화 콘텐츠가 끊임없이 재생산되고 있기 때문이다.

뉴욕에 간 자문다 왕자, 쿤타 킨테가 되다

우간다, 르완다, 자문다 ……. 자문다 왕국은 실재하는 아프리카 국가가 아니다. 1980년대 후반 존 랜디스John Landis 감독은 영화 〈구혼 작전〉에서 자문다 왕국을 세우고 왕자 아킴과 그의 시종 새미를 뉴욕 퀸스로 보낸다. 하지만 모든 것이 풍족하여 남부러울 것 하나 없던 왕자 일행의 뉴욕 입성이 미국과 자문다 양국 문화의 만남이 아닌, 문명과 야만의 충돌로 보이는 이유는 무엇일까? 자문다에서는 걷는 걸음마다 꽃길이었던 아킴이지만 제 발로 퀸스의 낙후된 지역에 들어가자, 그는 아프리카 출신이라는 이유만으로 열등한 존재가 된다. 우선 뉴욕 공항에 내린 아킴의 모습은 어설프기만 하다. 서민들은 상상도 할 수 없는 모피와 금덩이를 두른 행색에, 택시를 세울 줄도 모르는 어색하다 못해 순진해 보이는 연출은 아킴을 뉴욕의 초보 여행자이기보다 부적응자처럼 보이게 한다.

문제는 코미디 장르인 〈구혼 작전〉은 영화 속 모든 장치를 유머 코드로 반복한다는 것이다. 예컨대 자문다 왕국의 로열패밀리의 삶을 묘사하는 장면들은 어쩐지 우스꽝스럽기만 하다. 왕자 아킴이 21번째 생일을 맞아 태생부터 왕비로 길러진 예비 신부를 맞을 때, 약혼식 축하 무대는 요란스러운 춤사위를 선보이는 한 무리의 공연으로 채워진다.

흥이 넘치는 비트와 절도 있는 군무를 선보이지만, 현란한 의상과 음악 중간에 삽입된 동물 소리를 연상케 하는 추임새는 원시적인 이미지를 더욱 강화한다. 또한, 오직 왕자의 말에 복종하는 예비 신부에게 개 짖는 소리나 한 발로 서서 오랑우탄 흉내 내기를 주문하는 것은, 일국의 왕비가 주체적인 목소리를 낼 수 있는 지조 있는 여성이길 기대한다기보다 오히려 애완동물 수준의 수동적인 여성상을 보여줄 뿐이다. 마치 왕실 정원을 거니는 얼룩말이나 코끼리 중 한 마리에 불과한 것처럼, 길들여지지 않은 수많은 날것들 사이에서 오직 왕자의 말에 절대복종하는 예비 신부의 모습에 문명과 야만을 재단했던 제국주의자의 시선이 녹아 있다. 무엇보다 영화 구석구석 아무렇지 않게 내뱉는 아프리카를 비하하는 말 한마디 한마디는, 미처 대응할 새도 없이 일그러진 표정으로만 지나쳐갈 뿐이다.

(퀸스 지역의 가장 허름한 방 한 칸을 찾는 아킴 일행에게 공용 화장실을 보여주며) "해충(파리, 모기, 벼룩같이, 비위생적인 환경에 서식하는 벌레들) 문제가 좀 있긴 하지만 아프리카에서 왔으니 이런 환경은 익숙하겠지."

매일 호텔 서비스에 버금가는 침구에서 아침을 맞고, 스스로 목욕재계를 해본 적 없을 만큼 시종들의 철저한 위생 관리를 받아온 아킴에게는 황당하기 그지없는 모습이다. 그래도 자문다 왕국의 왕위 계승자라는 신분을 숨긴 채 결혼 상대를 찾고 싶은 아킴은 이전의 삶과 확연히 다른 주거 환경에 자신을 내던질 각오가 되어 있었다. 이는 신발 끈도 묶어본 적 없는 아킴이 맥다월이라는 햄버거 가게에서 걸레질을 하고 또 다른 흑인 남성인 대릴이 던진 밀크셰이크를 뒤집어쓰는 수모를 참아닐 정도로 굳건했다. 그럼에도 불구하고 아프리카 출신이라는 이유만으로 아킴에게 스스럼없이 내뱉는, 곳곳에 묻어 있는 차별적 언행이 불편할 수밖에 없다.

(재킷을 입고 농구 경기를 관람하여 다소 불편해 보이는 아킴에게) "늘 헐벗고 다녔으니 옷 입는 게 새로운 경험이겠지."
(농구 경기 관람 중인 아킴에게) "경기는 볼 줄 아니? 아프리카에서는 뭐하고 놀았어? 원숭이 쫓기?"

그러던 어느 날, 동네 이발소에 들어서는 아킴를 보고 먼저 와 있던 백인 할아버지가 이렇게 소리친다.

"아이고, 여기 쿤타 킨테(Kunta Kinte) 왔네."

아마 '쿤타 킨테'라는 이름을 들어본 적 있다면, 1970년대 후반 한국에서 방영된 미국 드라마 〈뿌리Roots〉(1977)를 시청했거나, 부모님께 어깨너머로 전해 들었거나, 혹은 2016년 리메이크된 미국 드라마 〈뿌리〉를 보며 익숙해진 이름일 테다. 알렉스 헤일리Alex Haley의 실화 기반 소설 『뿌리Roots: The Saga of an American Family』(1976)를 원작으로 한 드라마는 미국 내에서도 평균 시청률 40%를 넘기며 관심을 끌었다. 이야기의 시작은 이렇다.

1767년, 오늘날 감비아 영토에 해당하는 주푸레 마을에 거주하던 만딩고족의 전사 쿤타 킨테는 이웃 부족인 월로프 사람들과의 다툼과 원한으로 인해 아프리카 노예무역선에 실려 아메리카 대륙으로 가게 된다. 18세기 성행했던 대서양 횡단 노예무역은, 부족들에게 노예 매매의 대가로 총이나 칼과 같은 무기를 제공하며 유럽인들이 주도했지만, 부족 간의 노예 거래인 현지의 역내 시장도 무시할 수 없었다. 한편 아메리카 대륙으로 건너온 쿤타는 부족 간 세력 다툼의 희생양으로 아프리카계 미국인의 시초가 된다. 이로 인해 쿤타는 만딩고족 전사로서 가정을 이루어 후대에 부족 전통을 전수해야 하는 의무를 다하지 못한다. 그 대신 우리는, 미국 땅에서 노예로 속박당하며 고향으로 돌아가고자 끊임없이 몸부림치는 쿤타 킨테의 삶을 엿보며 소설과 드라마 제목이 왜 '뿌리'인지 깨닫는다.

사실 드라마 〈뿌리〉가 방영되기 전 영화 〈만딩고Mandingo〉(1975)가 국내에 개봉되었다. 이 영화는 주인공이 서아프리카에서 미국 남부의 흑인 노예시장으로 팔려오기까지 처참한 시간을 담고 있는데, 오늘날에도 이어지는 아프리카 흑인에 대한 고정관념이 여기서 비롯된다고 할 수 있다. 예를 들어, 〈만딩고〉에서는 아프리카에서 끌려온 만딩고족 사람들을 속박하여 수의사가 이들의 신체를 측정하거나 건강 상태를 살피는 장면이 적나라하게 나온다. 이는 대서양을 건너온 서아프리카 사람들을 하나의 인격체로 간주하기보다 그저 말이 통하는 짐승 정도로만 여긴 참혹했던 시절을 보여주는 장면이다. 영화 〈만딩고〉에 이어 1978년 3월 TBC(동양방송)와 KBS를 통해 〈뿌리〉(1977)가 방영되며 당대 한국인들에게 흑인에 대한 일방적인 이미지를 심어주었다.

애석하게도 원작이 말하고자 했던 미국 내 아프리카 노예의 비참한 삶과 짓밟힌 뿌리에 대한 애환은 온데간데없이 영화 속 이미지가 흑인의 전형이 되어 한국인의 인식 속에 뿌리내렸다. 아킴을 이발소에서 처음 만난 백인 할아버지가 아킴이 아프리카 출신이라는 이유만으로 스스럼없이 '쿤타'라고 부른 것과 마찬가지로, 아프리카에 대한 고정관념은 세계 곳곳에서 대물림되었다. 1988년에 상영된 영화 〈구혼 작전〉에서 다시 호명된 1970년대 드라마의 주인공 '쿤타 킨테'는 2018년 한국 대중가수의 발언에도 등장했다. 한 유명 케이팝 보이밴드가 자신들의 미니앨범 홍보를 위한 라이브 방송 도중 게임에 진 벌칙으로 입술 주변에 검붉은 립스틱을 바르자 "이거 '쿤타 킨테' 아니야? 쿤타 킨테? 마이콜 같은데"라고 말했다. 이는 쿤타 킨테의 사회문화적 의미를 이해하지 못하고, 오로지 단편적인 이미지만으로 특정 인종에 대한 차별적 시선을 드러낸 일화로 볼 수 있다.

만들어진 아프리카, 박제된 아프리카

〈구혼 작전〉이 제작된 지 30년이 지나 후속 편 〈커밍 투 아메리카〉(〈구혼 작전 2〉)가 개봉되었다. 세월이 흐른 만큼, 영화 속 자문다는 얼마나 변했을까 기대가 크겠지만, 여전히 그때 그 시간에 머물러 있는 장면과 대사에 실망할 수도 있다. 왜냐하면 2021년에 제작된 영화 〈커밍 투 아메리카〉에서도 자문다 왕권에 도전하는 반군 넥스도리아와 소년병들이 등장하고, 왕궁 마당을 노니는 야생동물과 그런 동물들의 모습을 빗댄 축하연이 자연스럽게 그려지기 때문이다. 무엇보다 아프리카를 향한 변치 않는 시선은 아킴과 새미가 다시 찾은 뉴욕 퀸스에서 폭발적으로 드러나는데, 이발소에 모인 사람들은 수십 년 만에 돌아온 이들에게 웃음의 소재로 사용하기에는 불편하고 민망하기까지 한 안부 인사를 건넨다.

"쿤타 킨테와 에볼라, 기근과 블러드 다이아몬드, 넬슨 만델라 부부, 얼굴에 파리가 붙은 굶주린 아이들."

계급 구조상 바닥으로 내몰린 흑인과 각종 풍토병(에볼라, 아프리카 돼지 열병)의 발원지, 도무지 해결될 기미가 보이지 않을 만큼 찌든 가난의 냄새, 그리고 자원이 곧 갈등의 원흉이 되어버린 혼돈의 아프리카와 손꼽히는 지도자의 이름을 거론하는 것으로 우리 안에 내재된 아프리카를 구구절절 보여준다. 그들은 미디어가 양산한 아프리카에 대한 단상들을 거침없이 쏟아낸 후, 앙상한 팔다리에 배가 볼록한 아이들까지 거론하고 나서야 '선'을 넘었다고 서로를 제지한다.

1988년에 제작된 영화에서도 아무렇지 않게 흑인을 향해 '쿤타 킨테'라고 부르는 백인의 모습을 보며, 미국 사회 내 뿌리 깊이 박힌 흑인에 대한 차별적 시선과 그것을 고스란히 이식받은 우리의 모습을 성찰하게 된다. 엄연히 '아킴'이라는 이름이 있는데도 한 사람의 이름을 부르지 않고 오직 흑인이라는 이유로 아무런 문제의식 없이 '쿤타 킨테'라 부르는 것. 모든 흑인의 뿌리를 아프리카 출신 노예로 여기는 권위 의식과 듣는 이로서는 매우 치욕적일 수밖에 없는 역사적 트라우마를 영화 속 유머 코드로 얼버무려선 안 될 것이다.

나이지리아 출신의 저명한 작가 월레 소잉카Wole Soyinka는 저서 『오브 아프리카Of Africa』(2017)에서 아프리카의 허구화를 네 가지로 구분했다. 이때 허구화는 누군가가 아프리카에 대한 환상을 덧씌우는 과정으로, 다음과 같은 순서로 재구성할 수 있다. ① 과거 정보가 귀했던 시절, 모험을 즐기려는 순수한 목적을 가진 탐험가들에 의해 아프리카에 대한 이미지가 형성되기 시작했다. 그리고 ② 미지의 세계였던 아프리카가 세상에 알려지자, 보물찾기 하듯 경제적 이득에 눈이 먼 제국주의자들이 약탈의 대상으로 아프리카를 허구화했다. ③ 식민 지배에서 해방된 후에는 제국의 후예로 권좌에 앉은 불완전한 지도자들이 아프리카를 허구화해 상황을 악화시켰다. 결국 ④ 이렇게 만들어진 아프리카에 대한 이미지는 미디어 콘텐츠로 재생산되어 정치, 사회, 문화 등 여러 방면에서 강화되고 있다. 〈커밍 투 아메리카〉 시리즈가 이전 작품과 30여 년의 시차를 두고 제작되었지만, 아프리카를 대하는 서구의 허구화 방식이 여전히 드러나는 이유다.

아프리카를 둘러싼 오해 비틀어 보기

세월이 지나도 변함없는 영화 속 아프리카의 이미지가 보는 이들의 아프리카에 대한 생각을 틀에 가두고, 미디어를 통한 영향력 있는 이들의 발언으로 다시금 전형적인 이미지로 고착화된다. 2018년 1월 트럼프 전 미국 대통령은 이민 문제 관련 회의에서 중미 아이티와 아프리카 출신의 취약 이민자 보호에 반감을 표하며 "우리는 왜 거지소굴 같은 나라들에서 오는 이런 사람들을 받아줘야 하느냐Why do we want all these people from 'shithole countries' coming here?"라고 말했다. 다양한 이민자로 국가 정체성을 형성하고 있는 미국의 수장이 공식 석상에서 '매우 지저분하고 더러운 거지소굴이나 시궁창 같은 곳'이라는 비속어로 특정 국가 출신을 모욕했다는 점은 충격적이다. 게다가 2017년 6월에는 "나이지리아 출신이 미국에 한번 와보면 다시는 아프리카에 있는 그들의 오두막으로 돌아가지 않을 거the 40,000 people who had come from Nigeria would never go back to their huts"라고 비하하기도 했다. 이는 트럼프 정권이 외쳐온 '미국 우선주의'가 자민족 중심주의와 타 문화 배제로 변질되어, 유색인종과 아프리카 출신이 얼마나 사회적 차별을 견뎌야 하는지 보여준다. 무엇이든 선두first에 서게 되면, 그 자리를 선점하지 못한 나머지the rest는 위계질서에 따라 후순위로 밀려나거나 비주류로 범주화되어야 하는 것이다. 영화 〈커밍 투 아메리카〉를 보며 '아직도 아프리카를 그렇게 표현해?'라며 놀라지 마시라. 2021년 개봉 영화에서도 '여전히' 아프리카는 정체되어 있고, 누군가는 'shithole countries'에서 사람들이 미국으로 들어오는 것을 몹시 싫어하고 있으니 말이다.

프랑스 학자 달메다 토포르Helene d'Almeida-Topor는 아프리카를 향한 고정관념을 구체적으로 신비의 대륙(①~⑤), 식민 지배를 통한 근대화(⑥~⑨), 그로 인한 질곡의 현대사(⑩~⑬), 그리고 여전히 주변부에 머무는 아프리카(⑭~⑰) 이렇게 17개로 정리했다. ① 이국적인 모험의 땅 아프리카에는 ② 원시인에 가까운 흑인 집단이 '아프리카인'이라는 단수로 규정되어 ③ 유럽인들이 문자 문화를 전파하기 전까지 역사도 없이 살아오고 있었다. ④ 이는 그들을 더욱 야만적이고 미개하게 만들어 약탈과 내전이 빈번한 혼돈의 땅이 되어버렸다. ⑤ 특히 종교적 몽매주의에 빠져 주술적인 문화가 주를 이루고, 일신교를 따르는 서구 기독교 중심 관점에서는 토착 신앙과 결합한 이슬람교의 전파가 탐탁지 않았다. ⑥ 이런 아프리카를 영국, 프랑스, 벨기에와 같은 유럽 열강이 보호 조약을 명분으로 식민지화한 것은 당연했는데, 결과적으로 ⑦ 식민 지배를 통해 나태한 아프리카인들을 일하게 만들었기 때문이다. ⑧ 식민지 경영으로 아프리카를 개발할 수 있었고 ⑨ 피식민자인 아프리카인들은 교육, 사회적 인프라, 농업 개발과 같은 이익을 얻었다는 것이 서구의 입장이었다. 하지만 이러한 논리는 식민지 획득의 궁극적인 목적이 지배자의 경제적 이윤 획득이고, 약탈과 착취로 인해 아프리카인들의 삶은 오히려 피폐해졌다는 사실을 은폐한다.

결국 ⑩ 식민지 경험은 아프리카의 저개발을 장기화했고 ⑪ 첫 단추를 잘못 끼운 영토 분할로 끊이지 않는 종족 분쟁과 폭압적인 독재가 난무하는 폭력의 대륙이 되었다. 이는 ⑫ 빈곤 문제를 심화해 국민들이 영양실조와 취약한 보건 환경에 무방비로 노출되었고 ⑬ 성숙하지 않은 민주주의와 개선할 의지가 전혀 없어 보이는 아프리카인들은 수십 년째 제자리를 맴돌고 있다는 것이다. 이처럼 절망의 대륙 아프리카의 이미지는 아프리카 밖 수용자들의 흥미를 불러일으키는 데 유용했기에 대중매체는 이러한 단편적인 이미지를 반복적으로 재현했다. 이를 통해 ⑭ 프랑스처럼 이전 아프리카 식민 국가에 신식민주의 정책을 펼치는 행위를 정당화할 수 있고 ⑮ 식민 독립 후에도 주요 원자재를 독점하려는 의도를 은폐한 채 경제적 이익을 취할 수 있기 때문이다. 이러한 연유로 ⑯ 아프리카는 국제 원조에 의존할 수밖에 없고, 오직 이해관계에 매몰된 대對아프리카 정책으로 인해 ⑰ 아프리카에 대한 관심은 편향되거나 미비해질 수밖에 없다.

아마 이 17가지 편견이 낯설지 않을 것이다. 우리가 알고 있는 '그' 아프리카가 이런 전형적인 이미지에서 파생된 것이기 때문이다. 이로써 아프리카 대륙의 문화 다양성은 아프리카 비관주의Afro-pessimism(아프리카를 폭력, 야만, 가난, 절망 등 부정적 고정관념으로 점철된 왜곡된 이미지 강화)로 묵살되고 만다. 아프리카를 향한 검은 대륙 신화를 전복하기 위하여 아프리카에는 30세 이하 인구수가 다수라는 점과 성장 가능성을 토대로 아프리카 낙관주의Afro-optimism를 내세우기도 한다. 하지만 결국 아프리카성Africanness을 규정하는 관행을 깨지 못한다. 최근 국내외 학계뿐만 아니라 관련 시민단체, 정부 기관 등에서 아프리카 인식 개선을 위한 다방면의 노력을 기울이고 있음에도 불구하고, 이 모든 것이 앞서 살펴본 1980년대 영화 〈부시맨〉, 〈구혼 작전〉과 마찬가지로 2021년에 개봉된 〈구혼 작전 2〉에도 고스란히 담겨 있다.

미래의 아프리카에는 ······ : 아프로퓨처리즘과 와칸다 포에버

100만 년 전 아프리카 대륙에 불시착한 운석에 함유된 비브라늄을 통해 서구의 도움 없이도 앞선 과학기술을 발전시켜 부강한 나라로 자립할 수 있었던 와칸다. 물론 와칸다는 디즈니 마블 시리즈 영화 〈블랙 팬서〉가 만들어낸 아프리카의 가상 국가다. 앞서 살펴본 자문다 왕국처럼 와칸다 역시 모든 것이 풍족하여 가난 때문에 서로에게 총구를 겨누는 일도 없다. 오히려 와칸다 트찰라 국왕의 엘리트 경호 대장 오코에는 총으로 반격하는 악당들과 대면하자 "총이라니, 미개한 놈들"이라며 비난한다. 와칸다는 만능 비브라늄이 있어 빈곤도, 투쟁도 없는 평온한 상태이기 때문이다. 이는 내전과 소년병 문제로 몸살을 앓고 있는 일부 아프리카 국가들을 향한 서구의 시각을 드러낸 것으로 보인다.

와칸다에는 흑인 중심주의를 기반으로 아프리카의 전통문화와 예술에 환상적 리얼리즘을 접목한 미래적 문화 기류가 흐른다. 이것이 바로 아프로퓨처리즘Afro-futurism이다. 이때 Afro-는 지리적 차원에서 아프리카에 한정되는 것이 아니라 흑인 노예나 식민 경험과 같은 모든 역사, 문화, 정치적 속성을 포함한다. 여기에 그간 서구 백인 중심으로 구현되어 온 미래주의를 뜻하는 퓨처리즘이 접목되어, 소외된 아프리카의 정체성이 미래를 주도하는 개념으로 정립되었다. 실제 영화 속 와칸다 사람들의 의상은 아프리카 전통 예술(다양하고 화려한 색채에 기하학적으로 표현한 동식물 문양)과 최신 기술을 결합(에너지의 저장과 방출이 가능한 첨단 과학)하여 흑인 정체성의 미적 가치와 급변하는 과학기술을 반영했다. 이처럼 아프리카 흑인이 주도하는 상상 속 미래 세계가 바로 〈블랙 팬서〉가 구현해 낸 아프로퓨처리즘이라 할 수 있다.

와칸다는 정말 다르다. 자기부상열차가 와칸다를 가로지르고, 치명상을 입은 환자들도 신속하게 치료받을 수 있는 의료 시스템이 갖춰져 있다. 사회 인프라가 미비하고 보건의료 분야 시설과 전문 인력이 부족한 아프리카의 전반적 상황을 고려했을 때, 와칸다의 모습은 아프리카인 스스로 간절히 원하는 미래상일 것이다. 그들은 이러한 아이디어가 단지 상상 속에 머무르지 않기를 바라면서 "와칸다, 포에버"를 목 놓아 외친다. 그리고 마침내 오스트리아 빈에서 열린 유엔총회에 선 트찰라 국왕은 이렇게 말한다.

"우리나라(와칸다) 역사상 최초로 우리의 지식과 자원을 다른 이들과 나누겠습니다. 와칸다는 이제 더 이상 방관하고 있지 않겠습니다. 우리는 그럴 수 없고, 그래서도 안 됩니다. 우리는 이 땅의 형제자매가 서로 어떻게 도와야 하는지 본보기가 될 것입니다. 지금, 그 어느 때보다 우리는 분열과 갈등을 겪고 있습니다. 잘 알다시피 진실은 우릴 갈라놓기보다는 하나로 만듭니다. 하지만 위기의 시대에 현명한 자는 다리를 만들고, 어리석은 자는 장벽을 세웁니다. 우리는 서로를 지킬 방법을 찾아야 합니다. 마치 우리가 한 부족인 것처럼 말입니다."

항상 서구의 원조에만 의존하다가 가상이지만 자원 부국으로서 와칸다 스스로 성장하여 오히려 어려운 이웃을 돕는다는 설정은 매우 인상적이다. 누구도 상상조차 해본 적 없는, 전도된 수혜자와 시혜자의 모습이기 때문이다. 이에 다른 총회 참석자가 "세계 최빈국이 무엇을 할 수 있느냐"라고 반문한다. 이 질문은 〈블랙 팬서〉를 향한 비판의 시선을 일깨운다. 첫째, 거대한 비브라늄 광산을 보유한 와칸다는 대다수 아프리카의 자원 의존적 경제구조와 개발 정책을 반영한 것이다. 하지만 와칸다의 지도자들은 비브라늄을 자신의 힘으로 활용하여 대중교통 시스템과 국가 안보를 위한 장비 구축으로 삶의 질을 높이고 있다. 둘째, 신체적으로 우월한 조건을 가진 흑인 남성과 강인한 여성의 이미지는, 관객들이 기대하는 흑인 이미지에 부합하는 '만들어진' 캐릭터라는 것이다. 설령 현실에 반反하는 이미지일지라도, 신체적·정신적으로 자립할 수 있는 능력을 갖춘 아프리카 흑인의 모습은 재평가되어야 한다.

끝으로 지나친 아프리카 낙관주의는 초기 와칸다의 폐쇄적인 국정 운영과 같이 자원의 저주resource curse를 피하려는 소극적인 자세로 나타날 수 있다. 따라서 자원을 국가 경제 발전의 원동력으로 삼아 국민들이 그 혜택을 고루 누릴 수 있게 하는 국제사회의 전략적인 공조가 필요하다. 이를 통해 와칸다는 그저 영화 속에나 존재하는 미래의 아프리카를 넘어 지속 가능한 발전 선상에 놓인 현실 국가로 실현될 것으로 기대된다. 그리고 그동안 아프리카를 고정해 온 이미지를 비틀어 보고, 익숙한 것을 낯설게 보려는 생각의 전환은 우리의 몫일 것이다.

함께 읽으면 좋은 책!

- 『총·균·쇠(Guns, Germs, and Steel)』(2005). 재러드 다이아몬드 지음, 김진준 옮김, 문학사상. 19장 「아프리카는 왜 흑인 천지가 됐는가」.
- 『아프리카: 열일곱 개의 편견(L'Afrique)』(2010). 엘렌 달메다 토포르 지음, 이규현·심재중 옮김, 한울엠플러스.
- 『팩트풀니스: 우리가 세상을 오해하는 10가지 이유와 세상이 생각보다 괜찮은 이유(Factfulness: Ten reasons we're wrong about the world—and why things are better than you think)』(2019). 한스 로슬링·올라 로슬링·안나 로슬링 뢴룬드 공저, 이창신 옮김, 김영사. 1장 「간극 본능」.
- 『오브 아프리카(Of Africa)』(2017). 월레 소잉카 지음, 왕은철 옮김, 삼천리. 1부 「살아있는 과거」.

#고정관념 #코이산족 #쿤타킨테 #아프로퓨처리즘

아프리카, 노스탤지어

아프리카를 향한 제국주의 시선

영화 〈아웃 오브 아프리카(Out of Africa)〉(1985), 〈러브 인 아프리카(Nowhere in Africa)〉(2001), 〈화이트 마사이(The White Massai)〉(2005), 〈사랑이 지나간 자리(Palmeras en la nieve)〉(2015), 〈오직 사랑뿐(A United Kingdom)〉(2016), 〈스탠리와 리빙스턴(Stanley and Livingstone)〉(1939)
배경 국가 케냐, 적도기니, 보츠와나, 잠비아, 짐바브웨

여행의 시작

아프리카를 향한 여행의 시작은 15세기로 거슬러 올라간다. 바야흐로 대항해 시대, 유럽을 떠나 신대륙 발견에 나선 탐험가들은 기껏해야 육지에서는 말로, 해상에서는 배로 이동할 수밖에 없는 상황 속에서 유럽 대륙을 떠나 남쪽으로 항해를 시작했다. 느리고 불안정한 만큼 목적지에 도달한 이들은 소수에 불과했고, 그들은 신대륙의 정보원을 독점하며 권력을 행사하게 되었다. 시간이 흘러 산업혁명 이후 1850년경 증기기관의 상용화로 식민지 쟁탈전은 발전된 이동 수단만큼이나 빠르고 치밀하고 또 경쟁적으로 변모했다. 이로써 유럽 중심의 개념인 '지리상의 발견'이 아프리카에 대한 공공연한 식민지화로 나타났다. 또한 이때

부터 본국을 떠나 새로운 공간으로 나아가는 세계 여행이 식민지 정책
의 일환으로 성행하기 시작했다.

이는 단순한 여행 그 이상의 의미를 지닌다. 대륙을 건널 수 있는 자
본과 정보력을 선점할 수 있었던 일부 지배자들에게는, 경계를 벗어나
식민자인 자신의 정체성을 확인할 수 있는 타자(피식민자)를 끊임없이
발견하는 계기가 되었기 때문이다. 이렇게 대항해 시대와 제국주의의
풍파를 겪으며 마침내 아프리카는 '발견된' 땅이 되고 말았다. 그리고 서
구를 중심으로 행해진 이 모든 정복의 과정을 정당화하기 위해 아프리
카는 미지의 세계, 대자연을 품은 신비의 대륙으로 재현되기 시작했다.

환상 속의 제국주의: 식민주의

제국주의가 싹을 틔우던 당시 상황을 살펴보자. 고전 영화 〈스탠리와
리빙스턴〉(1939)은 1841년 남아프리카에서 선교사이자 탐험가로 활동
한 데이비드 리빙스턴David Livingstone(1813~1873)과 인생 끝자락에서 행
방불명된 그를 찾아 나선 헨리 스탠리Henry M. Stanley(1841~1904)의 이야
기를 그린다. 1855년 잠비아와 짐바브웨 사이에 위치한 빅토리아폭포
를 처음으로 방문한 백인 리빙스턴의 모습은, 영화 〈미션〉(1986)의 첫
장면인 장엄한 이과수폭포 앞에 선 예수회 선교사들을 연상케 한다. 사
실 태초부터 잠베지 강줄기에 있던 이 폭포는 리빙스턴이 서구에 이를
소개하고자 영국 빅토리아 여왕의 이름을 본떠 붙인 것이다. 원래 명칭
은 토착민 콜로로족 언어로 '천둥소리가 울려 퍼지는 물안개'라는 뜻의
'모시오아툰야Mosi-Oa-Tunya'다. 이는 1974년 에티오피아에서 발견된 최

초 인류 화석의 이름을, 발굴 당시 학자들이 비틀스의 〈루시 인 더 스카이 위드 다이아몬드Lucy in the sky with diamonds〉(1967)를 듣다가 '루시'로 지은 것과 유사하다. 이처럼 유럽의 식민지 팽창은 지리적 점령과 함께 서구식 지도 그리기mapping와 이름 짓기naming로 드러난다.

결과적으로 리빙스턴이 아프리카 대륙에 뿌린 식민지 개척이라는 씨앗은, 19세기 후반 유럽 열강의 식민지 쟁탈전을 가속화했다. 1882년 이집트를 점령한 영국은 카이로를 중심으로 인도 콜카타를 잇는 동아시아 노선과 남아공 케이프타운을 잇는 희망봉 노선을 구상하여 경제적·군사적 식민지 구축을 위한 3CCairo-Calcutta-Cape Town 정책을 펼친다. 이를 위해 대영제국 동아프리카회사를 설립하여, 1895년 외무부(1950년에는 식민성으로 변경)는 나일강 상류를 통제하고 하류에 위치한 수단까지 포섭하는 구체적인 전략을 구상한다. 이에 따라 케냐의 해안 도시 몸바사와 우간다 쪽 빅토리아 호수의 도시 키수무를 연결하는 우간다 철도를 1901년 완공하여 식민정책을 본격화한다.

영국이 1차 세계대전의 도화선이 된 모로코 카사블랑카와 아프리카 남동쪽의 마다가스카르를 연결하는 아프리카 횡단 정책을 구상한 프랑스, 1893년 베를린Berlin−비잔틴Byzantine(오늘날의 이스탄불)−바그다드Baghdad를 잇는 3B 정책을 수립한 독일과 충돌하며 아프리카 대륙은 말 그대로 유럽 열강의 식민지 각축장이 되었다. 아프리카 대륙은 어쩌다가 서구 열강이 마구잡이로 선을 그을 수 있도록 땅을 내어준 것일까?

이 모든 것은 땅 주인 없는 땅 분할 회의 때문이다. 베를린 서아프리카 회담 혹은 콩고 회담으로도 불리는, 1884년 독일 베를린에서 열린 아프리카 영토 분할에 관한 베를린 회의가 바로 그것이다. 하지만 정작 회의장에 아프리카는 없었다. 회의 주제가 아프리카인데, 땅 주인 없이 서유럽 국가들과 미국, 러시아 등이 참석한 것이다. 그리고 그들은 오랜 시간 동안 아프리카 부족 전통 방식으로 합의된 공동체를 철저히 무시하고 국경선을 그으며 국가 만들기에 돌입했다. 오직 제국의 이권 다툼을 해소하고 효율적으로 식민지를 관리하기 위해서였다. 그리고 서구 열강이 식민지 영토에 관한 소유권 획득과 영토 확장이라는 야욕을 숨기는 바람에 그것을 그저 자신들을 향한 우호적인 행위로 여긴 아프리카인들은 허울 좋은 보호조약을 수용하고 만다. 물론 식민지 이전부터 나름의 정치·경제 체계를 갖추고 국정 운영을 해온 이집트, 튀니지, 모로코, 에티오피아, 부룬디, 르완다, 에스와티니(구 스와질랜드), 레소토, 보츠와나, 마다가스카르와 같은 국가도 있다. 하지만 그 외 상당수 국가는 영국, 프랑스, 독일, 벨기에, 포르투갈, 스페인, 이탈리아 이 7개 강대국의 땅따먹기식 국경선 긋기로 국가가 형성된 것이다.

본격적으로 식민지 당시 이야기들을 소재로 한 영화를 살펴보기 전에, 앞으로 언급할 제국주의, 문화제국주의, 식민주의, 탈식민주의, 인종주의라는 용어를 간략히 정리하고자 한다. ① 제국주의는 프랑스의 알제리 점령(1830), 영국의 뉴질랜드와 인도 지배(1840)를 시작으로 자국의 경제와 정치적 이해를 도모하기 위한 유럽의 식민지 개척으로 나타났다. 이를 통해 식민지에 대한 배타적 소유권을 다른 국가에 주장하고, 식민국을 모국이라 칭하도록 하면서 식민지인들에게 복종을 강요했다. 이는 식민지가 경제적 이익을 얻기 위한 수단을 넘어, 지배를 받아야 하는 곳이라는 점에 대중의 암묵적인 합의를 끌어내는 지식의 형태로 추진되었다. ② 이로 인해 한 국가의 우월한 위치(서구)가 타자(비서구)의 문화를 지배하는 것이 당연시되는 문화제국주의로 확대되었다. 결과적으로 유럽 열강은 식민지 아프리카에 지리적 통폐합과 심리적 억압으로 제국주의를 강행했다. ③ 식민植民주의는 문자 그대로 본국과 지리적으로 멀리 위치한 식민지 영토에 자국민을 이주시켜 사람을 심는다는 뜻이다. 식민지 개척을 통해 국외로의 영토 확장을 기획한 열강은 본국의 정치·경제 시스템을 이식하기 위해 본국인을 정착시켰다. 이때 원주민보다 식민지 지배자 수가 많고 북아메리카와 호주처럼 긍정적인 결과를 가져온 백인 식민지도 있었지만, 대체로 원주민 수가 식민지 지배자보다 우세한데도 굴복해야 했던 개발식민지였다. 효과적인 식민주의 정책을 실현하기 위하여 제국주의자들은 자신의 문화적 우월성을 내세우며 식민지의 문명화를 사명으로 여겼다. 또한, 미개인을 문명화하는 것이 '백인의 짐'이라며 식민지 개척을 정당화했다. 문제는 이렇게 서구가 식민지에 심어둔 '식민 의식'이 독립 후에도 완전히 사라지지 않고 오히려 피식민지인들의 뇌리에 문화적·심리적·이데올로기적으로 확대, 재생산되어 온 것이다. 그러므로 의식의 식민화가 아프리카 전체를 무력하게 만들었다는 비판은 당연한지도 모른다. ④ 이에 지배-피지배 관계에서 파생된 상처를 치유하려는 탈식민주의 운동이 1970년대 후반부터 영미 학술계에 성행하기 시작했다. 대표적으로 사이드 Edward Said가 지적한, 오리엔탈리즘으로 날조된 동양의 이미지를 본래의 모습으로 인식하려는 시도를 들 수 있다. 끝으로 ⑤ 제국주의와 결합하여 잔상처럼 남아 있는 인종주의는, 백인의 유색인종에 대한 지배, 부자의 가난한 자에 대한 지배를 정당화하는 도구로 사용되어 왔다. 검은 피부는 제국주의 침략을 무조건 수용해야 한다는 인식이, 피부색에 따른 인종차별로 오늘날에도 이어져 온다고 할 수 있다.

낭만적 서사의 시작, <아웃 오브 아프리카>

　인공적인 요소가 전혀 가미되지 않은 대자연의 아프리카와 그곳에 사는 원주민들과의 이야기를 그린 카렌 블릭센Karen Blixen(1885~1962, 필명은 이자크 디네센)의 자전적 소설 『아프리카 농장La Ferme Africaine』(1937)을 바탕으로 한 영화 <아웃 오브 아프리카>. 이 영화는 아프리카의 광활한 자연환경을 담은 뛰어난 영상미로 1986년 아카데미 일곱 개 부문(작품상, 감독상, 각색상, 촬영상, 프로덕션 디자인상, 음향효과상, 음악상, 여우·남우주연상)을 석권하며 미국뿐 아니라 세계 관객들의 마음을 사로잡았다. 무엇보다 덴마크 여성이 아프리카 케냐에 당당히 입성하여 어떻게 낯선 환경에 부딪치며 그것을 받아들이는지, 여성의 목소리로 들려주는 점이 인상적이다. 한 여성의 인생사를 통해 영화 제목이 시사하듯 내부자가 아닌 아프리카의 밖out of에서 온 이방인의 시선으로 아프리카를 바라볼 수 있다. 이로 인해 전반적으로 영화 속 케냐는 '보여지는' 수동적인 위치에 놓일 수밖에 없다.

　실제로 카렌이 케냐에 머문 시기는 제국주의가 성행하던 1914년부터 1931년까지로, 1차 세계대전(1914~1918)에 따른 열강의 세력 다툼으로 아프리카 전체가 혼란의 시간을 보내던 때였다. 케냐의 경우, 1888년부터 대영제국에서 설립한 동아프리카 회사의 영향으로 1902년에 영국령 동아프리카 보호령, 그리고 1920년에는 대영제국의 식민지로 전락하고 만다. 영국은 자신들의 침략을 정당화하기 위해 토착민인 키쿠유족과 마사이족의 땅을 빼앗아 백인들의 이주를 강행했다. 말 그대로 '식민'정책으로, 영국인들을 케냐 농경지에 정착시킴으로써 지배-종속 관계를 확고히 했다.

케냐 정착 초반에는 카렌 역시 여느 제국주의자들과 다르지 않았다. 흑인들에게 은연중에 거리 두기를 요구하는 눈빛과 손짓을 보내거나 '슈슈'와 같은 의성어로 지시를 내리는 거만한 모습을 보인다. 그리고 흑인 요리사에게 음식 서비스를 하기 전 흰 장갑을 끼워주며 격식을 갖추길 요구하기도 한다. 그뿐만 아니라 농장 근처의 하천에 제방을 쌓아 자신이 경영하는 커피 농장이 독점할 수 있는 저수지를 만드는 등 현지 자연환경과 전통 방식을 인정하지 않으며 전형적인 약탈자의 심보를 드러낸다. 나아가 농장 운영에 동원된 원주민들에게 글을 가르치고 선교 사업을 펼치는 등, 노예무역이 성행하던 시절처럼 흑인 노동자를 재산으로 소유하고 그들을 계몽하려 한다. 이를 지적한 사람은 다름 아닌 카렌의 연인 데니스였다. 사랑의 감정에 휩싸였지만 한 여성에게 예속되는 것을 거부했던 데니스는, 우리가 누군가를 소유할 수 없듯이 식민지라는 명분으로 아프리카 역시 온전히 가질 수 없다고 이야기한다.

처음에는 속박된 관계에 대한 염증쯤으로 받아들였던 카렌은 온 정성을 다해 꾸려온 커피 농장이 한순간의 화재로 모두 소실되고 나서야 그 참뜻을 깨닫는다. 케냐의 땅도, 커피 농장도, 함께 일궈온 케냐 현지 직원들도 누군가에게 예속될 수 없음을, 그리고 그러한 생각 자체가 폭력적일 수밖에 없음을 아프리카 밖out of으로 나와서야 알게 되며, 아프리카의of 본질을 깨닫는다. 그럼에도 불구하고 영화 속 케냐의 목가적인 풍경은 남녀 주인공의 서정적이면서도 애틋한 로맨스 서사와 맞물려 문명과 야만의 대립을 감춰버린다.

사랑으로 그들과 어깨를 나란히

〈아웃 오브 아프리카〉의 카렌이 1차 세계대전 격변기에 케냐에 머물렀다면, 2차 세계대전(1939~1945) 당시 그곳에 머문 유대인 가정이 있다. 1938년 1월, 나치가 유대인의 숨통을 조여오자 먼저 케냐 론가이로 떠나 농장 일을 하고 있던 발터는 독일에 남아 있던 아내 예텔과 딸 레지나에게 램프와 모기장, 편한 신발 몇 켤레만 가지고 케냐로 향하는 배에 오를 것을 당부한다. 모녀는 6주간 증기선에 탑승해 아프리카 대륙을 종주한 후 1938년 4월 20일 히틀러의 생일에 나이로비에 도착한다. 나치 정권 치하에서 유대인이라는 이유만으로 할아버지가 운영하던 호텔 잃고 아버지 발터마저 변호사 자격을 상실하자 레지나 가족은 어두운 독일과 달리 사계절 밝은 케냐로 이주하게 된다.

그림 2-1 케냐

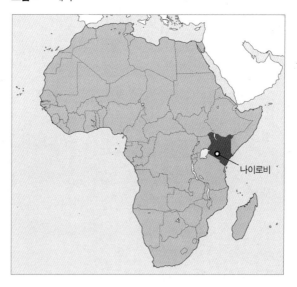

이렇게 독일 나치즘이 유대인을 핍박하며 아리아 혈통의 우월성을 과시했고, 하얀 피부의 유대인은 검은 아프리카 대륙에서 자신의 정체성을 재정립한다. 독일 사회에서 철저히 타자로 존재할 수밖에 없었던 유대인 가족은 케냐로 이주하며 독일 내 인종차별정책에서 벗어날 수 있었지만, 아프리카라는 이국땅에서는 필연적으로 외로움과 불안정한 삶을 감당해야 했다. 나치의 핍박을 피해 케냐까지 온 유대계 독일인들은 마을 주민들에게는 그저 밝은 피부를 가진 '무중구mzungu'[반투어 계열 언어권(주로 동아프리카에서 쓰는 스와힐리어)에서 '백인'이라는 뜻]일 뿐이었다. 그리고 론가이에서의 생활에 적응해 나가던 중, 독일과 영국의 전쟁으로 발터는 영국군에, 피난 중이던 아내와 딸 레지나는 적군의 포로로 잡혀간다. 다행히 나치 정권에 핍박받아 조국을 탈출한 유대인이라는 사실을 소명해 수용소에서 풀려나지만, 적군의 포로였다는 이유로 일자리를 잃고 새로운 농장에 재정착한다. 이처럼 백인이라 하더라도 유대인의 케냐 생활은 온전하지 못했다.

이들은 나치에 의해 도망자 신세가 된 자신들의 처지를 케냐인의 삶속에서 깨달으며 위로받는다. 물론 영화 초반에는 흑인 여성에 대한 백인 남성의 우월감이 드러나기도 한다. 예컨대 발터는 아내에게 "아프리카 여자들처럼 걸어봐"라며 블라우스를 탈의하고 머리에는 보따리를 진 듯한 자세를 취하게 한다. 이는 아프리카 여성이 헐벗은 듯한 미개한 이미지를 심어줄 수 있는데, 식민지 시절 유럽 제국들이 아프리카 대륙에서 자행한 전형적인 이미지 재생산을 보여준 부분이다. 하지만 케냐에서의 생활이 길어질수록, 레지나 가족은 이질적인 문화적 행위 앞에서 치열하게 고민하고 또 갈등한다. 그동안 자신만의 문화적 잣대로 상대를 가늠해 온 방식이 위기를 맞는 경험을 했기 때문이다.

어느 날 예텔은, 노환으로 거동이 불편한 노모를 마을 근처 나무 아래 두고, 조상님이 보우하사 밤사이 하이에나의 먹잇감이 되도록 하는 포코트족의 임종 의식을 보고 충격에 빠진다. 그러고는 감히 그들의 장례 의식을 우리와 다르다는 이유만으로 미개하다고 단정 지을 수 있는지 갈등한다. 그녀에게는 죽음을 앞둔 부모를 집 밖에 내버려 두는 배은망덕한 행위이지만, 그들의 입장에서는 조상님 곁으로 가는 가장 편안하고 전통적인 방식이었기 때문이다. 오히려 그들에게 우리의 방식을 요구하는 것이 문화적 선 긋기일 수 있다. 결국, 연합군과 독일 나치의 전쟁이 계속되고 본국에 있는 가족들의 생사가 불투명해지자, 레지나 모녀는 포코트족의 신성한 의식에 참여함으로써 그들의 삶에 가까이 다가간다. 관객의 위치가 아닌, 그들과 어깨를 나란히 하며 엉덩이를 맞붙여 앉아 기꺼이 의식에 함께하는 것으로 아프리카식 삶에 본격적으로 들어가는 것이다. 그리고 영화 말미에 엄청난 메뚜기 떼가 농장을 덮치자, 마을 주민들과 고군분투하며 메뚜기를 쫓는 데 한마음을 모은다. 백인 이주민과 흑인 토착민이라는 경계를 허물고, 모두에게 직면한 과제를 해결하기 위해 협력하는 순간이다.

마침내 2차 세계대전이 끝나고, 발터는 1946년 9월 4일 독일 민주주의 재건과 함께 프랑크푸르트 지방법원 판사로 임용된다. 우여곡절 끝에 본래 자신이 있던 자리로 가족들과 돌아갈 기회가 온 것이다. 아마 발터는 영국인에게 빼앗긴 땅을 바라보던 케냐인의 말을 기억했을지도 모른다.

"누가 소를 훔쳐 가면 죽여서 먹어치우니 사라져 잊히지만, 땅은 누구한테 빼앗겨도 같은 곳에 계속 있으니 다시 갈 수 있고 절대 잊히지 않죠."

그렇게 발터는 용기를 내어, 추억과 애환이 서린 독일로 돌아간다. 항구도시 몸바사를 통해 영국을 거쳐 독일 프랑크푸르트로 돌아가게 된 가족들은 케냐 기차간에서 바나나를 파는 할머니를 만난다. 예텔이 원숭이보다 가난해서 바나나조차 살 돈이 없다고 이야기하자, 할머니는 "원숭이를 위하여!"라고 말하며 바나나 하나를 건넨다. 생계를 위해 바나나를 하나라도 더 팔면 좋겠지만, 어차피 팔지 못하면 단지 화폐를 마련하지 못하는 것뿐이기에 기꺼이 다른 이들에게 나눠줄 수 있다는 것이 할머니의 생각이었다. 그것이 바로 그들의 삶의 방식이고, 우리가 감히 가난이라 규정지어 온 것이다. 케냐를 떠나는 순간까지 예텔은 자기만의 잣대로 케냐의 일상을 재단해 온 내재화된 제국의 시선을 부끄러워해야 했다.

이러한 제국주의 시대를 지나 시공간의 압축time-space compression이라는 세계화 시대를 살아오고 있는 현대인들은, 굴곡진 시간을 품은 아프리카를 이해하는 것이 더더욱 쉬운 일이 아닐 것이다. 어쩌면 여행지에서 만난 마사이족 청년 르케팅가와 사랑에 빠진 스위스 여성 코리네Corinne Hofmann처럼, 처음 접하는 문화에 대한 단순한 호기심이 인연의 시작이 될지 모른다. 그간 아프리카 대륙은 미지의 땅으로 존재해 왔기에, 코리네는 겁 없이 신비로운 감정에 이끌려 스위스에서의 삶을 포기하고 몸바사 삼부루 마을로 들어가 마사이 전사의 아내가 되었다. 1986년부터 약 4년간 마사이족의 일원으로 산 코리네의 기록은 『하얀 마사이The White Masai』(1998)라는 책으로 출간되고 영화화(2005)되어 대중에게 알려졌다. 이는 사랑의 감정에 이끌린 두 남녀의 이야기인 동시에 서로 다른 두 문화의 낭만적 환상과 현실적 갈등을 보여줌으로써 타 문화를 온전히 이해하고 수용하는 데 어떤 한계가 있는지 보여준 작품으로 남아 있다.

식민지의 상흔, <사랑이 지나간 자리>

영화 <화이트 마사이>가 유럽 출신 여성과 케냐 마사이족 남성의 인연을 그렸다면, 여기 유럽에서 건너온 백인 남성과 적도기니 여성의 이루어지지 못한 또 다른 사랑이 있다. 영국과 프랑스가 아프리카 대륙을 종횡무진 가르며 식민지 건설의 야욕을 드러내는 동안, 스페인은 적도기니와 서사하라에서 세를 펼치고 있었다. 이곳들은 '기니'라는 이름이 붙은 나라(기니, 기니비사우, 적도기니) 중 하나이거나 사하라사막 서쪽에 위치한 나라겠거니 짐작할 수 있는, 우리에게는 생소한 아프리카 국가다. 하지만 반갑게도 『팜 트리 인 더 스노Palm Trees in the Snow』라는 책을 원작으로 한 스페인 영화 <사랑이 지나간 자리>를 통해 다소 낯선 나라인 서아프리카 기니만의 적도기니를 엿볼 수 있다. 스페인어를 공용어(포르투갈어, 프랑스어도 공용어)로 하는 아프리카의 유일한 국가인 적도기니는 수도 말라보가 위치한 비오코섬, 본토인 리오무니, 그리고 해안 지역에 산재한 도서들과 비오코섬 남쪽에 위치한 안노본섬으로 이루어진 작은 나라다.

15세기 대항해 시대 포르투갈 탐험가의 이름(Fernão do Pó)을 딴 페르난도 포Fernando Poo(현재 비오코섬)에는 산타 이사벨(현재 수도 말라보)이라 부르던 무역항이 있었다. 지역 명칭이 과거와 현재가 다르다는 것은 자신들의 땅을 정복자의 언어로 명명할 수밖에 없었던 식민지의 잔재라 할 수 있다. 국명 역시 식민 치하에서는 스페인령 기니Guinea Española였으니 말이다. 그렇기 때문에 이곳은 포르투갈로부터 주권을 이양받은 스페인 통치 시절에 대한 분노와 평화의 기억이 뒤섞인 곳이기도 하다. 더군다나 영국과 프랑스의 식민지 쟁탈전에 밀려 서아프리

그림 2-2 적도기니

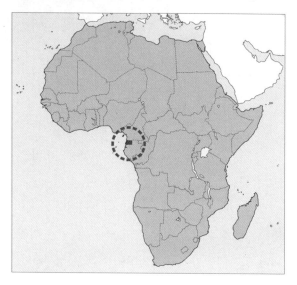

카의 남아 있던 자투리 대륙과 도서 지역을 하나의 행정구역으로 묶어
버렸으니, 적도기니도 다수인 리오무니의 팡족과 소수인 비오코섬의
부비족, 그리고 나이지리아에서 농장 노동자로 이주해 온 이보족 간 종
족 갈등에서 자유로울 수 없었다. 여기에 비옥한 자연환경 덕에 스페인
식 농장finca이 비오코섬에 들어서자, 방치되다시피 한 척박한 리오무니
지역과 빈부 격차가 발생하여 지역 갈등까지 더해졌다. '적도기니'라는
국명 대신 식민 지배의 시작을 알리는 '페르난도 포' 간판을 세울 수밖
에 없었던 영화 속 항구의 모습에서 35년에 걸친 일제 치하 우리네 모
습을 상상해 볼 수도 있겠다.

　페르난도 포 코코아 농장의 관리 직원으로, 스페인에서 적도기니로
온 안톤의 두 아들 하코보와 킬리안이 현지인들을 대하는 방식은 사뭇

다르다. 형인 하코보는 식민지 여성들에게 범한 백인 남성들의 비윤리적인 행동의 전형을 고스란히 보여주는 반면, 킬리안은 아버지 안톤과 함께 토착민인 부비족의 결혼식에 참석하거나 그들의 언어와 노동가를 배우려 노력한다. 안타깝게도 하코보는 그 시절 대다수 식민지에서 관행처럼 이루어진 행위들의 집합체일 뿐이다. 당시 백인들은 식민지에서 작물을 재배한 후 본국으로 이송하여 가공하는 총체적인 경영권을 지니고 있었는데, 이들은 단순히 고용주와 피고용인이라는 갑을 관계를 넘어 서로 유해한 모습을 보였다. 예를 들어, 고열에 시달리는 부비족 노동자에게 해열제를 주는 대신 매로 다스리거나 스페인인 의사가 상주하는 병원은 오직 본국에서 온 백인 노동자들만을 위해 운영했다. 그뿐만 아니라 토착민들이 주술적인 차원에서 신성시하는 뱀과 같은 동물을 그들 눈앞에서 무자비하게 죽여버리는 행동을 자행하기도 한다. 이로 인해 백인들을 동경하면서도 증오하는 이중적인 태도가 식민지 내부에 만연하게 되고, 제국의 태도가 포악무도하게 변질할수록 피식민자들의 억눌린 울분은 더욱 곯아가기 시작한다.

이처럼 식민자와 피식민자가 대치하며 갈등의 골이 깊어지는 와중에도 거스를 수 없는 것이 바로 애정 전선이었다. 이미 부비족의 전통 혼례 방식인 '리발라 레오토'에 따라 자신의 처녀성을 남편 모시에게 합법적으로 내어주며 사랑 없이 전통에 따라 부족과 혼인을 해야 했던 비실라는, 부비족의 언어로 진심 어린 마음을 고백하는 킬리안과 사랑에 빠진다. 하지만 야자수가 늘어선 기니만의 해안가로 내치는 파도 앞에서, 사랑으로 맺어진 혼인인 '리발라레 리홀레'를 약속한 킬리안과 비실라의 사랑은 아들 페로난도의 탄생으로도 축복받지 못했다. 스페인으로부터 핍박받은 적도기니는 제국과 식민지 관계를 지울 수 없었고, 오로지 통제하려는 자와 복종하는 자만이 존재할 뿐이었다.

2차 세계대전이 끝나고 아프리카 대륙 곳곳에서 독립운동이 일어나자 적도기니 사람들도 스페인에 반기를 들며 해방에 대한 염원을 품기 시작했다. 불복종과 보복의 움직임은 순식간에 마을 전체를 뒤흔들었다. 특히 순결을 중시하는 부비족 여성을 겁탈했던 스페인 남성들을 전통적인 처형 방식에 따라 응징했는데, 이는 능욕당한 피식민지 여성뿐만 아니라 자신들의 언어를 잃은 채 스페인어를 구사하며 모든 것을 빼앗겼던 적도기니인들의 저항이었다. 마침내 페르난도 포의 산타 이사벨이라는 항구 입간판을 내리고 국기 위에 선명하게 쓰인 적도기니 Guinea Ecuatorial라는 국명을 내걸 수 있게 된 1968년 10월, 초대 대통령 프란시스코 마시아스 응게마Francisco Macias Nguema의 공화국 선포와 함께 공식적으로 독립을 맞았다.

스페인 식민 정부의 말단 서기로 일하며 지배자에게 머리를 조아려야 했던 마시아스가 마침내 해방된 조국의 지도자가 되자 억눌러 왔던 스페인에 대한 적개심을 가감 없이 표출했다. 탄압적이고 가부장적인 스페인 식민 정권에 대한 미움은 독립 후 초대 대통령으로서 입지를 다지는 데 매우 유용했다. 그는 식민 시절부터 스페인에 종속된 경제 구도와 이를 위해 적도기니에 범한 오만하고 반인륜적인 행동을 자신의 정치적 선전 도구로 활용했다. 그리고 곧 내부 결속력을 강화하기 위한 '마시아스 칙령'을 발표하여 민족주의를 자극한 식민지 유산 제거에 몰두했다. 이로 인해 해방 후 적도기니에 잔류하고 있던 스페인인들은 몸을 숨겨야 하는 상황이 되었고, 마시아스 칙령에 따라 쫓기듯 본국으로 귀환해야 했다. 식민 시절의 영광이 분노로 바뀌자 더 이상 적도기니에서 안정된 생활을 할 수 없게 된 스페인인들은 어떻게든 그곳을 떠나려고 안간힘을 썼다. 한때 자유와 낭만이 넘쳐났던 곳, 몇 푼의 자금과 스페인 출신이라는 것만으로 토착민 위에 군림할 수 있었던 화양연화는 식민지 독립과 함께 일순간에 사라졌다. "Por favor(포르 파보르: 제발)……" 제발 본국으로 돌아갈 수 있게 해달라고 애원하는, 도망자 신세가 된 스페인 사람들은 어째서 오랜 시간 현지인들의 간절한 목소리는 듣지 못했는지 ……. 항구에서 애처롭게 "포르 파보르"를 외치는 이들과 함께 영원할 것이라 믿었던 제국의 영광도 신기루처럼 사라져 갔다. 그렇게 킬리안과 비실라의 허락되지 않은 사랑도 멈출 수밖에 없었다. 영화에는 그려지지 않지만, 멈춰 선 것은 두 사람의 관계만이 아니었다.

적도기니의 경제, 사회, 문화 전반에 자리하고 있던 스페인 사람들이 빠져나가자 국가 기반이 흔들렸고, 그들의 피고용인이었던 적도기니인 수만 명이 일자리를 잃었다. 갑작스러운 실업률의 증가는 가계경제를 무너뜨렸고, 국민들의 세금 납부가 줄어들자 국고가 바닥나 수출입뿐만 아니라 국가 제반 서비스가 마비되기에 이른다. 식민 잔재 청산에 혈안이 된 마시아스의 한 치 앞을 내다보지 못한 독단적인 결정이 한 국가를 어떻게 패망의 길로 몰아넣었는지 짐작할 수 있다. 결국, 그의 비호 아래 기득권의 삶을 누려오던 측근들이 마시아스의 국정 실패로 이전보다 특혜가 축소되자 이에 불만을 품었다. 그는 집권 11년 만인 1979년 8월, 조카 테오도로 오비앙 응게마 음바소고Teodoro Obiang Nguema Mbasogo(2022년 기준 43년째 집권 중)가 주도한 군사 쿠데타로 숙청당했다. 마시아스 정권은 이렇게 막을 내렸다.

영화의 크레디트가 올라갈 무렵, 원제를 곱씹어 본다. '눈 속의 야자나무' ……, 아마 눈 덮인 스페인의 어느 산악 마을에서 생의 끝자락에

선 킬리안은 평생을 품어온 적도기니의 야자수로 비실라를 기억할 것이다. 굴곡진 시절에도 인간 대 인간으로 사랑할 수밖에 없었던 그들의 이야기는 식민 관계를 잠시 잊게 할 만큼 묵직한 목소리를 냈다. 적도기니는 1968년 10월 아프리카의 스페인 식민지 중 가장 먼저 독립을 했지만, 여전히 사회 구석구석 그 상흔이 남아 있듯이 눈을 품은 스페인에도 사시사철 야자수가 푸름을 머금는 적도기니에도 서로의 흔적은 남기게 마련이다.

식민지 이후 독재자들의 장기 집권으로 사회적 혼란이 지속되며 우리와는 어떠한 연결 고리가 없을 것만 같은 적도기니에 한국어에 능통한 후손이 있다는 사실이 세상에 공개되었다. 『나는 평양의 모니카입니다』(2013)의 저자인 마시아스의 딸 모니카가 2007년 한국 땅을 밟았다. 집권 기간에 소련과 북한 등 공산국가들과 우호 관계를 유지해 온 마시아스는 정권 말인 1977년 자신의 입지를 위협하는 세력들이 숨통을 조여오자 아내와 자녀들을 북한으로 피신시켰다. 1979년 마시아스 전 대통령이 처형을 당하자 큰아들의 안위를 염려한 마시아스의 아내는 적도기니로 돌아가고, 1972년생인 어린 모니카는 김일성의 보호를 받으며 1994년 스페인으로 떠날 때까지 16년 동안 평양에 머물며 대학까지 마쳤다. 당연히 스페인어보다는 평양 억양이 섞인 한국어가 익숙했다. 내외신 인터뷰를 통해 북한 평양-미국 뉴욕-스페인 마드리드-적도기니 말라보-한국 서울의 혼재된 문화 정체성을 가졌다고 밝힌 모니카는, 전혀 인연이 닿을 리 없다고 여겨지는 적도기니와 한반도의 묘한 연결 고리의 산증인이라 할 수 있다.

그럼에도 불구하고 사랑은 모든 것을 가능케 할지도

아마 이 모든 것을 이기는 것이 있다면, 좌절의 순간에도 그것을 넘어서는 힘이 있다면, 그것은 '오직 사랑뿐'이다. 아프리카 대륙이 서구 제국주의 시선 아래 놓여 있다고 생각하는 독자들이 영화 〈오직 사랑뿐〉을 본다면 조금은 마음이 바뀔 수도 있다. 앞서 살펴본 케냐의 화이트 마사이나, 적도기니의 야자나무처럼 끝내 이루지 못한 인연이 있다면, 여기 사랑의 힘을 증명해 보인 두 남녀가 있다. 요즘은 낯선 풍경도 아닌 국제결혼. 하지만 과거 영국, 남아공 등 주변국들이 나서서 국가적 차원에서 반대했던 결혼이 있다.

베추아날란드Bechuanaland. 어딘가 낯선 이름의 나라를 지도에서 손으로 짚으며 훑어보는 루스 윌리엄스Ruth Williams. 영국의 평범한 여성 루스가 별안간 아프리카 지도를 꺼내든 이유는 바로 1947년 런던 사교 모임에서 만난 한 남자 때문이다. 시시껄렁한 이야기가 아닌, "백인과 흑인을 가르지 않고, 통합·포용·평등을 지향하는 아프리카"만이 미래가 있다고 목소리 높이는 세레체 카마Seretse Khama와 운명적 눈 맞춤을 해버린 것이다. 그의 정체를 모른 채 말이다. 훗날 보츠와나의 독립과 함께 초대 대통령이 된 그는, 보츠와나의 최대 부족인 바망와토족 족장의 아들로 태어나 영국 옥스퍼드대학에서 법학을 전공한 엘리트다. 하지만 그가 영국에서 공부할 당시 베추아날란드는 여느 아프리카 국가들과 마찬가지로 제국의 손아귀에서 자유롭지 못한 작은 국가였다.

당시 이웃 나라인 남아공은 아파르트헤이트(10장 참고)로 인해 인종차별이 극에 달했고, 자신들의 정책 이행을 위해 주변국들까지 압박하는 상황이었다. 이에 세레체의 할아버지는 영국 빅토리아 여왕과 보호

그림 2-3 보츠와나

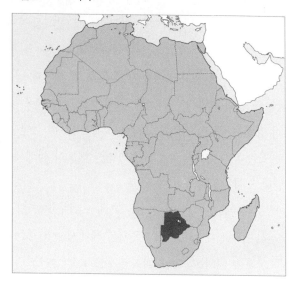

협정을 맺어 남아공의 탄압에서 한숨 돌릴 수 있었다. 하지만 세레체가 항상 강조했듯이 자기 자신의 주인이 아닌 사람은 그 누구도 자유인이 아니었다. 대영제국의 세계적 영향력은 상당해 베추아날란드는 영국의 승인 없이 자율적인 결정을 내릴 수 없었고, 영국에서의 세레체는 "동물원에서 탈출한 깜둥이"라든가 "미개인"이라는 노골적인 인종차별을 당해야 했다. 당시 영국 거리에 "흑인, 아일랜드인, 개 출입 금지No Blacks, No Irish, No Dogs"가, 남아공의 영향을 받은 베추아날란드에는 "백인 전용White Only"이 공공연히 적혀 있을 만큼 인종차별이 노골적으로 행해졌다. 그러므로 아무리 세레체가 왕족이라 하더라도 피식민지 흑인 남성과 식민국인 영국 백인 여성의 혼인은 모욕과 수치를 동반한 삶에 자발적으로 뛰어드는 것과 다름없었다. 영국 측에서는 '우리 여자'를 감히 흑인이 빼앗아 간다는 제국주의 남성성이 발동했고, 베추아날란드에서는 동족 여성이 아닌 영국인을 영부인으로 받아들일 수 없다고 반발했다. 여기에 아파르트헤이트를 법제화하려는 남아공이, 흑백 분리정책에 저항하는 가장 강력한 행동이 될 흑백 간 결혼에 반기를 들었다. 이는 남아공 주재 영국 영사가 친히 세레체를 만나 베추아날란드에 대한 정치적 압박을 엄포할 만큼 중대한 정치·외교적 사안이었다. 영국의 세계관으로 식민지인의 삶을 규정하려는 태도가 세레체뿐만 아니라 베추아날란드 사람들을 옥죄어 왔다.

그 와중에도 베추아날란드 사람들은 고유의 민주주의 방식인 코틀라 회의로 안건을 해결해 나갔다. 그곳에서 세레체는 인종은 평등이나 정의와 아무 상관이 없다고, 이를 뛰어넘지 않고서는 아프리카는 절대 해방될 수 없다고 목 놓아 말한다. 오랜 시간 관습처럼 굳어진 전통을 깨는 일은 쉽지 않음에도 불구하고 회의에 참석한 마을 원로들은 마침내 "풀라pula"를 외친다. 물이 귀한 지역에서 비는 언제나 반가운 존재로, '풀라'는 비를 뜻하며 축하의 의미도 담고 있다. 또한 비처럼 높은 가치를 지닌 화폐라는 의미로, 오늘날 보츠와나의 화폐 단위도 풀라다. 이렇게 세레체와 루스는 단비 같은 존재로 베추아날란드의 새로운 시작을 열었다. 그리고 그들의 결혼은 흑백 분리정책이 한창이던 남아프리카 지역에서 파격적인 행보였고, 이는 세레체의 소망대로 보츠와나에 온전한 자유의 물꼬가 트이는 순간이었다.

2018년 3월, 10년간 통치를 마치고 대통령직에서 내려온 이언 카마 전 대통령이 바로 세레체 카마 초대 대통령의 차남이다. 그는 임기 중 이웃 나라인 짐바브웨 무가베 대통령의 독재에 날선 비판을 할 만큼 아프리카 대륙에서 모범적인 민주주의 국가로 자리 잡은 보츠와나가 여느 독재국가들(8장 참고)이 겪어온 전철을 밟지 않도록 리더십을 발휘했다. 왕정 국가였던 베추아날란드를 공화제로 바꾸고, 오늘날 보츠와나를 정치적으로나 경제적으로 아프리카의 부국으로 자리 잡게 한 아버지 세레체 초대 대통령의 뜻을 이어받은 것이다.

다이아몬드와도 같은 초석 위에 선 보츠와나

이처럼 세레체 대통령이 다진 초석 위에 세워진 보츠와나는 아프리카의 작지만 강한 나라가 되었다. 한국의 약 6배의 땅에 인구 235만 명(2021년 기준 대구광역시 인구)에 불과한 작은 나라지만, 러시아에 이어 전 세계 다이아몬드 생산국 2위(2021년 기준)로 광물자원이 풍부한 곳이다. 하지만 현명한 지도자 덕분에, 아프리카를 가로지른 자원의 저주가 보츠와나에서는 일어나지 않았다. 영화 속 세레체 대통령은 영국-남아공 정부가 은밀히 손잡고 보츠와나의 다이아몬드에 야욕을 품고 있다는 사실을 눈치채고 바로 조치를 취한다. 실제로 보츠와나는 1966년 독립 후 광산업을 국가 기반 사업으로 정착시켜 1960년대 세계 최빈국에서 50년 만에 1인당 국민소득 1만 7000달러에 이르는 중위권 국가가 되었다. 천연자원을 두고 내전과 쿠데타, 민간인 학살이나 아동 노동 착취 등과 같이 피로 물든 시간을 보낸 콩고민주공화국(DR콩고)이나 시에라리온(4장 참고)과는 달랐다. 이처럼 보츠와나가 아프리카의 모범 국가가 될 수 있었던 것은 부정부패 없는, 신뢰할 수 있는 정부를 구축한 세레체 초대 대통령과 그를 이은 퀘트 마시레이Quett Masire 대통령 덕분이다.

귀족 출신 세레체는 누구보다 조국과 민중을 위했기에 식민지 해방 후에도 1962년 창당한 보츠와나민주당의 후보로 대선에 참여해, 오늘날 보츠와나의 민주주의 초석을 다졌다. 그리고 당시 재무장관 겸 부통령 마시레이(2대 대통령)와 함께 보츠와나 오라파 지역에서 발견된 다이아몬드 광맥을 놓고 다이아몬드 기업인 드비어스De Beers와 50 대 50 지분으로 합자회사를 설립한다. 이때 발생한 재원으로 인프라를 하나씩 구축하기 시작했다. 국제사회의 원조에만 기대거나, 광물자원 채굴권을 서구에 일임하고 수수료만 받아 자신의 잇속을 챙기는 일은 없었다. 당시 정부는 다이아몬드 수출의 대가로 학교, 도로, 병원, 관개시설 건설에 투자하여 국민의 삶에 크고 작은 변화를 일구어나갔다. 이후 인터뷰에서 한 마시레이 대통령의 "대통령궁을 짓고 동상을 세우는 대신 학교를 하나라도 더 짓길 원했다"라는 말을 통해 남다른 리더십을 확인할 수 있다. 그러한 초석 위에 오늘날까지 보츠와나는 정치적 안정성, 정부 효율성, 부패 통제, 법치의 권력과 규제의 질이 높은 수준을 상회한다는 평가를 받고 있다. 나아가 자원 고갈에 대비해 GDP 대비 정부 지출을 40% 이하로 제한하여 다이아몬드의 혜택을 받지 못할 후속 세대의 교육 및 보건 분야에 지속적으로 투자하고 있다. 식민주의의 유산과 독재자의 횡포로 한 나라를 마비시킨 것이 아니라 내일을 내다볼 수 있는 지혜를 발휘하는 것, 이것이야말로 영화가 보여주지 못한 보츠와나 세레체 초대 대통령의 민주 정권이 선사한 기적과도 같은 선물이라 할 수 있다.

남의 탓만 해도 될까?

뒤이어 살펴볼 자원전쟁, 빈곤, 독재, 내전과 같이 오늘날 아프리카가 직면한 모든 문제를 식민 지배 탓으로 돌릴 수는 없다. 정도의 차이는 있지만, 식민주의 유산을 국가 재건의 원동력으로 삼아 어제보다 나은 오늘을 만들며 미래를 계획해 간 독립국들도 있기 때문이다. 가장 대표적인 사례가 바로 새뮤얼 헌팅턴Samuel Huntington과 로런스 해리슨 Lawrence Harrison이 엮은 책 『문화가 중요하다: 문화적 가치와 인류 발전 프로젝트Culture matters: How Values Shape Human Progress』(2000)에서 언급한 한국과 가나. 각각 일본(1910~1945)과 영국(1900~1957)의 식민지로 지낸 경험(가나는 아프리카의 최초 식민지 독립국)이 있고, 1960년대 초 두 나라의 GNP 수준과 산업구조는 매우 유사했다. 하지만 30여 년 뒤 한국은 88 올림픽을 치를 만큼 경제적·정치적·문화적 발전을 이룬 반면, 가나는 한국의 15분의 1 수준에 머무르며 제자리를 맴돌고 있었다. 이처럼 식민지 독립 후 판이하게 다른 두 나라의 발전상에 대해 이 책에서는 '문화'를 결정적인 요인으로 지적했다. 근검절약 정신, 근면 성실함, 조직력, 교육열, 투자 등의 가치를 중시하는 한국인만의 독특한 문화적 기질이 한강의 기적을 이룬 동력이었다. 물론 책에서는 특정하지 않았지만, 가나는 한국과는 다른 가치관을 따르고 있으며, 이러한 문화적 요소가 변화를 유도했다는 것이다. 따라서 아프리카의 현주소를 진단할 때, 제국주의에서 파생된 식민주의 정책만을 탓할 수는 없다. 동시에 제자리걸음의 더딘 변화를 문화적 가치로만 설명하면 민족성 담론으로 치우칠 위험이 있다. 타자로서의 아프리카를 균형 잡힌 시선으로 바라본다는 것은 이토록 어려운 일이다.

함께 읽으면 좋은 책!

* 『아웃 오브 아프리카(Out of Africa)』(2009). 카렌 블릭센 지음, 민승남 옮김, 열린책들.
* 『하얀 마사이: 마사이 전사의 아내가 된 백인 여인(The White Masai)』(2006). 코리네 호프만 지음, 두행숙 옮김, 솔.

#제국주의 #식민주의 #탈식민주의 #인종주의 #노스탤지어

• 03 •

아프리카 동물원
동물의 왕국에서 피어난 사랑과 혐오

영화 〈제인(Jane)〉(2017), 〈아이보리 게임: 상아 전쟁(The Ivory Game)〉(2016),
〈크리스마스 인 아프리카(Holiday in the Wild)〉(2019)
배경 국가 탄자니아, 케냐, 잠비아, 콩고민주공화국

"광활한 아프리카 초원, 사파리 투어, 원시적인 에너지로 가득한 원주민들
을 즐겨보세요."

　상상만으로도 설렌다. 마천루 사이로 바삐 오가는 일상에서 벗어나
대자연에 던져질 수 있을 듯한 아프리카로의 여행. 국립공원 안으로 지
프를 타고 들어가 울타리 없는 동물원 그 자체를 체험하는 것, 기술과
문명의 이기심이 닿지 않는 곳에서 주어진 삶에 만족할 줄 아는 순수한
모습의 현지인들을 만나는 것, 이는 우리가 아프리카를 상상하는 방식
이다. 그리고 이러한 대중의 아프리카에 대한 이미지를 담아, 2012년 동
북아시아 최초로 아프리카 대륙에 직항을 취항한 대한항공이 인천-나이
로비 노선을 신설하며 "지상 최대의 쇼, 13시간 만에 만나는 아프리카"
라는 광고 문구를 만들어 아프리카 대륙 전체를 무대에 올렸다. 아프리

카에 가면 어디에서든 사자, 코끼리, 코뿔소, 표범, 버팔로의 야생동물 빅 5의 게임 사파리를 만끽할 수 있는 것처럼 말이다. 물론 '동물의 왕국'이 전혀 틀린 말은 아니다. 지질학적으로 지구상에서 가장 오래되고 평탄한 땅(순상지)인 아프리카 대륙은 그 중심으로 적도가 지나가고, 오랜 시간 반복된 침식과 융기 현상으로 고원성 건조기후가 형성되어 동물뿐만 아니라 인간이 살아가기에 더없이 좋은 자연환경이다. 이로 인해 우리는 영화를 통해 어쩌면 인간보다 더 오랜 주인이었을지 모를 침팬지, 고릴라, 코끼리 등 동물을 만날 수 있다.

그저 좋아서 시작한 일, 침팬지와 교감하기

휴고 반 라윅Hugo van Lawick이 1960년대 탄자니아 곰베에서 연구자 제인 구달Jane Goodall을 100시간가량 촬영한 필름이 2014년에 복원되었다. 내셔널 지오그래픽이 제작한 다큐멘터리 영화 형식을 표방한 〈제인〉은, 1960년대까지 전혀 알려진 바 없었던 야생 침팬지에 관한 여성 동물학자의 현장 연구를 생생하게 보여준다.

사실 그녀는 과학 관련 분야의 교육을 받은 적도, 학위도 없었다. 당시 제인은 오직 동물에 대한 열정과 인내심 하나로 루이스 리키 박사Dr. Louis Leakey의 비서로 일하고 있었다. 그러던 중 과학계의 회의적인 반응에도 불구하고, 야생 침팬지 연구로 초기 인류의 행동 습성을 파악하고자 했던 리키 박사는 1957년 6개월간의 프로젝트에 제인을 연구원으로 선발했다. 당대 학계에서는 인간만이 지성을 가지고 논리적인 사고를 할 수 있다고 강력히 주장하고 있었기에 오히려 고등교육을 받지 않

그림 3-1 탄자니아

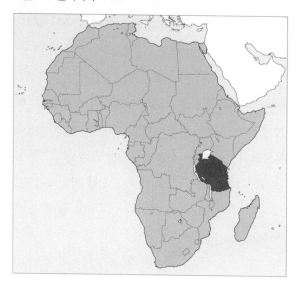

은 제인이 편견 없이 야생 침팬지들의 세계를 관찰할 수 있다고 믿었기 때문이다. 그 당시 아프리카에서 동물들과 함께 지내며 탐험가 정신으로 살아가는 것은 오직 남성들의 영역이었지만, 넉넉지 않은 가정환경 속에 어린 시절부터 아프리카에서 동물과 함께하는 삶을 꿈꿔온 제인은 그 누구보다 낯선 환경에 던져지는 데 두려움이 없었다.

  탄자니아 곰베에서 연구를 시작한 제인의 첫 번째 임무는 바로 연구 대상인 침팬지들과 가까워지는 것이었다. 이는 물리적 거리를 좁힌다는 의미를 넘어 인간의 형상으로 그에 맞는 언행을 하지만, 침팬지 무리에 들어가 일원이 되는 것을 뜻했다. 제인은 타잔처럼 동물들의 무리 사이사이를 거닐며 그들과 대화하는 수준이 될 만큼 친밀감을 형성하길 원했다. 그녀는 조금씩 천천히 라포를 형성해 나가는 인류학자의 기질을 타고난 것이 분명하다. 야생동물 무리 속으로 들어간다는 것은 목숨을 건 일이었지만, 현장 연구에 대한 경험이 부족한 당시 상황을 되짚어 보았을 때, 제인은 그런 사실을 인지조차 못한 듯하다. 하지만 여성 혼자 아프리카 숲속에서 사는 것은 매우 위험한 상황이었기에, 제인의 신체적·심리적 지원군으로 그녀의 어머니가 동행했다. 제인의 어머니는 딸이 오랫동안 품어온 동물에 대한 사랑과, 이를 토대로 아프리카 야생에서 동물들과 어울리며 책을 쓰겠다는 딸의 꿈을 단 한 번도 허황된 것이라고 나무라지 않았다. 오히려 진료소를 세우고 먼 거리를 걸어 치료를 받으러 온 현지인들에게 약을 나누어주며 당시 26살이었던 딸 제인 곁에 머물렀다.

그런 어머니의 심리적 보호 속에서 제인은 매일같이 반복되는 침팬지 관찰을 일지로 남기기 시작했다. 하지만 연구 초반에는 멀리서 망원경으로 침팬지의 행동을 관찰하거나, 가까이 다가가려고 하면 도망치기 급급한 침팬지들의 뒷모습만 바라볼 뿐이었다. 곰베에 온 지 5개월이 지나서야 다른 침팬지보다 겁이 없던 성체 수컷이 제인을 그들의 세계로 기꺼이 받아들였다. 그리고 비로소 도구의 제작·사용으로 인간과 동물을 구분할 수 있다는 학계의 오랜 정설에 금을 내는 침팬지의 습성이 하나둘씩 드러나게 된다.

인간만이 도구를 사용할 줄 아는 유일한 개체라는 주장에 반박이라도 하듯, 침팬지들은 개미를 잡아먹기 위해 나뭇가지를 이용했다. 적당한 나뭇가지를 골라 개미구멍에 깊숙이 집어넣고 일정 시간이 지난 후 조심스럽게 좁은 구멍에서 개미가 붙은 나뭇가지를 뽑아내는 매우 정교한 방식으로 말이다. 놀랍게도 제인은 침팬지들이 흰개미 집 앞에서 도구 제작의 전 단계인 나뭇가지의 잎을 떼어내고 줄기만 사용하도록 개조한 나뭇가지를 구멍에 집어넣어 손쉽게 개미를 먹잇감으로 얻어내는 과정을 목격했다. 이러한 사실이 세상에 알려지자 대중은 미숙한 여성 과학자의 헛소리일 뿐이라고 맞서기도 했지만, 제인은 1962년 내셔널 지오그래픽 협회의 지원을 받아 연구를 기록으로 남긴다.

그러던 중 암컷 우두머리인 플로가 플린트라는 수컷 침팬지를 출산하자, 제인은 플로의 첫딸인 피피를 통해 침팬지의 부모-자식 관계와, 한 침팬지의 성장 단계 및 생애 주기 약 50년을 관찰할 기회를 얻는다. 또한, 휴고와 결혼하여 아들 그럽을 낳고 기르면서 더욱 깊이 이해하게 된 모성애 본능을 연구에 대입한다. 이처럼 동물애호가로서 제인은 전적으로 인간보다 침팬지들이 선하다고 믿으며 침팬지 무리의 공동체 생활에 자신의 삶을 투영하며 면밀히 조사했다. 예컨대 침팬지들의 털 고르기grooming는 단순히 위생 차원을 넘어 다정한 스킨십과 안도감을 얻기 위한 방식이라는 것을 밝혀냈다.

하지만 제인의 가설이 언제나 옳았던 것은 아니다. 청소년기에 접어든 플린트가 여전히 엄마와의 애착 관계를 끊어내지 못할 무렵, 불의의 사고로 엄마 플로가 갑작스레 죽자 3주 뒤 홀로 세상을 살아가는 법을 미처 배우지 못한 플린트 역시 엄마 뒤를 따른다. 그리고 암컷 우두머리가 사망하자 침팬지 공동체가 분열되어, 결국 한 집단이 다른 집단 전체를 몰살하는 잔혹함을 관찰한다. 이를 통해 제인은, 전쟁을 일으키는 인간의 본성은 먼 인류의 조상으로부터 그 악함을 물려받은 것이라고 결론짓는다. 평온한 침팬지가 한순간에 킬러로 변모할 수 있듯이, 인간은 평화 구축을 위해 손을 맞잡다가도 어느 시점에서는 상대를 밀쳐버린다고 생각했다.

제인은 연구자로서 좌절을 경험한 순간에도 침팬지들에 대한 관심을 바탕으로 연구를 멈추지 않았다. 오히려 다른 어린 영장류를 잡아먹는 습성을 지닌 침팬지들의 위험성에 대비해 자기 아들 그럽을 우리 안에서 키워내는 우스꽝스러운 모습을 보이며 연구에 대한 진중함과 엄마로서의 보호 본능을 발휘한다. 또한, 남쪽 지방에서 시작된 전염병인 인간 소아마비로 인해 곰베 지역의 침팬지 무리 상당수가 팔다리 마비를 겪자, 연구진은 백신을 투여하거나 극단적으로는 안락사를 선택했다. 나아가 이전과 달리 침팬지와의 직접 접촉을 금지하며 인간에게서 감염될 수 있는 어떤 균에도 침팬지 개체가 노출되지 않도록 예방하기도 했다. 이러한 일련의 과정은 연구자이기 이전에 침팬지 공동체를 진정으로 이해하려는 사랑이 있었기 때문에 가능했다. 그걸 침팬지들도 감지했기에 제인을 비롯한 연구소 직원들을 단순히 침팬지를 연구 대상으로 여기는 인간 집단으로 보지 않았던 것이다.

원조 동물행동학자인 동시에 인류학자이기도 한 제인의 연구는, 궁극적으로 침팬지의 행동을 통해 인간의 행동을 이해하기 위함이었다. 결과적으로 연구를 통해 침팬지와 인간의 행동 측면에서의 공통점과 함께, 언어를 통해 커뮤니케이션을 할 수 있다는 인간만의 차별성 또한 이해하게 되었다. 무엇보다 해가 거듭될수록 침팬지의 개체수가 감소하고 있다는 사실은 제인에게 또 다른 사명감을 안겨주었다. 1991년 자연보호 교육을 위해 '루츠앤드슈츠Roots&Shoots'라는 제인구달협회의 프로그램을 개발했고, 지금까지 곰베 야생 침팬지 연구를 이어오며 대중을 위한 강연도 진행하고 있다. 이는 야생동물 서식지에서 이루어진 최장 연구로, 아프리카의 야생동물을 마음으로 품은 연구자이자 활동가인 제인만의 방식이다.

상아와 함께 사라지는 아프리카코끼리

개체수가 줄어들고 있는 건 비단 침팬지뿐만이 아니다. 머지않은 미래에 코끼리 역시 동물원이라는 폐쇄적인 장소에서만 볼 수 있을지도 모른다, 물론 전 세계 대부분 사람이 이렇게 코끼리를 보지만. 아프리카코끼리에게는 무슨 사연이 있는 것일까? 다큐멘터리 영화 〈아이보리 게임: 상아 전쟁〉은 국제적인 상아 밀수업체의 뒤를 추적하며 코끼리에 대한 인간의 잔혹함을 고발한다.

사실 서구에서 아프리카 대륙의 자원을 약탈하기 전부터 아프리카는 무언가를 빼앗기고 있었다. 바로 아프리카인이었다. 15세기 포르투갈이 서아프리카를 중심으로 노예무역을 시작했지만, 그보다 앞서 아랍인들은 동아프리카의 항구도시인 케냐 몸바사, 탄자니아 다르에스살람과 바가모요를 노예무역 경로의 거점으로 삼았다. 이 중 노예들이 자신들의 고향인 아프리카 대륙에 마음을 내려놓고 떠나야 했던 바가모요에는 역사 속으로 사라진 노예무역의 뼈아픈 기억이 담겨 있다. 스와힐리어 바가(baga)는 '내려놓다'를, 모요(moya)는 '심장'을 의미한다. 당시 아프리카 내륙에서 끌려온 사람들은 항구를 통해 탄자니아의 섬 잔지바르로 가서 노예로 팔렸는데, 이들은 주로 코끼리 사냥에 동원되어 해양 실크로드를 통한 상아 유통에 관여했다. 그야말로 상아 전쟁의 서막이 오른 것이다.

〈아이보리 게임〉에서 이야기하듯, 오직 코끼리에게만 필요한 상아가 인도양을 건너 인도, 태국, 중국 등으로 팔려나가고 있다. 영화는 인간을 위한, 인간의 끝없는 욕심과 소비로 다듬어진 예술 조각품으로 재탄생하기 위해 수많은 코끼리가 희생되는 현장을 보여준다. 영화의 주요 인물이자 가장 악명 높은 코끼리 밀렵꾼 셰타니Shetani는 스와힐리어로 '자비 없는 악마'라는 의미로, 이는 그의 잔인성을 빗댄 별칭이다. 그는 1만 마리 이상의 코끼리를 사살하여 최대 3000킬로그램가량의 상아를 밀수한 혐의로 탄자니아 정보 당국에 의해 수배 대상이 되었는데, 주로 작은 시골 마을의 부족 남성들을 고용해 15킬로그램에 달하는 상아 두 개를 250달러에 사들인다. 이때 상아의 가격은 1킬로그램당 7달러에 불과하지만, 중국 밀수꾼에게 넘길 때는 1킬로그램당 3000달러로 치솟았다. 원산지(코끼리 서식지)와 가공 및 판매처(중국, 홍콩)를 연결하는 중간 업자 셰타니가 상아 밀수로 벌어들인 현금 뭉치로 호의호식할 때, 마사이족 할아버지는 셰타니 수익의 6%가량을 받고 밀수 혐의로 범죄자가 되는 것이 상아 밀렵의 현실이다.

다큐영화답게 〈아이보리 게임〉은 이러한 현실을 그대로 보여준다. 케냐 남부 출루힐Chyulu Hills, 암보셀리Amboseli 국립공원, 탄자니아 북부 마냐라Manyara, 그리고 케냐-탄자니아 국경 지대의 차보Tsavo 국립공원 등지에는 코끼리 야생 밀렵을 감시하는 경비대와 구조대가 있지만, 무장한 케냐인과 탄자니아인 밀렵꾼들이 조직적으로 움직이며 해외 밀수 시장과 거래하기에 속수무책이다. 그리고 그들의 궁극적인 목적은 코끼리의 멸종 혹은 개체수 급감인데, 코끼리의 희소성은 시장에서 상아의 가치를 올리기 때문이다. 이는 점조직으로 활동하는 밀렵꾼을 양산하여 종국에는 세계 최대 포유동물인 아프리카코끼리의 멸종을 야기할 것이라는 예견된 악순환을 보여준다. 사실 1973년 발효된 '멸종 위기에 처한 야생 동·식물의 국제거래에 관한 협약'(워싱턴 협약)에 따라 아프리카코끼리의 국제 상거래는 금지되어 있다. 세계자연기금WWF: World Wildlife Fund의 2021년 조사에 따르면, 아프리카코끼리는 41만 5000마리 정도가 서식하고 있는데, 이는 1930년대에 1000만 마리에 이르던 개체수가 80여 년 만에 20분의 1 수준으로 줄어든 것으로 나타났다. 2021년 기준으로, 지난 10년간 야생 코끼리 개체수가 62% 격감한 것이다.

아프리카코끼리는 사파리 투어와 같은 관광산업의 핵심 자원이지만, 코끼리 보호구역 주변으로까지 사람들의 거주지가 들어오면서 인간과 야생동물의 공존에 갈등이 일어나기도 한다. 이로 인해 밀렵꾼과 손잡는 현지인도 생겨났다. 그들은 자신들의 생계 수단인 바나나, 옥수수 농장을 초토화하는 코끼리를 제거 대상으로 여긴다. 이에 민간단체는 주민들의 농장 주변에 전자 울타리를 설치하여 물리적으로 차단할 생각을 하지만, 야생이 곧 삶의 터전인 코끼리를 원천 봉쇄하기란 쉽지 않다. 무엇보다 전자 울타리를 거대 장벽처럼 광활한 초원에 설치하려면 막대한 자금이 필요하기 때문에 국제사회의 금전적(설치비 및 기술 지원)·사회적(대중의 관심 유도 및 경각심 유발) 공조에 호소하고 있다. 이처럼 영화를 통해 아프리카코끼리 밀렵은 내부적으로는 원주민과 코끼리의 공존 문제가, 외부적으로는 종의 멸종이라는 무시무시한 사안이 얽힌 복잡한 문제임을 알 수 있다.

코끼리의 앞니, 즉 상아는 나이가 들어감에 따라 다른 이빨에 비해 유독 크고 날카롭게 자란다. 무리 생활을 하는 코끼리에게 상아는 포식자로부터 가족을 보호하는 가장 강력하면서도 꼭 필요한 무기다. 특히 무리 중 한 마리가 희생되면, 기억력이 좋은 코끼리들은 평균 수명 60~70세를 살아가는 동안 상실감에 시달릴 수밖에 없다. 그러므로 더욱 큰 상아를 얻기 위해 성체 한 마리를 사살하는 것은 코끼리 가족공동체의 파괴와 번식 가능성을 차단해 생태계의 균형을 무너뜨린다. 장기적인 관점에서 지구적 손실이 아닐 수 없다. 하지만 불안한 예감은 비껴가지 못했다. 영화 속 모든 등장인물이 예의 주시하던, 앞발까지 닿을 듯한 거대 상아를 지녀 터스커 코끼리Tusker elephant로 불리던 사타오Satao가 결국 밀렵꾼에 의해 2014년 5월, 45년 생을 마감했다. 그리고 그의 이름을 따라 사타오 2세로 명명한 두 번째 터스커 코끼리 역시 2017년 50킬로그램에 달하는 상아를 남긴 채 차보 국립공원을 떠났다. 이렇게 분리된 상아는 법망과 정부의 통제가 다소 느슨한 베트남의 작은 마을을 통해 중국 국경을 통과하게 된다. 어떻게든 코끼리를 지켜주고 싶었던 이들은, 홍콩 앞바다에 당도하는, 어쩌면 사타오의 상아도 뒤엉켜 있을지 모를 녹슨 컨테이너를 보며 코끼리의 삶에 없어서는 안 될 앞니로 젓가락이나 반지, 장식품을 만드는 인간 스스로를 자책할 수밖에 없다. 그렇게 중국과 홍콩은 세계 최대 규모의 상아 거래국이 되어갔다.

코끼리를 하나의 생명체이기보다 자신의 부를 과시하는 상품으로 여기는 중국 부유층의 수요를 충족하기 위해, 공급업자들은 상아 거래량을 조절하여 그 가치를 높인다. 가격 상승은 더 많은 밀렵꾼을 키우고, 코끼리 사냥을 위한 불법 무기 거래를 부추기며, 상아에 대한 대가는 지하드Jihad(아랍어로 '노력하고 투쟁하다'라는 뜻)라는 이름의 테러를 돕는 자금이 된다. 마치 뫼비우스의 띠처럼 상아와 함께 사라진 코끼리의 빈자리는 밀렵꾼과 테러범이 채우고, 중국에서는 상아 장식품이 거리로 쏟아져 나오고 있다. 한편 앞서 언급한 셰타니라는 악마는, 탄자니아 전역을 넘어 모잠비크, 잠비아까지 넘어가 밀렵에 열을 올렸다. 결국, 3년여에 걸친 추적 끝에 2015년 9월 다르에스살람에서 체포된 셰타니는 12년을 구형받고 현재 복역 중이다. 이로써 우리는 상아 전쟁이 막을 내렸다고 안도할 수 있을까? 영화를 통해 끝까지 추적에 나선 이들이 제시하는 해결책은 한 가지다. 그들은 중국의 국가 주석이 상아

밀거래를 불법으로 명시하고 강경책을 세워야 세계 최대 규모의 상아 거래 시장이 먹통이 될 것이라고 호소한다. 중국 국가 주석 그 한 사람의 손에 한 종種(코끼리)의 운명이 달려 있다.

상아 전쟁이 누군가 이겨야 끝나는 전쟁이라면, 아프리카코끼리가 전멸하거나 밀렵꾼이 완전히 사라져야 할 것이다. 하지만 국제사회는 공익을 위해 윈윈win-win 전략으로 상아 전쟁의 종식을 기대하는 듯하다. 2015년 중국 시진핑 주석과 미국 오바마 대통령이 상아에 대한 전면 거래 금지에 합의해 중국은 2017년 말에, 세계 최대 야생동물 시장인 미국은 2016년 7월에 상업적 목적의 상아 가공과 거래를 전면 금지했다. 상아의 주요 공급원이던 케냐에서는 2016년 4월 자국 내 재고로 쌓아두었던 상아 105톤을 전면 소각하여 상아를 재고로 여전히 보전하고 있던 여러 국가에 경종을 울렸다. 이처럼 상아 전쟁은 코끼리를 보호하려고 밀렵꾼과 총구를 맞대는 경비대나 밀수 시장을 고발하려는 탐사 보도 기자와 전략가들이 혼자서 뛰어들 수 있는 게임이 아니다. 지금도 15분마다 코끼리 한 마리가 도살당한다는 고발성 문구가 단순히 '남의 나라' 일이라고 생각하지 않는 이들이 함께해야 변화는 일어날 것이다. 상아는 코끼리에게만 필요하기 때문이다.

오직 코끼리를 위하여

인간은 인간 스스로를 노예로 사고파는 행위를 멈췄지만, 세월에 따라 자라나는 상아를 돈벌이 수단으로 삼기 위해 밀렵을 멈추지 않고 있다. 〈아이보리 게임〉의 셰타니가 코끼리 밀렵 지역을 인접국으로 넓혀

그림 3-2 잠비아

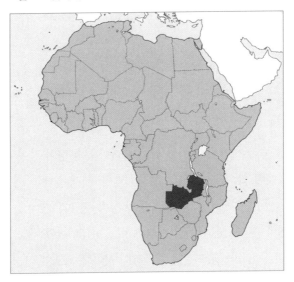

그림 3-2 잠비아

가자 잠비아도 비상이 걸렸다. 영화 〈크리스마스 인 아프리카〉는 잠비아에 있는 코끼리 보호소에서 활동하는 미국인들을 보여준다. 코끼리의 특성상 무리를 이끄는 암컷이 사살되면 어미를 잃은 새끼 코끼리들은 고아가 되어 환경에 대한 적응력마저 잃어버리는데, 보호소는 이러한 새끼 코끼리들이 무리에서 도태되지 않도록 하며 민간단체의 후원으로 운영되고 있다.

사하라 이남에 서식하고 있는 아프리카코끼리의 개체수는 해를 거듭할수록 줄어들고 있다. 그리고 최근에는 상아 없이 태어나는 코끼리 수가 증가하고 있다는 소식도 들려온다. 이는 수십 년에 걸친 아프리카 코끼리 밀렵으로 인해, 상아 없는 코끼리만 밀렵에서 살아남아 번식해온 생태계의 변화상을 반영한 것이다. 보도에 따르면, 밀렵이 성행하기 이전에는 4% 미만에 불과하던 상아 없는 코끼리가, 현재는 암컷 중 약 3분의 1이 상아 없이 태어나, 종국에 코끼리는 상아가 없는 종으로 자연 도태할 것으로 예측된다. 코끼리 공동체를 보호하고 먹잇감을 확보하기 위해 필수적이었던 상아가 없어지자, 코끼리의 공격성 또한 두드러지기 시작했다. 예전에는 사파리 차량에 호의적이던 코끼리가 자신의 삶을 위협하는 인간에 대한 불신과 두려움으로 경계 태세를 갖추게 된 듯하다. 결국 인간의 야욕으로 망가뜨린 야생동물 생태계는 지속 가능한 개발을 위해 자연과 공존을 모색해야 하는 인간이 해결해야 할 과제가 된 것이다.

함께 읽으면 좋은 책!

• 『제인 구달 생명의 시대(The Ten Trusts: What We Must Do to Care for the Animals We Love)』(2021). 제인 구달·마크 베코프 지음, 최재천·이상임 옮김, 바다출판사.

#야생동물 #동물의 왕국 #침팬지 #상아 #밀렵

• 04 •

여기가 바로 아프리카, T.I.A.

축복이 아닌 저주가 된 자원

영화 〈블러드 다이아몬드(Blood Diamond)〉(2006), 〈기쁨의 도시(City of Joy)〉
(2016), 〈비룽가(Virunga)〉(2014), 〈438일(438 Dagar)〉(2019)
배경 국가 시에라리온, 짐바브웨, 남아프리카공화국, 콩고민주공화국, 에티오피아

    할리우드의 대배우 리어나도 디캐프리오가 아프리카 시에라리온의
이야기를 담은 영화 〈블러드 다이아몬드〉에 출연해 세계적으로 흥행
에 성공했다. 그는 영화를 통해 다이아몬드 광산을 노리는 반군, 그들
을 지원하는 서구 세력들, 여기에 동원된 소년병과 위기에 처한 가족공
동체가 곳곳에 있는 시에라리온을 세상에 알렸다. '블러드 다이아몬드'
가 분쟁 지역에서 아동 강제 노역과 저임금으로 생산되어 다이아몬드
회사로 팔려가는 피 묻은 광물을 의미했기 때문이다. 이러한 현실에 충
격받은 디캐프리오는 환경재단 어스 얼라이언스^{Earth Alliance}를 설립하
고, 2014년에 넷플릭스 다큐멘터리 〈비룽가〉를 제작했다. 나아가 비룽
가 국립공원의 고릴라와 지역사회 보존을 위한 '비룽가 펀드^{Virunga Fund}'
를 조성해 활동가의 면모를 보이기도 했다. 이처럼 톱스타가 자신의 유
명세를 활용해 자원의 저주를 전 지구적인 이슈로 공론화한 것은 다이

아몬드, 상아, 석유 등 자원에 얽힌 문제가 비단 한 나라에 국한된 것이 아님을 짐작하게 한다.

혼돈의 짐바브웨, 남아공, 시에라리온 그리고 라이베리아

〈블러드 다이아몬드〉 속 어부인 솔로몬은 아들 디아가 의사가 되길 바라며 동트기 전부터 대서양의 잔잔한 물결을 가로지른다. 그는 한 가족의 가장이자 마을 공동체의 일원으로서 평범한 삶을 살아가고 있었다. 이에 반해 다이아몬드를 불법으로 채굴하거나 약탈과 살인으로 마을 곳곳을 쑥대밭으로 만드는 반군들도 있다. 이들은 혁명연합전선이라는 이름을 내걸고 정부군과 대중에게 공포심을 조장하여 참정권을 행사하지 못하도록 손을 잘라버리는 극악무도한 일을 벌이고 다닌다. 이는 단순히 한 사람의 인생을 파괴하는 것이 아니라, 경제활동을 제한하여 공동체의 짐이 되게 하고 종국에는 심리적 위축으로 국가 전체의 회복탄력성을 훼손시킨다. 솔로몬의 가족들도 반군의 습격을 당해, 건장한 솔로몬은 다이아몬드 광산의 인력으로, 아들 디아는 소년병으로, 나머지 가족들은 난민 캠프로 뿔뿔이 흩어진다.

한편 대니는 '아프리카의 백인 꼬마'로 로디지아에서 나고 자랐다. 그는 1978년 내전이 일어나자 남아공으로 가서 앙골라 32대대에서 복무한 전직 용병이다. 하지만 1994년 남아공의 인종차별정책 진실규명위원회(10장 참고)가 득세하며 군대가 해산하자 아프리카 곳곳의 반군에게 무기를 제공하고 그 대가로 다이아몬드를 밀수하는 일을 하게 된다. 예를 들어 유목민을 취재하는 내셔널 지오그래픽 기자로 위장하여

그림 4-1 시에라리온

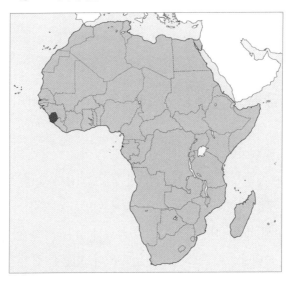

시에라리온의 광산에서 채굴한 다이아몬드를 라이베리아 국경으로 넘기는 식이었다. 이런 대니의 고향 로디지아는 어떤 곳일까? 처음 만난 미국 출신 여기자 매디가 대니에게 그의 출신지를 묻는 장면은 인상적이다.

매디   남아공 출신 백인인가요?

대니   로디지아 출신요!

매디   이제는 짐바브웨라 하지 않나요?

짐바브웨Zimbabwe는 주요 부족인 쇼나족의 쇼나어로 큰 집을 뜻하는 'dzimba'와 돌을 뜻하는 'mabwe'의 합성어인데 '돌로 된 큰 집'이라는

그림 4-2 짐바브웨

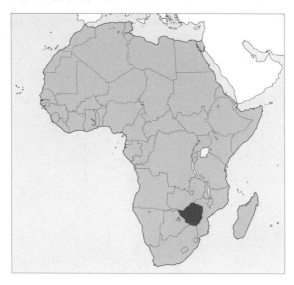

의미다. 동쪽에서부터 시계 방향으로 모잠비크, 남아공, 보츠와나, 나미
비아, 잠비아와 국경선을 맞대고 있는 내륙국이지만, 빅토리아폭포를
품은 천혜의 자연환경으로 아프리카의 진주Jewel of Africa 혹은 아프리카
의 곡창Breadbasket of Africa으로 불린다. 그런 짐바브웨에 꼭 기억해야 할
인물이 있다. 바로 전 짐바브웨 대통령 로버트 무가베Robert Mugabe다.
19세기 중반 쇼나족 중심의 짐바브웨 왕국Great Zimbabwe에 탐험가 리빙
스턴에 이어 영국의 정치가이자 기업인 세실 로즈Cecil Rhodes가 진출하
여 자신의 이름을 따 그 땅을 '로디지아'라고 명명했다. 영국의 지배하에
있다가 백인 기득권층의 이권 다툼으로 남로디지아공화국이 설립되자
다수의 흑인 토착민들은 민족주의 노선을 내세워 무장 투쟁을 시도했
다. 그리고 마침내 1980년 남로디지아 시대는 막을 내리고, 선조들의 유

산을 이어받은 짐바브웨가 독립을 맞았다. 이처럼 짐바브웨를 백인들의 영향권에서 벗어나게 한 독립투사이자 영웅이 바로 무가베다.

하지만 한 나라의 수장으로서 무가베의 시작과 끝은 너무나도 판이했다. 무가베의 독립 영웅 서사는 세계 최악의 독재자라는 오명과 함께 2017년 11월 군부 쿠데타로 37년간의 장기 집권이 막을 내린다. 전쟁이 전쟁을 낳는 것처럼 폭력이 폭력을 낳아 군부독재 정권은 또 다른 군사 쿠데타에 응징되었고, 결국 무고한 시민들만이 독재의 손아귀에 놓였다. 무가베는 정치인으로서 위기의 순간마다 인기몰이를 위해 주변국인 모잠비크와 콩고 내전에 개입하거나 백인 농장을 몰수하는 등 극단적인 방법으로 화제를 전환했다. 하지만 이러한 방식은 내수경제 파탄으로 2억 3100만 퍼센트라는 상상도 하기 어려운 인플레이션율(2008년 기준)을 유발했다. 계란 세 개가 1000억 짐바브웨 달러(Z$)일 정도로 화폐가치가 폭락하자 자국 화폐를 포기(2009년 미국 달러 상용화)하기에 이른다. 그뿐만 아니라 농작물 수출국에서 수입국으로 전락했고, 교육 및 보건 인프라의 황폐화로 전문직의 두뇌 유출이 가속화되었다. 여기에 에이즈 창궐로 국민들의 기본 생활권은 나락으로 떨어졌다. 이처럼 국민들이 기근과 질병에 시달리는 와중에도 임기 중 맞은 93번째 생일(2017)에 호화로운 잔치를 열었고, 95세를 일기로 사망하기까지 그는 자신이 저지른 부정부패와 사치, 그리고 반대파를 숙청한 구쿠라훈디Gukurahundi에 대해 언급한 적이 없다. 이는 집권당인 짐바브웨 아프리카민족동맹ZANU: Zimbabwe African National Union의 일당 독재를 위해 자신의 정적을 지지하는 남부의 소수 부족 은데벨레족 민간인 2만여 명을 학살한 사건이다. 무고한 국민의 죽음 앞에 반성하지 않는 국가 수장의 모습을 보며 쓸쓸한 여운만 남는다.

이것이 바로 지금의 대니를 있게 한 로디지아가 짐바브웨라는 이름을 되찾으며 겪은 일들이다. 그들은 영국이 떠난 후 다시 세워진 돌로 된 큰 집, 짐바브웨를 이름에 걸맞게 재건하지 못했다. 대니가 여전히 짐바브웨를 로디지아라 말할 만큼 기득권 계층을 장악했던 백인들은 영광의 시절을 잊지 못하는 듯하다. 이는 자신의 사사로운 이익과 권력을 위해서라면 반군에게 무기를 제공하는 동시에 정부의 반군 소탕 작전에도 일조하는 남아공 코에츠 대령의 이중적인 면모로 드러난다. 그는 백인의 얼굴로 흑인들을 악의 고리에 하나둘씩 엮어내는 지독한 인물이다. 결국 코에츠 대령은 자신을 따르던 대니의 손에 죽음을 맞으며, 다이아몬드를 물들인 피의 대가를 치른다. 그리고 영화는 시에라리온에서 불법 채굴된 다이아몬드가 거대 자본에 매수된 세관을 통해 라이베리아산으로 둔갑하는 과정을 보여준다. 이렇게 얽히고설킨 다이아몬드의 긴 여정은 이를 애타게 원하는 소비자가 있어 가능한 일이다.

가난을 외면하는 다이아몬드

영화 속에 등장하는 다국적 기업인 반데캅의 다이아몬드 유통 및 판매 과정은 이러하다. 반데캅은 시에라리온에서 불법으로 채취하여 라이베리아산으로 둔갑한 다이아몬드를 해외 계좌로 구입한다. 이후 벨기에의 바이어들이 등급을 매기고 다시 인도로 보내 세공 작업을 거친 원석이 전 세계 다이아몬드 시장에 나온다. 한편, 다이아몬드 거래소로 유명한 벨기에 안트베르펜(앤트워프)은 다이아몬드 원석의 85%, 가공품의 50%를 공급하는 세계 최대 다이아몬드 거래 시장으로 대부분 유대계 기업들이 시장을 독점하고 있다. 이들은 지하 창고에 대량의 다이아몬드를 보관해 놓고 다이아몬드 유통량을 조절하는데, 수요보다 현저히 적은 공급량으로 고가의 다이아몬드 가격을 유지하고 있다.

영화는 다이아몬드가 이러한 과정으로 생산·유통·판매되는 것을 조명하며 불법으로 다이아몬드를 채취하는 시에라리온의 참상을 고발한다. 이른바 '자원의 저주'다. 시에라리온의 반군 수장은 정부군과의 교전에 필요한 무기 구매를 위해 마을을 약탈하고, 소년병을 양산하여 이들을 다이아몬드 광산에서 노예처럼 부린다. 이때 주인공 대니는 반군에게 무기를 공급하고 판매 대금으로 다이아몬드를 받아 돈세탁한다. 가치사슬의 마지막 단계에 있는 반데캅은 그러한 참상을 외면하며 피한 방울 손에 묻히지 않고 라이베리아산 다이아몬드를 구입하는 것이다. 어쩌면 대니는 이러한 현실을 묵인한 채 용병에서 밀수업자로 전락해 버린, 아프리카 출신 백인이라는 자신의 정체성에 염증을 느끼고 떠날 결심을 하는 건지 모른다. 그러고는 솔로몬이 광산에서 우연히 발견한 '핑크 다이아몬드'를 손에 넣기 위해 반군에게 납치된 솔로몬의 아들 디아를 구출하기 위해 동행한다. 대니는 군인 시절 자신을 이끌어준 코에츠 대령에게 총을 겨누는 등 우여곡절 끝에 솔로몬 부자를 대피시키지만, 결국 자신도 총상을 입고 생사의 기로에 서자 '블러드 다이아몬드'를 세상에 알리기로 한다. 마침내 기자 매디의 보도와 솔로몬의 증언으로 시에라리온 사태가 수면 위로 떠오른다.

2003년 1월, 유엔총회 결의 55/56호에 따라 '킴벌리 프로세스the Kimberley Process Certification Scheme'가 공식 출범했다. 이 프로세스에 동의한 59개국(2022년 기준)은 분쟁 지역에서 생산된 다이아몬드의 유통을 공식적으로 반대한다. 하지만 킴벌리 프로세스 규정상, 정부가 통제하는 지역에서의 불법 채굴 다이아몬드는 문제가 되지 않는다. 이로 인해 아프리카의 일부 부패한 정부들은 허가된 광산에서의 불법 채굴을 암묵적으로 용인하고 있다. 이러한 연유로 킴벌리 프로세스 이후 시에라리온에도 평화가 찾아올 것이라는 기대는 물거품이 되고, 시장에서는 불법적인 다이아몬드 거래가 암암리에 이루어지고 있다. 영화는 아프리카에 20만 명의 소년병이 있다는 사실과 전 세계 다이아몬드 시장의 3분의 2 가까이 소비하는 미국을 대비시킨다. 어쩌면 대니의 지적대로 다이아몬드를 밀수하는 이들과 그것을 소비하는 백인 모두가 공범일지도 모른다. 결국, 상아 제품을 구매하지 않는 것으로 코끼리 밀렵(3장 참고)을 막는 것처럼, 블러드 다이아몬드의 근절은 소비자들에게 달렸다.

소비자들의 마음을 산 것은 다이아몬드를 채굴하고 판매할 수 있는 자본가들이었다. 가장 대표적인 다이아몬드 채광·유통·가공·판매 기업 드비어스는 다이아몬드에 일생일대 가장 소중한 순간, 약속의 이미지를 부여했다. 가장 단단한 광물인 다이아몬드의 강인함에 시대를 초월하는 사랑의 감정을 이입한 것이다. 그리고 1947년 "다이아몬드는 영원하다 A Diamond is forever"라는 광고 캠페인에 성공하자, 미국에서는 월급 두 달 치를 들여 영원을 사라는 식의 프러포즈가 부추겨지기도 했다. 이러한 광고는 다이아몬드의 생산 및 판매 과정을 철저히 은폐한 채 다이아몬드의 가치를 드높이는 데 이바지했고, 영화 〈블러드 다이아몬드〉가 세상에 나오기 전까지 드비어스는 세계적인 기업으로 군림하며 광물 그 이상의 가치라고 홍보한 '영원한 다이아몬드'에 빠져들게 했다. 결국 드비어스의 광고 캠페인은 광고가 다이아몬드를 만들었다는 우스갯소리가 있을 만큼, 오늘날까지 기업 이미지로 활용되고 있다.

한편 남아공 노던케이프에는 인간이 손으로 판 광산 구덩이 중 가장 깊은 곳인 킴벌리 광산이 있다. 원래 이곳은 약 150년 전까지 꼭대기가 평평한 언덕일 뿐이었다. 하지만 1871년 다이아몬드가 발견되었다는 소식과 함께 주변 사람들이 몰려들어 곡괭이와 삽을 들고 채굴에 나섰고, 드비어스의 창립자 세실 로즈는 이곳을 다이아몬드가 뚝딱 나오는 요술 창고로 여기고 전 세계 다이아몬드 시장을 독점하려는 야욕을 품었다. 이들은 공식적으로 채굴을 종료한 1914년 8월 14일까지 무려 2722킬로그램에 달하는 다이아몬드를 채굴했고, 그 결과 깊이 214미터에 둘레 1.6킬로미터의 거대한 구멍이 생겨났다. 이는 19세기부터 120년 가까이 킴벌리 광산의 다이아몬드 채굴에 동원된, 밧줄 하나에 몸을 의지하여 땅굴로 내려가 밤낮으로 곡괭이질을 해야 했던 셀 수 없는 이들의 피땀, 눈물이 서린 곳이라 할 수 있다.

그리고 드비어스는 빅홀을 킴벌리 마을 구시가지와 연계한 관광지로 개발하여 다이아몬드에서 시작된 자신들의 기업 목표가 오늘날까지 지역 일자리 창출과 남아공 경제에 이바지하고 있다고 공식 홈페이지에 기술하고 있다. 그간 불법 채굴 다이아몬드에 대한 국제사회의 비난을 피할 수 없었던 드비어스는 여러 방식으로 기업 이미지 쇄신에 노력을 기울이는 것이다. 예컨대 광산에서 직접 채굴한 천연 다이아몬드만을 고집하던 데서 방향을 틀어 인공 다이아몬드 시장에 뛰어들거나, '빌드 포에버Build Forever' 사회 공헌 사업으로 아프리카의 멸종 위기 야생동물을 보호하는 데 동참하고 있다. 또한, 유엔여성기구UN Women와 협력하여 중장비 기술이 필요한 채굴부터 세심한 예술 감각과 손재주가 중요한 세공까지 여성 기술 교육과 일자리 창출에 힘쓰고 있다. 이는 지속 가능성과 환경문제에 대한 사회적 관심 증대와 20~30대 소비층을 겨냥한 장기적인 전략으로 보인다.

물론 다이아몬드를 찾는 소비자들을 일방적으로 비난할 수는 없다. 프롤로그에서 언급했던 'T.I.A.This Is Africa'가 바로 이 맥락에서 나온다. 신이 버린 땅인 아프리카 대륙을 떠날 수 있는 유일한 방법이 핑크 다이아몬드라고 믿는 대니는, 피부색에 상관없이 서로에게 총구를 겨누는 아프리카 전체를 신이 버렸다고 단정한다. 그는 아프리카에서 나고 자랐다고 당당히 이야기할 만큼 자부심이 대단하지만, 그와 동시에 선을 넘나드는 아프리카에서의 삶에 환멸을 느낀다. 기자단으로 위장하여 숲속 어딘가에 솔로몬이 묻어놓은 핑크 다이아몬드를 찾던 어느 날 대니는 정부군과 반군의 전투 현장을 목격한다. 이때, 이 정도 총질은 뉴스 가치가 없다며, 독자들 역시 '아프리카에서는 늘 일어나는 일'로 대수롭지 않게 생각한다고 어느 서구 백인 기자가 냉소적으로 말한다. 이에 반해 나와 내 가족, 이웃의 생사가 오가는 현장을 낱낱이 보도해 달라는 현지인의 동상이몽이 그려지며 그간 가난, 내전, 혼란 속에 고통받는 아프리카인들이 뉴스거리로 얼마나 소환되었는지 되돌아보게 한다. 결국, 이들은 비정부 단체의 후원금 모금에 동원되거나, 국제기구 및 각국 정부의 개발협력정책을 정당화하는 하나의 전형적인 이미지로 반복 생산되었다. 정말 아프리카인들은 동족상잔의 악의 사슬을 끊어내지 못하는 것인가? 이들은 원인도 모른 채 암흑과도 같은 시간이 어떻게든 끝나면 파라다이스가 펼쳐질 것이라는 희망 안에 붙들려 있을 뿐이었다. 이것이 바로 대니가 신이 아프리카를 버렸다고 한 이유다.

그럼에도 우리가 감히 아프리카에 '희망'이라는 이름을 내거는 이유는, 그들의 회복탄력성을 믿기 때문이다. 실제로 시에라리온과 라이베리아에는 내전으로 사지가 절단된 이들이 신체적 장애와 심리적 트라우마를 극복하고 일상생활을 회복할 수 있도록 지원하는 '외다리 축구

연맹Amputees Football Federation'이 있다. 이들은 2007년 시에라리온의 수도 프리타운에서 처음으로 아프리카컵을 개최했고, 라이베리아와 시에라리온이 각각 은메달과 동메달을 차지했다. 한때 서로에게 총구를 겨누어야 했던 소년병들은 내전이 종식된 이후 거리에 나앉을 뻔했으나, 이제는 골대를 향해 슛을 쏘며 재기하고 있다. 포르투갈어로 '사자의 산'을 뜻하는 시에라리온의 산골짜기에서 다이아몬드를 채굴하는 데 혈안이 되기보다는 산등성이를 오르내리는 사자들에게 관심을 쏟을 때 비로소 신이 아프리카를 버리지 않았다는 사실을 알게 될 것이다.

차라리 발견되지 않는 것이 더 나았을 석유

광물 못지않게 아프리카의 불안정성을 드높이는 것이 또 있다. 바로 석유다. 전 세계 석유의 약 7% 정도가 아프리카 대륙에 매장되어 있는데, 그 절반은 리비아와 알제리를 중심으로 한 북아프리카에, 나머지는 사하라 이남 서아프리카 기니만 지역(나이지리아, 앙골라, 적도기니)에 집중되어 있다. 석유를 가진 자와 가지지 못한 자의 상반된 운명은 우리가 예상하는 바와 크게 다르지 않다. 예컨대 북아프리카에서 유일한 비산유국인 튀니지는 석유 나는 두 나라(리비아와 알제리) 사이에서 농업과 관광업에 의존하며 석유를 가지지 못한 자의 서러움을 극복해 나가고 있다. 그에 반해 1950년대 후반 유전이 발견된 이래 앙골라와 함께 아프리카 최대 산유국을 다투는 나이지리아는, 해안선을 따라 원유가 매장된 서남부권의 편파적 발전과 석유 수입의 불균등한 배분으로 빈부 격차의 골이 깊어가고 있다. 또한 1970년에는 나이지리아 남부 해

그림 4-3 에티오피아

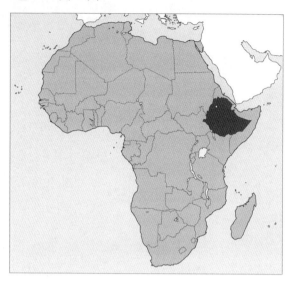

안 유전지대의 송유관과 유전시설이 파손되며 유출된 원유 200만 배럴이 온 마을을 오염시키기도 했다. 여기 석유 자원의 저주를 감당하고 있는, 동아프리카의 에티오피아도 있다.

"알라신이여, 우리에게 불행을 가져다준 석유를 거두어주십시오."
— 〈438일〉 중, 오가덴 민족해방전선 군인

영화 〈438일〉 중, 소말리아와 맞닿은 에티오피아 동부 오가덴 지역에서 정부군과 대치하고 있는 반군 중 한 명이 탄식한다. 어느 날 갑작스레 발견된 석유가 이렇게 우리를 고생스럽게 한다면, 차라리 없는 게 더 나았을 것이라고 말이다. 오가덴의 석유가 그 지역에 부를 가져다주

그림 4-4 오가덴 지역

기는커녕, 정부의 군사적 개입과 독점을 위한 외국 자본의 물밑 작업으로 정작 오가덴 지역 주민들은 혈투에 무방비로 노출되어 있었다. 자원전쟁의 전형적인 희생양이 되어 일상을 함께해 온 가족, 친지, 이웃들의 비참한 결말을 지켜만 보고 있다.

중동 지역의 석유 매장량에 비하면 매우 소량이지만, 세계시장에서 아프리카 석유가 주목받는 이유가 있다. 우선 아라비아 반도의 걸프협력회의GCC: Gulf Cooperation Council 국가들은 절대왕정 아래 국영 석유회사가 운영권을 쥐고 막대한 재정 수입을 얻음으로써 통치권까지 공고히 하고 있다. 이는 글로벌 석유 기업들이 직접 개발권을 획득하기 매우 어려운 구조다. 이러한 연유로 비교적 자율적인 개발과 운영이 가능한 아프리카의 신흥 산유국들에 집중할 수밖에 없고, 무엇보다 원유 품질이 우수하여 새로운 유전 지역으로 안성맞춤이다. 또한 미국은 자국 내 셰일가스 추출에도 불구하고 정치적인 이유로 중동산 원유 의존도를 줄이고 있어 아프리카산 원유에 기대고 있고, 중국 역시 앙골라를 중심으로 의존도를 높이고 있다. 이러한 강대국들의 아프리카 원유에 대한 관심도 증가는 석유를 보유한 아프리카 국가들의 이권 다툼에 불씨를 제공한 것이나 다름없다. 자원을 가지고 있으나 개발 인프라는 갖추지 못한 아프리카 국가들은, 개발권을 획득하기 위한 강대국과 메이저 석유회사들의 협공에 자신들의 운명을 내걸고 있다.

〈438일〉은 스웨덴 전 외무부 장관 칼 빌트Carl Bildt가 룬딘Lundin Energy (2001년 설립된 스웨덴의 석유회사) 이사회 임원을 맡고 있던 때부터 시작된 에티오피아 오가덴 지역(〈그림 4-4〉)의 운명을 다룬다. 이 기업은 룬딘 가문의 신조인 "용기가 없으면 영광도 없다"에 따라, 미개발 상태로 남아 있던 오가덴 지역의 석유 시추에 과감한 투자를 약속한다. 그러나 칼 빌트가 임원직을 내려놓고 내각에 입성한 2006년, 에티오피아 정부는 반군으로 명명한 오가덴 민족해방전선을 진압한다는 명목으로 이 지역에 1만 4000여 명의 정부군을 투입하면서 분쟁 지역이 되었다.

2011년 6월 스웨덴 기자 요한 페르손과 마틴 시뷔가 에티오피아-소말리아 국경이 폐쇄된 접경지역으로 밀입국한다. 오가덴 지역의 석유를 둘러싼 거대 기업, 스웨덴 외무부, 에티오피아 정부의 관계를 파헤치기 위해 이들이 기획한 탐사보도를 통해 진실을 수면 위로 올리기까지 438일이 걸렸다. 그 시간이 두 기자와 가족들에게는 매우 고통스러웠겠지만, 이들이 없었다면 오가덴 지역의 분쟁은 냉전 시대에 미소 간 대리전 양상을 보인 에티오피아-소말리아 전쟁 혹은 오가덴 전쟁(1977.7.12~1978.3.15)으로만 기억될 뻔했다. 하일레 셀라시에 황제를 폐위시키고 급진적 공산주의 노선을 택한 멩기스투Mengistu 정권의 에티오피아와, 친미 아랍 국가들과 손을 잡은 소말리아 바레 정권을 소련과 미국이 각각 지원하고 있었으므로 겉으로 보기에는 그렇게 비칠 수도 있었다. 하지만 당시 에티오피아의 언론 통제(8장 참고)를 박차고 진실 규명에 나선 두 저널리스트 덕분에 오가덴 지역의 민낯이 드러났다. 석유 개발이 지역 주민들의 삶의 질을 향상시킬 것이라던 룬딘의 홍보와 달리, 에티오피아 정부군과 오가덴 민족해방전선 간에 내전이 발발하자 민간인을 대상으로 한 전쟁 범죄가 들끓었다. 특히 여성은 전쟁 도구로 성범죄에 노출되었고, 속수무책으로 약탈당한 주민들은 길에 나앉게 되었다. 석유를 개발하려는 자본가와 철저히 그들 편에 선 정권, 내전의 희생양이 된 주민들의 울부짖음만이 오가덴 지역을 채웠다.

비단 석유뿐이랴. 어느 곳에서는 다이아몬드가, 어느 곳에서는 코발트가, 희소 광물이라는 이유로 가진 자들의 잇속만 채우는 비겁한 자원이 되고 있다. 그리고 무분별한 자원 개발로 인해 어쩌면 인간보다 더 오래 터를 잡고 살아온 야생동물은 멸종 위기에 처했다. 그중에서도 아프리카 대륙 중앙에 위치한, 조지프 콘래드Joseph Conrad의 소설 『암흑의 핵심Heart of Darkness』[1899/1998, 영화 〈지옥의 묵시록〉(1979)의 원작]의 배경인 콩고민주공화국Democratic Republic of the Congo(이하 DR콩고)은 어떠한 연유로 그 어둠의 중심에 서게 된 것일까? 민주공화국이라는 국가명이 무색할 만큼 정치적으로 민주주의를 추구하지도, 공화국 형태를 온전히 갖추지도 못한 DR콩고는, 유럽 열강의 식민지 국경선 긋기의 가장 대표적인 실패 사례로 손꼽힌다.

잊힌 땅에 내려앉은 암흑의 핵심 속으로

그들은 오직 잔인한 힘을 가진 정복자였어. 이 힘은 다른 사람들의 나약함으로 인해 우연히 얻게 된 것이지. 그냥 폭력을 쓰는 강도짓이나 대규모 학살이나 마찬가지야. 이는 암흑의 세계를 다루기 매우 적합했어. 세계의 정복은 대개 피부색이 다르거나 우리보다 코가 조금 낮은 이들을 약탈하는 것이니까.
― *Heart of Darkness*, p.9 중

그림 4-5 DR콩고

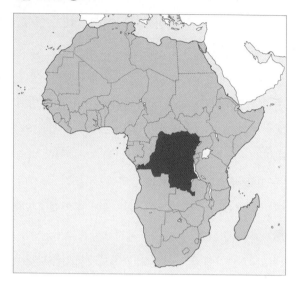

　아프리카를 잊힌 땅forgotten land이라고 한다. 그들을 '기억될' 의지조차 없이 수동의 상태에 머무르게 한 것은 누구이며, 왜 그랬을까? 어쩌면 아프리카 식민화로 본국의 이익 독점에 눈이 멀어, 다른 이들의 간섭과 관심을 차단하기 위한 제국의 의도였는지도 모른다. 그리고 식민지 시절에도, 독립 후에도 여전히 아프리카에 드리운 기억의 부재는 발전이라는 기치 아래 아프리카에 행한 약탈과 폭압, 그리고 결정적인 순간 무관여 원칙을 내세우며 아프리카를 저버린 휴머니즘의 부재를 암시하는 것이 아닌지, DR콩고를 들여다보면 생각이 많아질 수밖에 없다.

　독일, 프랑스, 스페인을 합친 것보다 넓은, 아프리카에서 두 번째로 넓은 땅을 보유한 DR콩고에는 아마존 다음으로 거대한 열대우림 지역이 있다. 이 나라는 아홉 개 국가와 접해 있는데, 남쪽으로는 앙골라, 북쪽으로는 콩고공화국, 중앙아프리카공화국, 남수단, 동쪽으로는 우간다, 르완다, 부룬디, 탄자니아, 잠비아와 국경을 맞대고 있다. 이는 내륙국으로서 맞닿은 국경선이 여럿인 만큼, 그 보이지 않는 선에 의해 수많은 종족이 적개심을 품을 수밖에 없다는 것을 함축한다. 사실 르완다 대학살 이후 투치족이 이끄는 정부가 설립되자, 후투족 민병대였던 인테라함웨Interahamwe(뜻을 함께하고 같이 일을 도모하는 사람들)와 르완다 해방민주세력FDLR: Forces Démocratiques de Libération du Rwanda 등 반르완다 정부 세력이 DR콩고 동부로 숨어들어 와 르완다, 부룬디, 우간다와 접경한 대호수 지역은 아프리카의 대표적인 정세 불안정 지역이 되었다.

본래 약 200여 개가 넘는 부족(가장 세력이 강한 부족은 반투족)으로 이루어진 DR콩고는 벨기에 국왕이던 레오폴드 2세(1865~1909년 재임)의 개인 영지가 되어 지배를 받았고, 공식적으로는 1908년부터 1960년까지 벨기에 식민 치하에 있었다. 무자비한 식민 통치로 악명 높았던 레오폴드 2세는 DR콩고의 천연자원을 편취하기 위해 그들을 노예로 삼고 조금이라도 엇나간 행동을 하면 손을 잘라버렸다. 이러한 악행은 벨기에 정부 치하에서도 가혹한 통치로 이어져 수도 킨샤사는 그림 같던 '예쁜 킨샤사Kinshasa la belle'에서 독립 후에는 자립하지 못한 '쓰레기통 킨샤사Kinshasa la poubelle'로 전락하고 말았다. 영국의 탐험가 헨리 스탠리가 콩고강 상류에서 벨기에의 무역 거점이 될 도시를 발견한 후 자신을 후원해 준 레오폴드 2세를 기리며 이름 붙인 레오폴드빌은 '킨샤사'로 도시 이름이 바뀌면서 식민지 흔적을 털어내는 듯했지만, 상처는 쉬이 회복되지 않은 것으로 보인다. 또한 오랜 벨기에 식민 통치의 영향으로 프랑스어를 공용어로 쓰긴 했지만, 지배자의 편의를 위한 제국의 언어였을 뿐, DR콩고의 결집을 유도하는 데 큰 도움이 되지 못했다. 결국 잔혹한 식민 통치 후 군사령관이던 조제프 모부투Joseph Mobutu가 정권을 잡아 32년간(1965~1997) 독재를 하며 1차 콩고 전쟁(1996~1997)의 단초를 제공했다. 이는 이웃 나라 르완다 대학살(1994, 5장 참고)과 궤를 같이한다.

여기에 1925년 설립된 아프리카에서 가장 오래된 국립공원인 비룽가Virunga 국립공원이 있다. 이곳은 콩고 남동부에 걸쳐 대지구대Great Rift Valley(협곡 지대)가 형성된 카탕가 지역으로, 남부 루망가보Rumangabo, 중부 르윈디Rwindi, 북부로 나누어 관리하고 있다. 이와 같은 지형과 자연환경 덕분에 멸종 위기에 처한 산악 고릴라 서식지로 유명하고, 무엇보다 비룽가에 매장된 코발트, 구리, 다이아몬드, 금, 은, 아연, 석탄과 같은 천연광물은 선진국들이 외면하기에는 너무나도 매력적인 자원의 보고다. 이는 자원 개발을 독점하고자 하는 서구와의 결탁을 가능하게 하는데, 서로가 원하는 바를 정확히 알기에 거래는 너무나도 쉽게 이루어진다. 다시 말해 국내의 혼란스러운 정치 상황과 종족 갈등을 평화적으로 봉합할 방법을 알지 못하는 현지인들이 서구의 자원 개발에 동원된다.

에티오피아 오가덴 지역의 석유 개발권을 따낸 스웨덴의 룬딘처럼, 영국의 소코SOCO International는 비룽가 공원의 절반에 해당하는 드넓은 지역의 석유 개발권을 획득했다. DR콩고를 다루는 소코의 방식도 룬딘이 에티오피아 오가덴에서 자행한 모습과 매우 닮아 있다. 위치만 다를 뿐, 석유라는 자원 앞에서 오로지 '큰 돈벌이'에 혈안이 된 모습이었다. 그들은 국립공원이라는 자연의 가치와 DR콩고 사람들에게 보다 나은 미래를 안겨줄 석유의 가치를 두고 고민한다고 주장했지만, 100년 이상 공원을 지켜온 이들의 말을 묵살하기 급급했다. 그러고는 공원에 숨어든 M23 반군과 밀렵꾼을 근절할 방안으로 석유 사업의 활성화를 내세웠다. 하지만 개발 지역에 에드워드 호수까지 포함되자 호수에서 고기잡이를 해오던 주민들의 생계가 위협받았다. 게다가 비룽가에 거대 자본이 투입된다는 사실이 알려지자 마을 주민들조차 서로가 서로를 믿지 못하고, 편을 가르기 시작했다. 주민뿐만 아니라 산악 고릴라도 생사의 갈림길에 섰다. 공원 경비대원 130여 명이 비룽가의 고릴라를 지키려다 살해당한 반면, 밀렵꾼들은 비룽가의 상징과도 같은 산악 고릴라를 멸종시키기 위해 물불을 가리지 않았다. 자원이 또 다른 자원의 파괴를 유도한 셈이다. 야생동물보호협회의 발표에 따르면, 1995년 이 지역 고릴라 개체수가 1만 7000마리였는데, 2016년에는 3800마리로 77% 감소하여 멸종 위기에 처했다. 광물 채취를 위해 휴화산 주변으로 채굴업자들이 몰려들었다. 누구의 수하에 있는지, 누구의 재정적 지원을 받고 또 채취한 광물을 넘기는지 전혀 알 수 없는 이들에 의해 국립공원은 황폐해지기 시작했다. 산악 지대의 나무들은 마구잡이로 벌목되었고, 서식지를 잃고 사살된 고릴라들은 그 나무에 묶인 채 자신들의 터전을 떠났다.

〈비룽가〉 속 실제 석유 개발사업 현장감독 쥘리앵 르슈노Julien Lechenault 는, 콩고 사람들은 성숙하지 못한 아이와 같아서 스스로를 돌볼 수 없다며, 일을 제대로 진행하기 위해 '우리'가 불가피하게 '그들'을 관리해야 한다고 말한다. 고마(〈그림 4-6〉 참고)에 온 지 3일밖에 되지 않은 백인이 DR콩고를 과연 얼마나 체감하고서 내뱉은 발언이겠는가? 이는 여전히 제국주의 감성을 버리지 못한 서구 백인들의 뿌리 깊은 고정관념의 단면이며, 동시에 구원자의 신화를 실현하고자 하는 자본가의 못된 심보라고도 할 수 있다. 자신들의 실익을 위해 타인의 고통을 부추

그림 4-6 분쟁 지역인 DR콩고의 고마

기고, 제국주의 당시 고약한 버릇을 버리지 못한 채 신식민주의 자원전쟁을 더욱 교활하게 수행하는 것이다. 이들은 주로 천연자원이 매장된 지역을 누구보다 꿰뚫고 있는 현지인들을 포섭하기 위해 무장단체에 무기 및 자금을 지원하기도 한다. 이는 아프리카가 장기적이고 체계적인 전략을 수립하여 자원을 개발하지 못하고 서구에 의존할 수밖에 없는 악순환을 보여준다.

물론 모든 백인이 흑인을 지배하려 악의를 품고 있는 것은 아니다. 비룽가 국립공원의 총책임자 에마뉘엘 드 메로드Emmanuel de Merode는 어린 시절 케냐에 거주한 경험을 바탕으로 자연스럽게 야생동물과 교감했고, 20대 후반부터 산악 고릴라를 보호하는 데 앞장서고 있다. 그는 벨기에 왕족 출신으로 자신의 정치적 입지를 다지기 위해 DR콩고에서 이미지 메이킹을 한다는 음모론에도 불구하고 2008년부터 13년이 넘도록 현장에서, 그리고 각종 미디어 플랫폼에 출연하여 국립공원의 위기를 알리고 있다. M23 반군과 손잡은 소코가 에마뉘엘 암살을 시도할 만큼, 그는 온몸으로 비룽가를 지키고 있다. 그가 목숨 걸고 그토록 지키려고 하는 것은 단지 멸종 위기에 처한 산악 고릴라와 그곳에 서식하는 야생동물만은 아니다. 투자할 자본을 가진 사람이면 누구라도 탐낼 만한 천연 광산이기에, 돈에 눈먼 자들의 탐욕에서 비룽가 전체를 지키려는 것이 궁극적인 목표이다.

반군 세력들이 1%의 수수료 때문에 개발권을 서구 백인들에게 넘겨버린다면, DR콩고는 비룽가 국립공원 하나를 잃는 것이 아니라 자원 소유권, 자립적인 경제구조, 부의 균등한 분배와 사회 재투자를 이루어 내지 못할 것이다. 이제는 제국주의 시절보다 더욱 정교하게 한 국가의 근간을 흔들 수도 있다. 결국 소코는 DR콩고 동부 지역의 불법적인 자원 개발과 M23 반군과의 의혹에 계속해서 휩싸이자 2019년 10월 파로스 에너지Pharos Energy로 회사명을 변경했다. 이에 탐사 다큐멘터리 방식을 표방한 영화 〈비룽가〉는 그들이 비룽가 국립공원의 상당 부분을 석유 시추를 위한 구역으로 설정하며 불거진 의혹들을 파헤친다. 소코는 여전히 결백을 주장하고 있지만, 2010년 '도드프랭크법Dodd-Frank' 제1052조를 제정하여 관련 기업들이 분쟁을 일으키는 광물을 사용했는지 공개하도록 제도를 개선했다. 그렇다 해도 의심을 거둘 수 없는 이유는, 제국주의 시절 식민지에서 자행한 그들의 만행과 아프리카에 만연한 높은 서구 의존도를 이용하려는 그들이 계산적이고 비인도적으로 접근하기 때문이다.

축복이 될 수 없는 자원이라는 선물

DR콩고의 산기슭 곳곳에는 회색 모래가 지천으로 펼쳐져 있다. 이 모래가 바로 금이나 다이아몬드에 버금가는 몸값을 자랑하는 콜탄인데, 전 세계 콜탄의 80%가 바로 DR콩고에서 생산된다. 콜탄은 정련 과정을 거치면 고온에 잘 견디는 탄탈룸tantalum이라는 금속 물질이 되는데 스마트폰 한 대에 0.02그램이 쓰인다. 그뿐만 아니라 합금을 통해 컴퓨터와 같은 전자제품의 전류 조절 장치로 쓰이기 때문에 닌텐도, 샤프, 소니, 니콘, 캐논, 도시바, 레노버 등 세계적인 전자기기 생산 기업에 필수 원재료다. 삼성과 LG에도 마찬가지다. 디지털 미디어 기기의 발전과 함께 콜탄 수요가 기하급수적으로 늘어났고, 그에 따라 2006년 1킬로그램당 70달러였던 콜탄 가격이 12년 만인 2018년 9월 1킬로그램당 224달러로 300% 넘게 올랐다. 게다가 전 세계 소비자들의 스마트폰 교체 주기가 짧아질수록 콜탄 가격은 상승하지만, 현지인들의 생존권은 오히려 위협받는 모순적인 상황이 발생해 '피로 물든 휴대폰bloody mobile'이라는 표현도 생겨났다.

유엔 보고서에 따르면, DR콩고의 자원 개발에 식민 시절 지배자였던 벨기에를 중심으로 캐나다, 미국, 프랑스, 영국, 독일, 네덜란드, 핀란드, 중국 등 세계열강과 이들의 이해관계가 얽힌 다국적 기업이 연루되어 있다. 이러한 외부의 개입은 현지인들의 일상을 초토화했다. 광산 개발과 영역 점유를 위해 외부인들은 개발 전문가나 DR콩고 정책 담당자를 섭외하여 적법한 절차를 밟는 것이 아니라 더욱 빠르고 손쉬운 방법을 선택했다. 이들은 빈곤선poverty line 이하에서 하루하루를 간신히 버텨가는 남자아이들에게 총자루를 쥐여주고 소년병으로 훈련시켰다.

아이들은 생계를 위협하는 가난 앞에 속절없이 무너졌고, 자신들의 눈 앞에서 살해되거나 강간당하는 가족들의 모습을 그리움보다는 분노로 아로새기며 소년병이 되었다. 이것이 바로 공식적으로 종료된 콩고 내전(1996~2003)이 여전히 나라 구석구석에서 발발하는 이유이며, 그중에서도 여성 강간이 가장 강력한 내전의 무기가 되는 이유다. 광산을 차지하기 위한 가진 자들의 횡포는 가족의 버팀목이 되는 여성들에 대한 성범죄와 그에 따른 남성 가족 구성원의 모멸감으로 이어져 마을 공동체뿐만 아니라 DR콩고 전체를 혼란에 빠뜨렸다. 반인도적 범죄행위에 대한 고발은 국제사회의 지원보다는 후폭풍을 두려워하는 자들의 비겁한 무관심을 낳았고, 결국 〈기쁨의 도시〉의 무퀘게 박사(14장 참고)처럼 위협을 무릅쓰는 용기 있는 자만이 슬픔과 원망을 뒤집어쓴 작은 도시 부카부에 기쁨의 숨결을 불어넣을 수 있게 되었다.

그럼에도 불구하고 암흑의 핵심 DR콩고에 내려진 형벌과도 같은 '자원의 저주'라는 생각을 지울 수가 없다. 자원의 올바른 운영 절차와 국제사회의 합법적인 지원 없이 지속되는 광물 채취가 DR콩고와 인접국의 정치적 불안과 맞물리며 그 피해는 고스란히 현지 주민의 몫이 되었기 때문이다. 최신 스마트폰을 가져본 적 없는 DR콩고 사람들은, 우리가 새로운 모바일 스크린에 손끝을 가져다 댈 때마다 그들의 손가락은 누군가를 위협하기 위해 방아쇠를 당기거나 삽자루에 힘을 실어 광물 채취에 온 하루를 바칠 뿐이다. 비룽가를 지키며 고릴라 밀렵에 반대하는 이들의 궁극적인 목적은 결국, 공원 내 자원을 안정적으로 그리고 안전하게 보존하여 지역 주민의 삶의 질에 직결되도록 하는 것이다. 전세계에 약 1000여 마리만 생존하는 것으로 보고된 산악 고릴라는 트레킹으로 관광 수익을 창출하며 비룽가 공원의 명맥을 유지해 주는 물적·심적 보배와도 같다. 이러한 경제적 가치를 차치하고서라도, 우리는 이제 자연과의 공존을 외면할 수 없을 것이다.

다행스러운 점은, 지속 가능한 발전에 국제사회의 이목이 쏠리면서 그간 마구잡이로 자원 개발을 해댔던 일부 글로벌 기업들이 자신들의 잘못을 인정하고 있다는 것이다. 일례로 다국적 석유 기업인 셸이 2021년 8월, 나이지리아 주민들에게 1억 1100만 달러(한화 약 1284억 원)를 보상하기로 했다. 이는 앞서 언급했던 나이지리아 남부 에자마-에부부 마을에서 50여 년 전쯤 일어난 원유 유출 사고에 따른 것으로, 그 일대 농경지를 포함해 주민들의 터전인 토양과 바다가 오염되었다. 하지만 셸에서는 당시 비아프라 전쟁(6장 참고)이라 불리는 내전 중 발생한 폭발이라고 둘러대며 자신들의 책임을 회피했다. 예전과 같은 환경으로 정화하는 데만 수십 년이 걸리는 상황에 부닥친 주민들은 2001년부터 셸을 상대로 소송을 시작했다. 1970년대 초반에는 석유가 나이지리아 재정을 탄탄히 했지만, 셸의 석유 시추 작업 중 발생한 사고가 온 마을을 쑥대밭으로 만든 것도 명백한 사실이었다. 따라서 마을 주민들이 글로벌 기업을 상대로 지루한 법정 다툼 끝에 책임 있는 판결을 끌어낸 점, 기업 또한 자신들의 과실을 늦게나마 인정하고 보상을 이행하기로 결정한 점 등은 오늘날 자원전쟁에 휘말린 여타 국가들에 시사하는 점이 많다. 이처럼 시간은 걸릴지라도, 후속 세대들은 저주가 아닌 자원의 축복을 누릴 수 있길 바라본다.

함께 읽으면 좋은 책!

- 『고릴라는 핸드폰을 미워해: 아름다운 지구를 지키는 20가지 생각』(2011). 박경화 지음, 북센스
- 『암흑의 핵심(Heart of Darkness)』(1899/1998). 조지프 콘래드[조셉 콘래드] 지음, 이상옥 옮김, 민음사.

#다이아몬드 #드비어스 #킴벌리프로세스 #오가덴 #석유 #암흑의 핵심
#고릴라

• 05 •

죽어야 끝나는 전쟁

1994년 4월, 천 개의 언덕에서

영화 〈호텔 르완다(Hotel Rwanda)〉(2004), 〈4월의 어느 날(Sometimes in April)〉
(2005), 〈악마와의 악수(Shake Hands with the Devil)〉(2007)
배경 국가 르완다

　누군가를 아주 미워하는 것, 혐오. 전 세계적으로 아시아인 혐오, 흑인 혐오, 이슬람 혐오, 여성 혐오까지 출신 지역, 인종, 종교, 젠더와 같은 사회적 구성 요소별로 극도의 미움이 발현되고 있다. 이러한 혐오의 씨앗은 바로 '우리'라는 울타리일지 모른다. 자신의 출신 국가와 민족, 자신이 믿는 종교, 자신의 성별이 스스로를 규정하는 정체성을 넘어 그것을 '타자'와 구분 짓는 편협한 생각으로 번질 때 바로 미움이 싹트는 것이다. 한반도는 정치체제의 차이로 인해 한민족이 분단국가로 갈라져 있으나, 다수의 아프리카 국가는 한 영토 내에 서로 다른 종족이 모여 살며 평화라는 커다란 우산 아래 공존하고 있다. 하지만 평화와 협력으로 무장해 살아가는 이들의 '다름'을 '갈등'으로 자극하는 일이 비일비재하게 일어나고 있다. 문화적 다양성으로 채워진 아프리카 대륙에서, 갈등은 누군가에게 힘을 실어주어 무차별적인 내전이 벌어지기도 한다.

그림 5-1 르완다

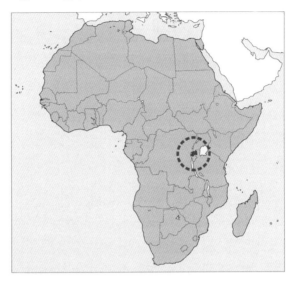

　이것이 가장 극명하게 그리고 가장 잔혹하게 드러난 곳이 바로 르완다
이다. 동아프리카 내륙국이면서 천 개의 언덕으로 이루어진 고원지대
르완다에서 1994년 대학살이 일어났다(천 개의 언덕은 프랑스어로 밀 콜
린Mille Collines인데, 영화 〈호텔 르완다〉의 배경이 된 호텔명인 동시에 대학살
당시 선동 매체였던 라디오 방송국의 이름). 서로가 서로를 죽이고 또 지켜
내야 했던, 핏빛으로 얼룩진 르완다. 창설 이후 처음으로 유엔에서 '제
노사이드genocide'로 규정한 것이 르완다 내전이다. 이는 민족geno과 학
살cide의 합성어로, 폴란드 출신 유대인 법학자 라파엘 렘킨이 2차 세계
대전 당시 독일의 대유럽 공략을 분석하며 만든 용어다. 제노사이드 협
약에 따르면 국민·인종·민족·종교 집단 전체 또는 부분을 파괴할 의도
로 자행되는 모든 행위가 포함된다. 하지만 당시 르완다 국무부는 제노

사이드라는 용어를 사용하지 못하게 했다. 실상이 너무 참혹했기 때문이다. 1994년 4월 6일부터 세 달 동안 최대 100만여 명이 살해되었는데, 이는 당시 르완다 인구의 20%, 홀로코스트의 약 5배에 달했다. 사실 르완다 내전은 1990년 10월 1일, 당시 대통령 쥐베날 하브자리마나Juvénal Habyarimana(1973년 7월 5일~1994년 4월 6일 집권)가 주도한 정부군과 투치족 반정부군인 르완다 애국전선RPF: Rwandese Patriotic Front 의 무력 충돌로 시작되었다. 3여 년 동안 이어지다 1993년 8월 4일 종전된 내전의 상처가 아물기도 전인 1994년 4월은 잔인하게 변모했다.

미움의 시작: 우생학에 기반한 서구 제국주의의 식민지화

흑인, 황인, 백인이라는 피부색에 따른 인종 구분은 생물학적 구분이라기보다, 한 인종이 다른 인종과 우열 관계에 놓일 수 있다는 점에서 사회적 차원의 문제로 볼 수 있다. 종족 구분 역시 마찬가지다. '우리는 모두 르완다인'을 표방하지만, 르완다는 후투족(약 85%)과 투치족(약 14%), 트와족(1%)으로 구성된다. 소수인 투치족은 15세기경 나일강 유역에서 남하한 목축민이었고, 후투족은 이들보다 훨씬 이전에 이주해 와 농경민으로 정착한 민족이었다. 호방한 성격의 투치족이 국가의 수장 역할을 주로 담당하고, 지방 권력을 실질적으로 행사하는 추장은 후투족이 맡으면서 평화로운 관계를 유지해 오고 있었다. 하지만 1차 세계대전에서 패배한 독일이 르완다와 그 이웃인 부룬디의 신탁통치를 벨기에에 위임하면서 분열이 시작되었다. 갑작스럽게 등장한 제국들이 식민통치의 일환으로 종족 차별 정책을 시행한 것이다. 이들은 투치족이 외

관상 키가 더 크고 코가 덜 넓으며 상대적으로 피부색이 밝아 백인에
더 가깝다는 가설을 세웠다. 그러고는 르완다 영토를 지배하기 위해 소
수인 투치족에게 특권을 부여하고, 출신 부족이 표기된 아이디카드로
서로 간 구분 짓기를 유도했다. 외향만으로 후투족과 투치족을 구분하
기 어려웠던 백인들이 세운 어리석은 정책이었다. 〈호텔 르완다〉에 등
장하는 백인 취재기자들은 호텔 바에서 만난 두 여성이 각자 후투족과
투치족이라고 말하기 전까지 생김새만으로 이들의 출신 부족을 전혀
구분하지 못한다.

서로에 대한 미움이 수면 위로 오른 것은 1962년 벨기에로부터 독립
한 후였다. 그간 핍박받던 다수의 후투족 출신이 지배권을 손에 넣자 투
치족은 르완다 밖으로 피신했다. 그리고 1973년 후투족 출신 하브자리
마나 정권이 들어서자 변방에서 점조직으로 세력을 키워오던 투치족 반
군 세력들이 르완다 애국전선을 조직하여 자신들의 존재감을 드러내기
시작했다. 국제사회에서 평화적 공존을 요구하자 하브자리마나 당시 대
통령은 투치족에 대한 강경책을 철회하고 타협하려는 입장을 보였다.
하지만 식민지 시절 벨기에를 등에 업고 투치족이 벌인 횡포에 서러움
이 쌓였던 후투족 일부는 여전히 강경한 입장을 고수하며 반기를 들기
도 했다. 후투족과 투치족의 감정의 골은 그만큼 깊었다.

아루샤 평화협정과 2차 르완다 내전

벨기에 신탁통치 기간에 이어진 후투족과 투치족에 대한 불공정한
대우는 '무냐르완다Munyarwanda'라는 문화 공동체적 정신과 공용어인 '키

냐르완다Kinyarwanda어' 사용이라는 사회 통합 분위기에 흠집을 냈다. 소수 민족이지만 지배층이었던 투치족과 다수 민족이지만 사회 내에서 배제된다고 느낀 후투족은 크고 작은 살육전을 벌이다 유엔과 AU[당시에는 아프리카연합의 전신인 OAU[Organization of African Unity]의 중재로 1993년 8월 4일 평화협정을 체결했다. 르완다군과 르완다 애국전선이 탄자니아에서 '아루샤 평화협정'을 맺고 과도 연립정부를 출범한 것이다. 이를 통해 대통령은 후투족에서 선출하되 총리와 내각은 투치족을 임명하도록 합의했으나, 군사 쿠데타로 정권을 잡은 후투족 출신 하브자리마나 대통령은 후투족 인사를 총리로 임명하여 갈등에 불을 지폈다. 이에 과도 내각에 참여하려던 투치족의 반발로 르완다 내 갈등은 재점화되었다.

이때 미디어는 유용한 선전 도구였다. 그중에서도 동서고금을 막론하고 가장 대중적인 매체인 라디오가 주로 활용되었다. 벨기에 식민 지배 당시 제국과 손을 맞잡은 소수 투치족은 다수인 후투족에게 반역자이면서 동시에 경계해야 할 이웃에 불과했다. 영화는 우리we(후투)가 그들they(투치)을 증오할 수밖에 없는 이유를 읍소하는 후투 파워방송 RTLM 진행자(조지 루타군다)의 결의에 찬 목소리로 시작한다.

"사람들이 내게 왜 그렇게 투치를 싫어하냐고 묻는다면 이렇게 대답할 것이다. '우리 르완다의 역사를 봐라.' 투치는 벨기에 식민정책의 협력자들이다. 그들은 우리 후투의 땅을 빼앗고 우리를 몰아냈다. 그런 투치가 반란군이 되어 다시 돌아왔다. 그들은 바퀴벌레이자 살인자다. 르완다는 우리 후투의 땅이다. 우리가 절대다수다. 그들은 소수의 사기꾼과 침입자일 뿐이다. 우리는 그들의 침입을 진압할 것이다. 또한 우리는 르완다 애국전선 반군들을 몰아낼 것이다."

그들은 다수의 신문과 방송, 잡지 ≪캉구라Kanguara(일어나라)≫와 같은 매체를 동원하여 혐오의 말을 쏟아냈고, 대중을 선동했다. 후투족 남성과 투치족 여성의 결혼을 반대하거나 사기꾼 투치족과의 거래를 제한하는 등 '후투 십계명'을 마을 단위로 공표하며 증오의 불씨를 심었다. 그리고 살인을 부추기는 증오 섞인 말들로 라디오와 지면을 채워나 갔다. 후투족은 투치족을 '바퀴벌레'라 불렀고, 식민지 시절부터 권력에 기대어 르완다의 분열을 조장한 대가를 치를 것이라 엄포를 놓았다. 이때 자치군의 암호인 '큰 나무를 베라Cut the tall tree'는 곧 전쟁의 시작을 의미하는 것으로 큰 나무를 베어내듯이 투치족도 제거되어야 했다.

영화에서 투치족을 모두 몰살시키겠다는 후투족 자치군의 위협은, 호텔 밀콜린스의 지배인 폴 루세사바기나Paul Rusesabagina의 이웃이 투치 족 스파이로 모함을 받아 강제 연행되며 일상의 코앞까지 다가온다. 인 상적인 대목은, 후투족 자치군의 무기 공급자가 다름 아닌 중국이라는 것이다. 그들은 날이 넓은 칼인 마체테machete를 개당 10센트에 넘겨 50센트로 되팔 수 있게 판로를 열어줌으로써 대학살의 풍토를 조성한 다. 여기에는 서구의 무지와 무관심도 일조한다.

〈호텔 르완다〉가 투치족을 구출해 내는 과정을 다룬다면, 〈4월의 어 느 날〉은 학살의 잔혹함과 이를 막을 방법을 찾지 못한 채 우왕좌왕하 는 서방 세계를 좀 더 현실적으로 보여준다. 특히 미 국무부 기자회견 장에서 한 기자가 부족명을 혼동하여 이렇게 질문한다. "그들은 투투인 가요, 후치인가요?" 그러자 "후투와 투치입니다"라고 대변인이 정정해 준다. 다음 질문에서는 서구인들의 인식 속에 자리한 분명한 선악의 대 결 구도가 엿보인다. "그러면 누가 착한데요?" 르완다의 부족 갈등에 대한 근본적인 이해 없이 악을 처단하고 선을 구현하는 데만 몰두한 서구의 태도가 드러나는 장면이다. 이렇게 르완다 대학살은 절정으로 치 닫는다.

평화를 위한 몸부림의 한계와 나비효과

아루샤 평화협정 후에도 여전히 시한폭탄과도 같은 갈등의 씨앗이 르완다 곳곳에 잠재해 있었다. 예컨대 투치족과 평화로운 공존을 원했 던 하브자리마나 대통령의 결정은 후투족 강경파를 자극했고, 독립 이 후 DR콩고, 부룬디 등 이웃 나라로 피신한 투치족 일부는 적당한 때를 기다리고 있었다. 불안을 감지하고 르완다로 파견된 유엔 평화유지군 UN PKO: United Nations Peacekeeping Force은 부족 간 보복성 대학살에는 관여 하지 않는다는 원칙을 내세웠다. 중립적이었지만 결과적으로는 대학 살을 방임한 반인류애적인 자세를 택한 것이다. 르완다 현지에서 유엔 평화유지군을 이끌었던 로메오 달레르Roméo Dallaire 장군의 회고록을 바 탕으로 한 다큐멘터리 영화 〈악마와의 악수〉를 통해 왜 이러한 결정을 내려야 했는지 엿볼 수 있다. 당시 유엔 안보리(안전보장이사회)는 평화 유지군이 요청한 5000여 명의 병력 지원을 거부하며 르완다를 외면했 다. 1950년 6·25 전쟁 때 유엔 안보리 결의에 따라 의료지원국을 포함 해 21개국이 참전한 사실을 상기해 보면, 전략적 가치보다 위험부담이 더 컸던 르완다의 상황이 안타깝기만 하다. 그뿐만 아니라 유엔 고위 관료들 사이에서는 르완다군이 비밀리에 후투족 자치군을 지원하고 있 다는 소문이 돌며 내전을 감지했지만, 유엔과 국제사회는 이를 묵인했 다. 결국, 상황은 악화되어 1994년 4월 6일, 르완다 하브자리마나 대통령이 탄 비행기가 수도 키갈리 공항 활주로에 접근하는 순간 격추되었고, 르완다 총리를 경호하던 유엔 측 벨기에 군인 십여 명이 사살되는 등, 고위층부터 작은 마을 주민에 이르기까지 학살은 르완다 전체에서 자행되었다.

한편 무고한 시민들의 학살을 촬영한 장면이 언론에 공개되면 국제사회의 도움을 받을 수 있을 것이라는 폴의 기대는, 아프리카의 가난과 내전이라는 반복되는 이미지에 무뎌진 이들에게 '또 그렇고 그런 사건 중 하나'로 인식되며 외면당했다. 이에 영화 속 영국인 촬영 기자는 "세상 사람들은 그 영상을 보고 '무섭네'라고 말할 뿐 저녁 식사를 계속한다"라는 자조적인 말을 내뱉는다. 이처럼 대부분의 아프리카 사람들은 서구의 논리로 가난이 상품화되는 상황(빈곤 포르노그래피poverty pornography)을 받아들여야만 했다. 그리고 백인, 혹은 영국 국적자라는 이유만으로 탈출 행렬에 오를 수 있었던 사람들은 호텔에 남은 르완다인들을 지켜볼 뿐이었다. 또한 프랑스, 벨기에, 영국, 미국 모두 자국에 이점이 없다는 이유로 르완다 대학살을 묵인하며 개입하지 않으려 했다. 특히 1993년 소말리아 모가디슈에서 특수부대의 블랙 호크 헬기가 민병대에 의해 격추되는 대형 사건을 겪은 미국은 아프리카라면 치를 떨고 있던 터였다. 이렇게 1994년 르완다는 뜨거운 여름을 맞기까지 자꾸만 덧나는 상처를 어루만지며 울부짖을 뿐이었다.

결국 2022년 르완다 대통령인 폴 카가메Paul Kagame가 이끄는 르완다 애국전선RPF이 혼란을 진압한 후에야 학살은 끝났다. 그리고 대학살에 가담한 혐의로 후투족 민병대(인터함웨)의 지도자였던 조지 루타간다 George Rutaganda는 종신형을, 르완다 정부군의 오거스틴 비지문구Augustin Bizimungu 장군은 30년을 선고받았다. 이미 인구의 약 20% 가까이가 학살당한 후였다.

르완다에서 무시무시한 사건이 종결되었다고 해서 평화가 찾아온 것은 아니다. 오히려 정권을 잡은 투치족의 보복을 피해 이웃 나라인 DR콩고 동부 대호수 지역으로 피신했던 후투족은 카가메 대통령이 가장 경계해야 할 대상이었다. 이들은 언제든 르완다 땅에서 복수혈전을 일으킬 수 있기 때문에 카가메 대통령은 DR콩고 모부투 대통령에게 그곳에 숨어든 후투족 반군을 통제해 줄 것을 요청했다. 하지만 과거 후투족과 인연이 깊었던 모부투 대통령은 오히려 후투족을 지원했고, 이에 배신감을 느낀 르완다 정부군은 DR콩고 동부 지역을 공격했다. 이때 DR콩고에서 게릴라로 활동하고 있던 로랑 카빌라Laurant Kabila가 르완다와 우간다의 지원을 받아 모부투 정권을 축출하고 정권을 잡았지만, 결국 르완다와의 의리를 저버리는 바람에 인근 8개국(르완다, 우간다, 앙골라, 짐바브웨, 나미비아, 차드, 리비아, 수단)이 개입한 2차 콩고 전쟁(1998~2003)의 빌미를 제공했다. 2001년 암살당한 로랑의 뒤를 이어 조제프 카빌라Joseph Kabila가 정권을 잡았고, 2019년 1월 DR콩고는 마침내 벨기에에서 독립한 이후 첫 민주 선거를 통해 펠릭스 치세케디Félix Tshisekedi가 대통령으로 당선됨으로써 평화로운 정권 교체를 실현했다.

이처럼 후투족과 투치족이 대립각을 세우며 DR콩고 동부 지역을 오가는 동안, 실거주민과 관광객들은 곳곳에 도사리고 있는 두려움을 감내해야 했다. 19세기 말 식민지 시절부터 한 세기가 넘게 혼란을 겪어온 DR콩고는 르완다의 종족 갈등까지 떠안으면서 정세를 안정시키기란 요원해 보인다. 이러한 상황 속에서 치세케디 대통령이 취임 직후 르완다와 우간다 순방에 나선 것은, 르완다 대학살로 신뢰를 잃은 외교 관계를 개선하려는 의지로 보인다. 하지만 여전히 르완다와 접경한 DR

콩고 동부 지역에는 100여 개의 무장단체가 난립하고 있고, 이에 따라 민간인 희생자와 인권 침해가 빈번히 발생하고 있다(14장 참고). 그리고 2021년 6월에는 〈호텔 르완다〉의 실존 인물인 폴 루세사바기나가 테러 혐의로 무기징역을 선고받았다. 후투족인 그는 대학살이 자행되던 난국에도 1200여 명의 투치족을 구출해 낸 공로로 2005년 미국 조지 W. 부시 전 대통령이 주는 대통령 자유 훈장을 받기도 했으나, 르완다 집권층에게는 눈엣가시일 뿐이었다. 그리하여 르완다 정부는 정치 보복이라는 그의 반박에도 불구하고 제노사이드 이후 루세사바기나를 영웅시하는 행위나 또 다른 종족 갈등의 여지를 차단해 버린 것이다. 이러한 결정은 머지않은 미래에 재평가될 것으로 보인다. 대학살의 트라우마를 극복해 낸 르완다 사람들의 용기를 본다면 말이다.

다시 일어나는 르완다만의 방식: 소통과 기억

1994년 르완다를 할퀴고 간 상처를 치료하는 것은 만만치 않은 작업이었다. 우선 베어버린 큰 나무에 생명을 불어넣기 위해서는, 새로운 나무를 구해올지 상처 입은 나무가 다시 설 수 있도록 방법을 찾을지에 관한 남은 이들의 소통이 필요했다. 무엇보다 100만여 명의 학살을 자행하는 데 관여한 10만여 명의 사람들을 심판하는 것이 선행되어야 했다. 이에 '르완다 인종말살 진상조사위원회Rwanda's National Commission for the Fight against Genocide'를 구성해 프랑스 법원에서 재판을 시작했다. 특히 카가메 대통령의 투치족 정부가 들어서면서 대학살 당시 프랑스 정부가 개입했다는 의심을 끊임없이 주장하고 있고, 이는 르완다와 프랑스의 외교 관계에도 영향을 미치고 있다. 프랑스 정부는 르완다 제노사이드와의 관련성을 극구 부인하며 도리어 하브자리마나 전 대통령 암살 사건의 용의자로 지목된 르완다인 아홉 명에게 체포 영장을 발부하는 바람에 3년간 단교 사태가 벌어지기도 했다. 2021년에는 르완다 정부의 공식 조사 보고서를 통해 제노사이드 당시 프랑스가 자국의 영향력을 확장하기 위해 이미 1년 전부터 후투족과 투치족 간의 갈등을 인지하고 있음에도 이를 묵인했다고 발표했다. 그리고 프랑수아 미테랑 전 프랑스 대통령은 공공연히 아프리카를 프랑스 발전의 필수 도구로 언급했고, 오히려 르완다의 불안정한 상황을 이용하여 다수인 후투족에게 군수물자를 지원하거나 수백 명의 군인을 파병해 학살을 부추겼다는 것이다. 이처럼 르완다는 벨기에 통치의 영향으로 프랑코포니(프랑스어를 사용하는 국가연합, 9장 참고) 가입국인 데다 2019년 1월 프랑코포니 사무총장에 르완다의 전 외무부 장관 루이즈 무시키와보Louise Mushikiwabo가 선출되어 4년의 임기를 수행하는 등 프랑스와 떼려야 뗄 수 없는 관계를 이어가고 있다. 누구의 잘잘못을 따지기보다는 국가 간 감정의 골이 깊어지지 않는 선에서 용서와 화해가 이루어져야 할 것이다.

키냐르완다어로 '짧고 깨끗하게 다듬어진 풀밭 혹은 마을 주민들이 분쟁을 해결하기 위해 모이는 풀밭'이라는 의미의 '가차차Gacaca'라는 르완다 전통 재판이 있다. 가해자가 지난 과오를 구체적으로 밝히고 용서를 구하면 마을 원로들이 피해자들에게 노역을 시키거나 낮은 징역형을 선고하는 방식으로 진행된다. 현대식 법정과는 다른 형태지만, '함께 살아가기 위해 용서를 선택한' 르완다의 방식이 국민 화해와 통합을 오히려 가속화한 것으로 평가받고 있다. 이와 같은 풀밭에서의 정의 구현은, 과거 하나의 르완다로 자부심을 가져온 르완다인들의 회복 탄

력성을 보여주는 것으로, 증오는 증오를 낳을 뿐이라는 뼈아픈 사실을
에둘러 지적하는 삶의 지혜라 할 수 있다.

나아가 2003년 르완다에서는 신헌법을 제정하면서 동족상잔의 비극
에 대한 반성과 화해의 의지가 담긴 조항들을 추가했다. 예컨대 국가의
기본 원칙을 '집단 종족 학살의 이념과 종족 제거, 지역 구분에 대한 저
항권'으로 규정하고 '국가 통합의 증진'과 '공정한 권력 분립'을 내세워
제12조에 "누구든지 임의로 생명을 박탈당하지 아니한다"라는 조문을
명시했다. 또한, 신헌법 제51조 "국가는 집단 종족 학살 기념비와 현장
및 민족문화유산을 보존할 의무를 진다"에 따라 수도 키갈리에 제노사
이드 추모관을 설립하여 매년 4월 초 국가 차원에서 2주간의 '제노사이
드 추모 기간'을 가진다. 이를 크위부카Kwibuka'라고 하는데 키냐르완다
어로 '기억하다'라는 뜻이다(〈그림 5-2〉 참고). 비통하고, 어쩌면 부끄러
운 과거일지라도 지난 시간에 대한 인정과 반성은 미래로 나아가는 가
장 건강한 방법인지도 모른다.

대학살이 멈춘 지 30여 년이 되어가는 오늘날 르완다의 모습은 어떠
할까? 한국과 닮았다는 평가를 받는 르완다에서는 전략가 기질의 카가
메 대통령이 장기 집권을 이어가고 있다. 경제성장에 중점을 둔 그의

정책은 내수 경제를 활성화하고 교육 수준을 향상시켰으며, 그에 따라 성장 가능성이 높은 국가로 국제사회에서 인정받고 있어 우리나라도 르완다를 아프리카 중점 협력국으로 지정했다. 특히 아프리카 다수 국가 내 불평등과 경제 후퇴 원인인 부정부패 척결에 앞장서는 등 르완다인 스스로 발전을 주도한 결과, 국내외적으로 두터운 신뢰를 형성했다. 이는 교육, 보건, 과학, 젠더 분야에서 두드러진다.

예를 들어 정부 주도의 비전 2020에 따라 OLPC One Laptop Per Child 프로젝트를 시행하여 초등학교에서 학생과 학부모가 컴퓨터 교육을 받을 수 있도록 했고, 교외 지역 아동들의 인터넷 접근권을 개선하고자 2019년에는 인공위성을 발사했다. 그뿐만 아니라 드론을 활용해 의료시설이 미비한 지역에 혈액과 약제를 공급하는 방식도 도입했다. 이는 다른 아프리카 국가들과 견주어 모범 사례로 인정받을 만큼, 국민의 기본권을 실질적으로 향상시킨 구체적인 성과라 할 수 있다. 또한 제노사이드 이후 양성평등을 위한 제도 개선을 시행했는데, 국가 기본 원칙으로 의사결정 기관인 상원의원(26명)과 하원의원(80명) 중 최소 30%는 여성을 선출해야 한다. 이는 전반적으로 여성 인권에 대한 인식이 구시대적 행보를 보이는 여타 아프리카 국가들의 상황(14장 참고)을 고려했을 때 매우 이례적인 정책이라 할 수 있다. 이것이 바로 집권 이래 지금까지 카가메 정권이 르완다 국민들의 압도적인 지지를 받는 이유다. 천 개의 언덕만큼 굴곡진 현대사를 간직한 르완다가 이제는 후투-투치를 넘어 하나의 르완다로 단단히 서서 종족 간 미움으로 얼룩진 일부 국가들에 교훈을 안겨주길 기대해 본다.

함께 읽으면 좋은 책!

- 『내일 우리 가족이 죽게 될 거라는 걸, 제발 전해주세요!: 아프리카의 슬픈 역사, 르완다 대학살(We Wish to Inform You That Tomorrow We Will Be Killed with Our Families: Stories from Rwanda)』(2011). 필립 고레비치 지음, 강미경 옮김, 갈라파고스.
- *Shake Hands with the Devil*(2003). Roméo Dallaire 지음, Random House Canada(영어, 프랑스어 원서).

#제노사이드 #후투족 #투치족 #폴 루세사바기나 #UN 평화유지군(UN PKO)

• 06 •

무법자와 영웅

보코하람, 알샤바브, 해적 그리고 구원자

영화 〈태양의 눈물(Tears of the Sun)〉(2003), 〈블랙 호크 다운(Blakc Hawk Down)〉
(2001), 〈캡틴 필립스(Captain Phillips)〉(2013), 〈모가디슈〉(2021)
배경 국가 나이지리아, 소말리아

    아프리카 대륙에서 면적이 가장 넓은 나라는 어디일까? 인구가 가장
많은 나라는 어디일까? 전자에 대한 답은 바로 북아프리카 알제리다. 남
수단 분리 독립(2011.7.9) 이후 알제리가 아프리카에서 가장 큰 나라가
되었고, DR콩고와 수단이 그 뒤를 잇는다. 한편, 나이지리아는 인구가
가장 많은 나라다(2021년 기준 2억 600만 명). 250여 개 종족이 한데 살아
가고 있어, 다양한 부족 문화가 뒤섞인 다문화 사회라 할 수 있다. 그만큼
잡음도 끊이지 않는다. 서로 다른 언어가 부족수만큼 공존하고, 북부는
이슬람교, 남부는 기독교와 토착 신앙이 성행하며, 석유 자원이 정치적
이권 다툼의 도구로 사용되는 등 혼돈이 지속되고 있다. 한때 아프리카
에서 가장 큰 나라였던 수단이 종교 갈등을 빙자한 남북부 내전을 평화롭
게 종식하지 못해 결국 남수단이 신생독립국이 된 역사적 사실(7장 참고)
만 보더라도 나이지리아가 안고 있는 사회적 불안을 짐작할 수 있다.

돌이킬 수 없는 1914년의 실수

2014년 나이지리아의 수도 아부자에서 논란 속에 100주년 기념행사가 열렸다. 100여 년 전 나이지리아에서 무슨 일이 있었던 걸까? 1914년 1월 1일, 영국은 남·북부로 나뉘어 있던 보호령을 통합하여 식민지로서의 나이지리아 국경을 획정했다. 하지만 지리적 차이만큼 자연환경과 종교적 색채가 달랐던 남부와 북부를 하나의 국가로 묶어놓고 보니 영국으로서도 이들을 아우를 뚜렷한 방안을 찾지 못한 것으로 보인다.

나이지리아 북부는 7세기 중동에서부터 북아프리카를 지나 남하한 이슬람교를 믿는 하우사-풀라니족 출신 무슬림이 주를 이룬다. 반면 남부는 해안가를 중심으로 오랜 시간 상업에 종사한 남동부의 이보족과 남서부의 요루바족이 장악하고 있다. 이러한 남북부 지역의 사회문화적 차이를 일찍이 감지한 영국은 북부 이슬람 사회로의 진입에 부담을 느껴 남부에 선교사를 파견하여 기독교 포교와 교육 인프라를 구축하기 시작했다. 이처럼 지배자의 통치 편의성에 따른 차등적 식민 지배는 남북부 부족 간에 갈등을 유발하여 1960년 영국으로부터 독립을 앞두고 이들의 갈등은 극으로 치달았다. 독립 후 이권 다툼에서 배제될 것을 우려한 북부 토착민들은 상대적으로 교육 수준이 높은 남부 사람들을 경계하며 영국인들이 떠난 공직에 어느 지역 출신이 앉게 될지 촉각을 곤두세웠다. 특히 1950년대 후반 남동부 니제르 델타^{Niger Delta} 지역에서 석유가 처음으로 발견되고 1970년대 초반 국제 유가 급등으로 재정 수입이 늘어나자 남북부 간 소득 양극화까지 극심해졌다. 이로 인해 나이지리아뿐만 아니라 영국을 비롯한 국제사회에서 나이지리아 남북부의 통합을 '1914년의 실수^{the mistake of 1914}'라고 평가하게 되었다.

그림 6-1 나이지리아

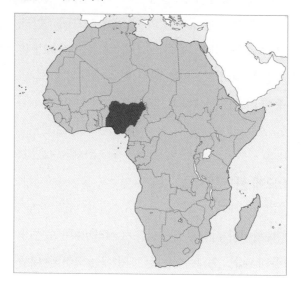

결국, 이러한 긴장감은 무력으로 터져 나왔다. 비아프라 전쟁Biafra War (1967~1970)이라고도 불리는 나이지리아 내전은 르완다 내전(5장 참고), 수단공화국 내전(7장), 소말리아 내전과 마찬가지로, 종족 간 갈등을 이용한 식민 유산이라 할 수 있다. 이는 이보족이 살고 있던 남동부의 비아프라주를 '비아프라공화국'으로 분리 독립하려는 움직임으로 시작되었다. 지역별 종족 갈등, 이슬람교와 기독교의 대립, 그리고 석유 자원에 대한 부의 분배 문제 등 '다름'이 낳은 피비린내 나는 내전이었다. 결국 군부를 필두로 한 풀라니족의 승리로 끝이 났고, 인종 청소를 두려워한 이보족은 은신처를 찾아 떠나야만 했다. 이러한 사회 불안 요소로 인해 남서부 해안가의 경제 수도 라고스를 중심으로 모인 요루바족이 기독교와 이슬람교의 완충 역할을 하는 오리사교(17장 참고)를 제안하지만 큰 실효성은 없었다. 사실 나이지리아는 세계에서 다섯 번째로 무슬림 인구가 많은 동시에, 여섯 번째로 기독교 인구가 많은 국가인데 그 신자 수가 거의 대등하다. 물론 두 종교 간 대등한 신자 수가 평화로운 공존을 의미하는 것은 아니다. 어찌하여 지리 및 종족 간의 차이와 갈등이 이처럼 첨예해진 것일까?

위도 10도에 선 무법자들

7세기경 메카에서 시작된 이슬람교는 아라비아반도를 넘어 아프리카 대륙에 들어온다. "오른손에는 칼, 왼손에는 코란"을 내세워 포교 활동을 펼친 이슬람 세력은 640년 알렉산드리아를 함락시키며 이집트를, 642년에 트리폴리를 정복하며 리비아를, 670년에는 카이루안(수도 튀니스에서 남쪽으로 150킬로미터 떨어진 곳)을 북아프리카 최초의 아랍인 도시로 만들며 튀니지를 이슬람교 확대의 전초기지로 삼게 된다. 로마 제국이 북아프리카를 점령하고 있을 때 기독교가 사하라사막을 건너 남진하지 못한 이유는 바로 익숙하지 않은 사막성 기후였다. 하지만 이슬람교는 이러한 환경에 익숙했던 북아프리카 베르베르인의 남쪽 교역로를 따라 자연스레 흘러들어 갔다. 이때 이슬람 선교에 열정적이던 당시 사회 분위기와 포교를 주도한 유목민의 기질, 척박한 사막을 벗어나 비옥한 영토를 갖고 싶었던 욕망이 맞물려 이슬람교의 전파는 가속화 되었다. 이뿐만 아니라 낙타를 이용해 다량의 상품 운반이 가능해지자 더 수월하게 사막을 횡단할 수 있었다. 이로 인해 613년 예언자 무함마드가 포교를 시작한 지 100년도 채 안 되어 북아프리카 마그레브 지역

그림 6-2 아프리카의 무슬림 인구

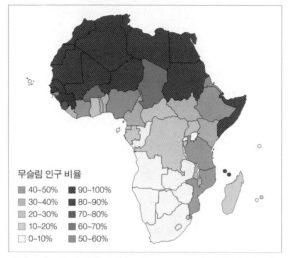

무슬림 인구 비율

- 40~50%
- 30~40%
- 20~30%
- 10~20%
- 0~10%
- 90~100%
- 80~90%
- 70~80%
- 60~70%
- 50~60%

자료: Arabeditor11786 / Wikimedia commons / CC BY-SA 4.0. ht
tps://commons.wikimedia.org/wiki/File:Africa_By_Muslim_Pop.png.

까지 이슬람교로 포섭할 수 있었다.

하지만 아랍 무역상과 무슬림 선교사에 의해 사하라사막까지 넘어선 이슬람교는 초원의 중간 지대, 즉 사헬Sahel(아랍어로 '해안'이라는 뜻) 지역에서 고전을 면치 못한다. 특히 해발 609미터 고원의 농경 지대와 수면병을 유발하는 체체파리tsetse fly는 사막성 기후에 익숙한 유목민의 발목을 잡았다. 위도 7~10도인 이 지역은 아프리카 서쪽의 세네갈 북부와 모리타니 남부, 말리 중부, 니제르 남부, 차드 중남부에서 동으로 이어지고, 아프리카 북부의 건조기후가 끝나고 사하라 이남의 정글이 시작되는 곳이다. 이 대초원에서 이슬람교와 기독교가 만난 것이다. 100여 년 전 아프리카에서는 토착 신앙이 지배적이었지만, 오늘날에는 약 10% 정도만이 토착 신앙을 가지며 아프리카 북부는 이슬람교(〈그림 6-2〉 참고)를, 남부는 주로 기독교를 믿는다. 이처럼 아라비아반도와 서구 열강에 의해 도입된 두 외부 종교는 토착화되었는데, 이슬람교의 경우는 아프리카 현지 전통문화와 결합하여 독특한 모스크 양식으로 변형되기도 하고 의복 역시 화려한 색상으로 바뀌었다.

　두 종교가 첨예한 갈등 양상으로 치달은 것은 19~20세기로 이어진 유럽의 식민주의 정책 때문이다. 예컨대 스코틀랜드 출신 선교사 리빙스턴이 교역과 문명화를 이끌면서 식민 시절 아프리카 내륙 지방으로 기독교가 확산되기 시작했다. 이때 기독교는 곧 서방세계를 대변함과 동시에 자신들의 패권주의를 지탱하는 수단으로 인식되었다. 당시 아프리카인들은 토착 신앙과 식민국의 종교인 기독교를 융합하여 받아들인 경우가 많았으므로, 독립 후에는 식민지 시절의 기억을 지우기 위해 이슬람교에 관심을 가지기도 했다. 이로 인해 새뮤얼 헌팅턴이 오늘날 국제 정세를 예견한 '문명의 충돌'이 시작된 것으로 보인다.

　이러한 충돌은 위도 10도에서 절정을 이르는데, 이곳은 적도에서 북으로 1126킬로미터를 수평으로 잇는 띠를 말한다. 하지만 위도 10도는 지리적 정의만으로 한정하긴 어렵다. 같은 맥락에서 1990년 선교 전략가 루이스 부시Luis Bush는 북위 10~40도 사이 지역인 10/40 창The 10/40 Window(〈그림 6-3〉 참고)을 제시했다. 이 지역에는 전 세계 인구 3분의 2가 거주하고 있고 이슬람교, 힌두교, 불교가 혼재하고 있지만, 기독교 복음이 전해지지 않은 곳으로 알려져 많은 선교 단체들이 선교지로 지정하고 있다. 다시 말해, 기독교와 이슬람교가 충돌할 수 있는 위험지역이기도 한 것이다. 실제로 세계 분쟁 지도(〈그림 6-4〉)를 보면, 아프리카 대륙에서는 위도 10도를 따라, 그리고 중동 및 서아시아 지역이 10/40 창 내에서 싸움을 멈추지 못하고 있다. 종교의 탈국경화와 분쟁

그림 6-3 위도 10도를 중심으로 한 10/40 창

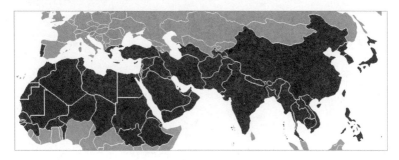

의 연관성을 간과할 수 없는 이유다.

〈태양의 눈물〉은 이처럼 혼란스러운 상황이 지속되는 나이지리아에서 자국민, 그중에서도 국제 구호단체 소속의 미국인 여의사를 구출하기 위한 미 해군 특수부대의 군사작전을 그린다. 그들은 '신이 버린 아프리카' 땅에서 부대원들을 희생하면서도 반군에 쫓기는 마을 주민과 대통령 후계자를 구해낸다. 하지만 영화 전개상 나이지리아가 왜 그런 분쟁을 겪을 수밖에 없었는지 역사적·사회적 맥락은 은폐되고 미국식 영웅주의만 기억할 가능성이 크다. 이는 위기 가운데 언제나 세계 경찰 국가 역할을 자처하는 미국이 영화에서도 휴머니즘을 구현하는 것으로 끝나기 때문이다.

하지만 서구의 개입 여부와 무관하게 실제로 나이지리아는 이슬람 극단주의와 테러의 공포에 맞서야 했다. 그러한 측면에서 보코하람Boko Haram은 나이지리아를 또다시 국제사회의 악명 높은 테러국으로 만들었다. 2002년 당시 32살이던 모하메드 유수프Mohammed Yusuf(1970~2009)는 나이지리아 북부 토착어인 하우사어로 '서구식 교육은 죄악Western education is sin'이라는 뜻의 이슬람 극단주의 단체 '보코하람'을 결성했다.

그림 6-4 스웨덴 소재 웁살라대학교 갈등 데이터 프로그램(The Uppsala Conflict Data Program)의 세계분쟁지도(2021)는, 분쟁을 크게 국가 기반 분쟁, 비국가 행위자가 주도하는 분쟁, 민간인에 대한 일방적인 폭력, 세 가지로 구분한다. 지도에 표시된 연을 통해 분쟁 지역, 규모, 폭력 행위자를 알 수 있다. 무엇보다 이 지도는 전 세계적으로 10/40 창에, 아프리카에서는 위도 10도 부근에 분쟁이 집중적으로 발생한다는 사실을 보여준다.

자료: Uppsala Conflict Data Program, https://ucdp.uu.se/downloads/charts/graphs/pdf_22/worldin2021.pdf.

여느 극단주의 집단과 마찬가지로 이슬람 율법인 샤리아Shariah의 강력한 집행을 요구하며 2014년 4월 14일 나이지리아 북부 치복의 한 여자 중등학교에서 과학 시험을 보던 276명의 여학생을 납치하기도 했다. 이는 보코하람의 의도대로 서구 문화의 상징인 교육 시설을 주요 테러 대상으로 삼고 있음을 보여주는 사건이었다. 2016년 3월에는 IS에 공개적으로 충성을 맹세하며 인접 국가인 차드, 니제르, 카메룬까지 공포로 몰아넣었다.

보코하람도 막을 수 없는 나이지리아의 실상

보코하람이 활개를 치는 와중에도, 나이지리아의 현실적인 문제는 우리와 크게 다르지 않다. 2015년 무하마두 부하리Muhammadu Buhari 집권 이래 실업률은 33.3%에 달하는데, 특히 34세 이하 청년 세대 실업률이 60% 이상을 차지하고 있다. 매년 수십만 명의 대졸자들이 취업 시장에 나오지만, 그들을 고용할 수 있는 일자리는 턱없이 부족하기만 하다. 원유 의존도가 높은 나이지리아의 산업구조상 다양한 일자리를 창출하는 데 어려움을 겪고 있는 것으로 보인다. 그리고 세계적인 경기 침체의 장기화로 나이지리아 역시 실업률이 악화되었고, 학위가 있더라도 전공 분야에서 일하는 것이 아니라 노점상을 하거나 대중교통인 세발자전거 릭샤를 운전하며 근근이 하루살이로 버티고 있다. 하루에 미화 7~13달러 정도 벌지만 이마저도 비정기적 수입이라 안정적인 삶을 기대하기는 불가능하다. 여기에 소수의 일자리는 정부 고위층 관계자에게 뇌물을 건네야 정보라도 얻을 수 있는 상황이라, 현실에 대한 젊은 세대의 환멸은 날이 갈수록 늘어만 가고 있다. 이러한 사회상은 고학력 청년층의 탈나이지리아 현상을 부추기거나 갱단, 인신매매, 강도와 같이 '돈이면 뭐든 한다'는 식의 어둠을 양산하고 있다. 그 결과 범죄율은 증가하여 국내 치안이 악화되면서 나이지리아에 대한 국제사회의 이미지 역시 부정적일 수밖에 없다. 경제 저성장-고학력 미취업 사태-부정부패-치안 불안정이라는 악순환의 고리를 끊어내지 못하고 있는 것이다.

그렇다고 나이지리아를 무법천지로 단정 지을 수는 없다. 미디어가 재현하는 나이지리아의 단편적인 모습에 매몰되어 드넓은 땅의 다채로운 문화 속에서 움트는 성장 가능성을 간과해서는 안 된다. 우리의 시선으로 그들의 미래를 예측할 것이 아니라, 나이지리아 스스로 자생적인 변화를 일으키고 있는 요소들을 파악하여 국제사회의 일원으로서 상생할 방안을 찾는 데 힘을 모을 필요가 있다. 그에 대한 작은 실마리는 11장 아프리카의 대중문화 산업을 주제로 톺아보고자 한다. 식민 치하에 있던 나이지리아가 1914년 하나의 나라가 된 것이 실수였는지 혹은 신의 한 수였는지, 과거에 대한 묵은 논쟁은 잠시 내려놓고 나이지리아의 다음 100년을 함께 상상해 볼 때다.

아프리카의 '성난' 뿔

나이지리아에서 위도 10도 선을 따라 오른쪽으로 시선을 옮기면, 아프리카 대륙의 북동쪽으로 뾰족이 튀어나온 반도, 아프리카의 뿔Horn of Africa이라 부르는 지역이 있다. 홍해와 아덴만을 사이에 두고 아라비아 반도를 마주하는 아프리카 대륙 최동단의 부메랑 모양의 땅으로, 소말리아반도라고도 한다. 지리적으로 에티오피아, 소말리아, 지부티, 에리트레아를 비롯해 넓게는 케냐, 수단, 남수단, 우간다까지 포함한다(〈그림 6-5〉 참고). 이 지역은 아라비아반도와 근접하여 예로부터 이슬람권과 교류가 잦았고, 이로 인해 다양한 문화가 경합을 벌이며 공존하는 형태로 오늘날까지 크고 작은 긴장 관계가 형성되어 있다. 이 곳에 위치한 소말리아와 그곳의 주요 민족인 소말리인은 유럽 제국주의와 주변국 정세로 인해 다섯 개 국가의 영토에 걸쳐 세력을 형성하고 있다(〈그림 6-6〉).

우선 ① 제국주의 시절 영국은 오늘날 소말리아 동북부 지역을 점령하여 영국령 '소말릴란드Somaliland'(1887)로 명명했다. 이곳은 1991년 중앙정부가 붕괴된 후 수도 하르게이사를 중심으로 분리 독립했고 1993년 민주 선거를 통해 비교적 안정적인 통치를 이어가고 있다. 그러나 아직 국제사회에서 공식 국가로 승인받지는 못했다. ② 남부 소말리아는 이탈리아의 침략(1894)으로 '이탈리아', '베네치아'와 같이 이탈리아어로 국가 또는 영토를 뜻하는 '-아'를 붙여 명명한 곳이다. 수도는 모가디슈이나 사실상 30년 가까이 무정부 상태가 지속되어 이슬람 과격분자인 알카에다와 연계한 알샤바브Al-Shabaab가 이곳에서 주로 활동하고 있다. 알샤바브는 아랍어로 젊음, 청년이라는 뜻으로 2000년대 초중반 소말리아 영토의 상당 부분을 장악한 이슬람법정연합UIC: Union of Islamic Courts 중 일부 강경파가 2006년 분리 독립하여 결성한 극단 이슬람주의 단체다. 이들은 에티오피아, 케냐, 우간다, 부룬디 등 인근 국가의 기독교에 도전할 것을 선포하고 테러를 자행하고 있다. 이처럼 남북부가 차이 나는 이유는, 북부는 영국의 간접 통치로 비교적 평온하게 전통을 유지해 온 반면, 이탈리아는 남부의 씨족사회를 구조적으로 파괴하여 혼란을 초래

그림 6-5 아프리카의 뿔

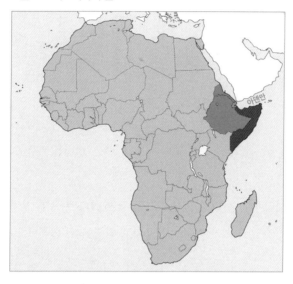

그림 6-6 소말리아 주요 세력 분포도

했기 때문이다. 또한 척박한 북부에 비해, 모가디슈를 중심으로 산업이 발달했던 남부는 부의 창출과 함께 이권 다툼이 발생했다. ③ 최동단에는 소말리아 내에서 자치 정부를 선언한 푼틀란드가 있는데, 이곳은 『구약성서』 「열왕기 상」에 나오는 '푼트'라는 시바족의 여왕이 통치한 지역이라는 설이 있다. 그리고 동방박사의 성탄 선물로 알려진 유향과 몰약이 나는 땅이었지만, 그보다 해안 도시 보사소를 중심으로 활동하는 해적들로 유명세를 떨치고 있다. 이 외 ④ 소말릴란드 서쪽 작은 항구에는 '지부티'라는 국명으로 프랑스에서 독립(1977)한 지역이 있는데, 이곳 역시 소말리인들이 거주하고 있다. 그리고 ⑤ 석유 발견과 함께 급부상한 에티오피아 오가덴 지역(4장 참고)은 메마르고 척박한 환경에도 불구하고 소말리인들이 터전을 꾸리고 있다. 이렇게 한 민족이 지부티, 에티오피아, 소말리아를 차지하여 살아가고 있다.

이로 인해 1969년부터 1991년까지 22년간 소말리아를 장기 집권한 군인 출신 시아드 바레Siad Barre는 동일한 언어와 문화를 공유하는 소말리아인을 통합하고자 호시탐탐 기회를 엿보았다. 임기 초 바레 정권은 아랍연맹에 가입하며 내부적으로 사회 개혁을 단행했다. 예컨대 의료 및 교육 시설과 공장을 건설하여 사회 인프라 구축에 힘썼고, 아랍문자로 표기하던 소말리어를 로마자로 바꿔 문맹 퇴치 운동을 펼쳤다. 그리고 나무 심기를 장려하여 건조기후에 맞서는 한편, 급진 이슬람을 제재하여 남녀평등을 이루고자 했다. 이러한 노력에도 불구하고 소말리인 통합을 명목으로 일으킨 전쟁으로 한 나라를 경제 위기에 몰아넣었다. 특히 세계 각국의 유·무상 원조에 기대어 간신히 국정 운영을 해오다 에티오피아와의 오가덴 전쟁(1978) 이후 막대한 국비 지출로 국가 경제는 파탄에 이른다. 이후 위기를 극복하지 못한 채, 현재 북쪽에서부터 소말릴란드, 푼틀란드 그리고 소말리아 남부 지역으로 구분된 소말리아연방공화국의 형태로 아슬아슬한 공존을 이어오고 있다. 물론 국제사회가 혼돈의 소말리아를 방관한 것은 아니다. 인도적 차원에서 유엔 평화유지군을 파견했으나, 이를 미국의 내정간섭으로 받아들인 지도층의 오판으로 결국 또 다른 전쟁과 무고한 희생자만 남겼다.

영화 〈블랙 호크 다운〉은 플라톤의 말을 인용하여 소말리아의 수도 모가디슈에서 발생한 "오직 죽은 자에게만 끝나는 전쟁Only the dead have seen the end of war"을 그린다. 이 영화를 통해 소말리아인들은 자신들의 민병대와 대치했던 미군 병사들을 기억하게 되었다. 예컨대 영화 〈438일〉에서는 취재를 위해 에티오피아 오가덴 지역으로 밀입국을 기다리던 스웨덴 기자 마틴과 요한이 오가덴 민족해방전선 대원들과 어울리며 그들의 총을 잡아보는 장면이 나온다. 쏘는 것이라고는 카메라 촬영shot만 해본 요한이 어설프게 총shot을 겨누자, 소말리아 대원들은 "블랙 호크 다운, 블랙 호크 다운"이라며 그를 놀린다. 30년이 다 되어가는 일이지만, 여전히 소말리아인들에게 총을 든 백인은 국적에 상관없이 1993년 10월의 총성과 핏빛으로 물든 이틀의 시간으로 남아 있는 것이다.

당시 소말리아의 상황을 이해하려면, 시아드 바레의 22년 독재를 무너뜨린 모하메드 파라 아이디드Mohamed Farrah Aidid를 알아야 한다. 바레 정권이 특정 씨족에게만 특권을 부여하며 편애 정치를 펼치자, 1991년 민병대장 출신 아이디드 장군이 쿠데타로 새 정부를 수립한다. 하지만 아이디드 집권 후 상황은 더욱 악화되었다. 내전은 지속되었고, 집권층은 해외 원조 물자를 탈취하는 데다 기근까지 덮쳐 50만 명의 소말리인이 아사하는 사태가 발생했다. 이에 미국은 공격 타깃을 확보할 델타 포스, 동서남북 경계를 맡을 레인저, 그리고 공격조 델타 포스의 신호에 따라 험비로 타깃을 운송할 퇴로조를 꾸려 아이디드 군벌을 처단하기 위해 모가디슈에서 아이린 작전을 펼쳤다. 〈블랙 호크 다운〉은 당시 긴박했던 상황을 사실적으로 재현한다.

1993년 10월 3일, 당시 미국 빌 클린턴 대통령이 원조 식량 배급을 엄호하기 위해 파견한 미군 블랙 호크 헬기 두 대가 소말리아 민병대의 공격을 받아 수도 모가디슈에 추락한다. 이로 인해 미군 18명이 피살되자 그들의 시신을 수습하고 포로가 된 조종사를 구하기 위해 파견된 특수부대원들은 공격에서 구출로 작전을 전면 전환한다. 작전에 투입되기 전 소말리아 민병대를 조기 축구회 회원쯤으로 여겼던 국가 대표급 미군 특수부대원들은, 몇 시간이면 작전을 수행하고 부대로 복귀할 것이라 호언장담했다. 하지만 예상을 깨고 미군과 민병대 간 교전이 이틀 동안 벌어지자, 부대원들의 목표는 소말리아 민병대 공격에서 미군 구출과 생존으로 바뀐다. 이들은 "한 명도 남겨두지 않고 함께 살아남는다No one left behind"를 외치며 들끓는 전우애로 민병대에 맞섰지만, 결국 참혹한 현실을 받아들여야 했다. 당시 이들을 철수시켜야 했던 미 행정부는 이듬해 르완다 대학살이 일어나자 선뜻 개입하지 않았다. 선진국으로서 타인의 고통을 방관한다는 비난을 감수해야 했지만, 모가디슈에서의 경험을 통해 내정간섭이 다수의 생명을 살리는 것이 아니라 오히려 더 많은 죽음을 부른다는 교훈을 얻었기 때문이다. 영화의 마지막은 "이 전투에서 1000명 이상의 소말리아인이 사망하고, 19명의 미군 병사가 전사했다"라는 사실을 확인시켜 준다. 이틀간의 시가전으로 미군은 19명의 정예부대 병사를 잃고, 소말리아는 자국민 1000여 명을 잃었다. 그리고 1996년 8월 2일, 이 모든 혼돈의 중심에 섰던 아이디드도 모가디슈에서 피살되었지만, 플라톤의 말처럼 전쟁은 오직 죽은 자에게만 온전한 종결을 의미했다. 소말리아는 여전히 분쟁에서 벗어나지 못하고 있다.

현대판 해적에 맞선 선장, 필립스

해골 모양이 그려진 깃발을 내걸고 노략질을 하는 바다의 무법자 해적. 이는 해상 교통의 발달과 함께 성장한 인류의 약탈사로 볼 수 있다. 아프리카의 뿔에서도 해적이 활개하고 있다. 이 지역은 홍해에서 인도양으로 향하는 물길로 중동 아라비아반도의 예멘과 마주하는 곳이다. 이곳 아덴만 해역에서 소말리아 해적들이 골목대장 노릇을 하고 있다. 화물선, 유조선, 유람선, 개인 요트 등, 국적에 상관없이 해역을 지나는 모든 배를 인질로 삼기 때문에 한시도 긴장을 놓을 수 없다. 그들은 아덴만을 수호하기 위한 강대국들의 군사작전에도 아랑곳하지 않았다. 한국 역시 해적 차단과 테러 방지, 그리고 아덴만을 통과하는 한국 선박의 해적 피해를 막기 위해 2009년 4월부터 소말리아 해역으로 청해부대를 정기적으로 파병하고 있다.

한편 소말리아와 우간다의 구호물자를 실은 머스크 앨라배마Maersk Alabama호가 지정 항로인 지부티-소말리 분지를 따라 케냐 몸바사항을 향해 출항한다. 해적들이 자주 출몰하는 우범 지역임을 인지하고 있던, 〈캡틴 필립스〉의 실제 주인공 선장 필립스는 선원들과 함께 모의 훈련을 하려던 중 화물선을 바짝 추격해 오는 해적선 두 대를 발견한다. 해적선이라고 해봐야 거대 화물선에 비하면 통통배 수준이지만, 약탈을 곧 비즈니스로 여기는 해적들에게 화물선은 커다란 돈다발로, 정복의 대상이었다. 돈을 위해서라면 무슨 일이든 할 수 있기에 두려움이나 양심 따위는 없었다. 결국, 해적 네 명이 앨라배마호에 올라타 필립스 선장을 납치한 채 구조정을 타고 달아난다. 다행히 선장이 본국에 지원 요청을 한 덕분에 미 해군 함정이 도착하고, 헬기까지 동원되어 전방위로 압박한 끝에 선장은 무사히 구조된다. 이 과정에서 해적들은 서로 이견을 조율하지 못하고 언성만 높인다. 오직 돈을 위해 약탈을 일삼지만, 오합지졸 격으로 허술하기 짝이 없는 그들의 모습에 안타깝고 애처로운 마음이 들 수 있다.

사실 이들은 원래 어부였다. 해적이 되기 전에는, 자연에서 부지런히 일을 하면 가족들을 부양할 수 있었다는 의미다. 하지만 1991년 소말리아가 무정부 상태가 되자 조업에 대한 규제나 해양 경비가 마비되었다. 이때 소말릴란드에서 아덴만을 두고 정북 쪽으로 200킬로미터도 안 되는 곳의 예멘 어부들이 소말리아 연안에서 풍부한 어자원을 마구잡이로 포획해 갔다. 그뿐만 아니라 세계 각지에서 몰려든 크고 작은 배들이 유독성 불법 폐기물을 투기하여 사실상 고기잡이가 불가능한 지경이 되었다. 그리하여 소말리아 어부들은 자신과 가족들의 생계를 지키기 위해 총을 들기 시작했다. 하지만 설상가상으로 내륙의 고위 관료는 소말리아 해역에 진입하는 외국 선박에 허가증을 무작위로 발급해 주거나, 해적의 산업화를 용인하며 인질 몸값의 일부를 나눠 갖는 등 불법행위를 일삼았다. 악순환의 굴레 속에서 한때 소말리아인들의 삶의 터전이었던 바다는 그렇게 본래의 가치를 잃어갔다. 〈캡틴 필립스〉로 영화화된 머스크 앨라배마호도 납치-인질극-몸값 요구라는 조직적인 해적 행위에 고스란히 노출된 것이다. 특히 영화와 외신 보도를 통해 소말리아 해적들이 주목을 받자 그들을 둘러싼 거대 비즈니스가 수면 위로 올랐다. 이는 영화 초반 해안가에서 허술하게 진행되는 해적 선발

과정부터 조직책 구성, 재정적 후원 및 군사 무기 지원, 해적과의 협상 중재자, 몸값 지급 대행업자와 같이 조직화된 해적 산업으로 구체화할 수 있다. 여기에 내전으로 무분별하게 급증한 군수물자가 내륙에서 해안으로 밀려 나오며 해적 간 이권 다툼까지 발생하여 상황은 악화 일로를 걷는다. 따라서 불안정한 국내 여건은 나이를 불문하고 평범한 어부들을 극한 상황으로 내몰아 해적질에 가담하도록 부추긴다.

실제로 앨라배마호 피랍 사건의 유일한 생존 해적인 압두왈리 무세 Abduwali Muse는 1990년생으로 2009년 해적 활동을 할 당시 만 19세에 불과했다. 그는 결국 해적 혐의로 33년 9개월 형을 선고받아 미국 인디애나 교도소에 수감 중이다. 한국 역시 2011년 1월 삼호 주얼리호의 한국인 여덟 명 포함 선원 21명을 청해부대가 지휘한 '아덴만 여명 작전'으로 구출한 바 있다. 당시 체포된 해적 다섯 명도 한국의 외국인 교도소에서 서로 다른 형량으로 죗값을 치르고 있다. 그들이 출소할 때에는 소말리아의 상황이 지금보다 나아져 있기를, 그 누구도 가난 때문에 총을 드는 일이 없기를, 불법행위를 통해 소중한 인생을 허비하지 않기를 간절히 바라본다.

1991년, 모가디슈의 남과 북

소말리아 내전 상황을 그린 한국 영화도 있다. 프롤로그에서 잠깐 소개한 〈모가디슈〉다. 아프리카를 소재로 한국에서 제작한 영화를 찾아보기 힘든 가운데 무척이나 반가운 일이다(1990년 알제리와 수교 이전을 배경으로 한 로맨스 영화 〈인샬라〉(1997)가 모로코에서 촬영되어 개봉된 바 있다. 알제리에서 펼쳐지는 남과 북의 이루어질 수 없는 사랑 이야기에 이영애, 최민수 등 유명 배우의 출연에도 불구하고 아쉽지만 흥행에 실패했다). 2021년 개봉된 류승완 감독의 영화 〈모가디슈〉는, 소말리아의 수도 이름을 영화 제목으로 그대로 가져다 써도 될 만큼 한국인들에게는 낯선 곳이다. 소말리아는 1980년대 말부터 당시 시아드 바레 소말리아 대통령을 몰아내려는 반군[아이디드가 이끄는 반정부 게릴라 통일소말리아회의(USC: Union of Somali Congress)]과 정부군이 수도 모가디슈에서 시가전을 펼치며 내전이 절정으로 치닫고 있었다. 1988년 바레 정권이 북부 소말릴란드의 수도 하르게이사를 무차별 폭격하여 수만 명의 민간인을 학살한 것이 화근이었다. 이로 인해 모가디슈에 있던 남북 대사관 공관원들이 목숨을 걸고 필사적으로 탈출하기 위해 고군분투했다. 오늘날까지 최장기 실패 국가longest running failed state라는 오명을 떨쳐내지 못하고 있는 소말리아는, 모가디슈가 혼돈에서 헤어 나오지 못하며 사실상 무정부 상태에 이르게 된다. 항공편 비상 탈출마저 불투명해지자 한국 공관 직원들은 북한 대사관 관계자들과 함께 이탈리아 대사관을 거쳐, 적십자가 제공한 이탈리아 군용기를 타고 케냐의 항구도시 몸바사로 천신만고 끝에 탈출했다. 영화는 갑작스러운 내전으로 생사의 기로에 설 수밖에 없었던 소말리아 주재 공관들의 위기와 이를 극복하기 위해 손잡았던 남북한의 동포애를 보여준다.

그리고 같은 해인 1991년 9월 17일 남북한 유엔 동시 가입이 성사되었다. 해방 이후 1948년 제3차 유엔총회에서 한반도의 유일한 합법 국가로 승인된 후 1949년부터 유엔 가입을 신청했던 한국은 냉전기 소련의 반대로 가입이 거부되었고, 북한은 소련 단독 지지로 가입이 거부되던 때였다. 아프리카는 남북이 유엔 가입을 위해 외교전을 벌였던 표밭이었고, 한국은 대對아프리카 외교 관계를 수립하기 위하여 1987년 12월 소말리아에 한국 대사관을 설치했다. 이처럼 1991년 모가디슈 탈출에서 볼 수 있듯이 이념의 차이로 다름을 인정해야 했던 남북은 소말리아 내전이라는 타인의 고통 속에서 잠시나마 손을 맞잡을 수 있었다. 남북한 유엔 동시 가입 이면에 있는 모가디슈에서의 합동 탈출 작전이 안타까움과 애잔한 마음 모두를 불러일으킨다.

이후 소말리아는 계속되는 혼란의 상황을 면치 못하다가 마침내 2004년 신생 이슬람 정부를 수립하지만, 이내 알카에다와 연계된 무장단체 알샤바브가 등장했다. 2006년 12월에는 미국의 지원을 받은 에티오피아 정교회가 십자군을 자처하며 소말리아를 공격하여 소말리아 땅에서 미국과 알카에다의 대리전이 벌어지기도 한다. 그 후 소말리아를 혼돈으로 몰아넣은 알샤바브가 모가디슈에서 철수하고 2012년 공식 정부인 소말리아연방공화국을 발족했지만 여전히 불안정한 상황은 지속되고 있다. 이처럼 소말리아는 내부적인 불안뿐만 아니라 에티오피아 접경지대, 아라비아반도와 마주한 해안 지대의 끊임없는 분쟁으로 온전한 국가의 기능을 상실한 지 30년이 넘어간다. 초등학생 시절, 소말리아 난민을 위한 모금에 코 묻은 돈을 냈던 기억이 있는데, 지금도 그 시절과 변함없는 소말리아의 모습을 보면 그곳은 정말 무법천지일 수밖에 없는 것인가라는 비관적인 생각마저 든다.

이에 국제사회는 이 모든 불안의 근원인 소말리아의 빈곤을 해결해야 한다고 주장한다. 우선 상대적으로 안정된 지역인 소말릴란드와 푼틀란드를 중심으로 국내외의 신뢰를 얻은 다음, 최소한의 외부 개입으로 하루빨리 법과 질서를 확립해야 한다. 그리고 생업이던 어업을 회복하여 해적들이 본래 자리로 돌아올 수 있도록 외국 선박 허가를 철회하고, 그들 스스로 어업 협동조합을 재건할 수 있도록 산업 기반을 마련해야할 것이다. 그뿐만 아니라 점조직으로 남아 있는 극단주의 이슬람 세력을 무력으로 진압하기보다, 사회가 안정화되는 모습을 보여주어 그들을 철저히 고립시켜야 한다는 의견도 있다. 이러한 해결 방안이 허무맹랑한 이야기가 아닌 이유는, 소말리아가 아프리카 대륙에서는 보기 드문, 국민 90% 정도가 소말리인으로 구성된 동일 종족 국가라는 것이다. 이는 그들이 언어와 문화, 역사를 공유한다는 의미이므로, 여타 국가들이 겪고 있는 종족 갈등에서 비교적 자유로울 수 있다. 다만 씨족사회로 구성(예컨대 우리의 김씨, 이씨, 박씨 가문)되어 있기에 이들을 포섭할 수 있는 지도자가 필요할 것이다. 정부가 공동화空洞化된 파탄 국가라는 오명을 벗고 법과 질서를 정립하여 빈곤과 폭력의 악순환을 끊어낼 용기 있는 리더 말이다.

함께 읽으면 좋은 책!

• 『해적 국가: 소말리아 어부들은 어떻게 해적이 되었나(Pirate State: Inside Somalia's Terrorism at Sea)』(2011). 피터 아이흐스테드 지음, 강혜정 옮김, 미지북스.

#1914년의 실수 #보코하람 #해적 #알샤바브 #UN 가입

Part II

아프리카의 목소리

편견에 맞서는 아프리카

• 07 •

겨우 목소리를 낸 이들의 거짓말

소년병과 난민의 생존기

영화 〈뷰티풀 라이(The Good Lie)〉(2014), 〈비스트 오브 노네이션(Beast of No Nation)〉(2015), 〈레드 씨 다이빙 리조트(Red Sea Diving Resort)〉(2019)
배경 국가 (남)수단, 에티오피아

2018년 4월, 제주도에 예멘인 500여 명이 입국했다. 예멘이라는 낯선 나라가 지구상 어디에 자리하고 있는지, 무슨 일이 일어나고 있는지 정확히 아는 한국인은 많지 않았지만, 그들과 이슬람을 연결 짓는 이들은 많았다. 온라인상에는 '예멘=이슬람=테러리스트=잠재적 강간범'이라는 비논리적인 등식이 일파만파 퍼져나갔고, 이들의 수용 여부를 두고 찬반 여론이 팽배했다. 한편 2015년 불거진 예멘 내 이슬람 수니파와 시아파의 갈등이 장기화되어 예멘을 떠날 수밖에 없는 난민만 무려 16만 7000여 명으로, 대다수가 동아프리카 지부티로 빠져나왔다 (2021년 3월 기준 유엔난민기구 통계자료 참고). 이들 난민 중 일부가 예멘을 떠나 오만, 말레이시아를 거쳐 제주도로 입국했는데, 마침 말레이시아의 저가 항공사 에어아시아가 쿠알라룸푸르-제주 노선을 신설하여 무비자로 30일 체류가 가능해져 제주도까지 오게 된 것이다. 스마트폰을 소지한 젊은 예멘 남성 수백 명이 제주도에 무비자로 입국했다는 사실에 한국 국민들은 분노했다. 언론은 난민을 옹호하는 보도로 지나친 감성팔이를 한다는 비난을 받거나, 무분별한 가짜 뉴스가 만들어낸 이슬람혐오증Islamophobia(17장 참고)이라는 양극의 상황에서 중립을 지키기 어려운 지경이었다. 결국 갑작스러운 난민 유입으로 국내 상황이 어수선해지자 반대 여론을 의식한 외교부는 예멘을 무비자 입국 가능국에서 제외했다. 이처럼 한국 사회에서 난민이라는 국제적 이슈는 제주도 예멘 '사태'로 일단락되어 다시금 남의 나라 이야기쯤으로 여겨지고 있다. 그렇다면 남의 나라에서는 누가 어떤 연유로 국민이 아닌 난민이 될 수밖에 없는 것인지, 아프리카의 난민 문제를 살펴보자.

난민을 키우는 악순환의 고리

유엔난민기구UNHCR: United Nations High Commissioner for Refugees 보고(2021년 3월 31일 기준)에 따르면, 2019년 말까지 세계 강제 이주민은 7950만 명에 이르고 그중 68%가 시리아, 베네수엘라, 아프가니스탄, 남수단, 미얀마에서 발생한 난민이다. 남수단뿐만 아니라 소말리아, 에리트레아, 부룬디 등 사하라 이남 아프리카 국가에서 자신의 집을 등지고 떠나야만 하는 이들은 대부분 이웃 국가인 우간다, 에티오피아, 수단 등 개발도상국에 난민으로 수용되고 있다. 이처럼 아프리카의 난민 수용국들이 남의 나라 일로 치부하여 등 돌릴 수 없는 이유는 아마도 누구보다 그들의 처지에 공감하기 때문일 것이다. 비록 열악한 환경에 안정적인 난민 캠프 운영이 어려울지라도, 당장 집을 떠나야 했던 이들에게 이웃 국가들은 기꺼이 국경을 열어주었다.

그렇다면 무엇이 그들을 난민으로 내몰았을까? 우리는 오늘날 뉴스를 통해 끊임없는 분쟁과 그로 인한 난민 문제를 접하지만, 이는 아프리카의 과거 식민지 경험을 빼놓고는 설명할 수 없다. 오늘날 아프리카 구석구석에 남아 있는 식민의 잔재들은 제국주의가 성행하던 때 서구 열강의 이익에 따라 마구잡이로 그어버린 국경선에서 비롯된다. 아프리카 대륙의 인구학적 속성, 다시 말해 부족국가로서 '국가에 대한 소속감'이 형성되지 않은 상황에서 서로 사이좋게 지내라는 강요는 부족 간에 미움만 남겼다. 제국주의 시절 서구 열강이 자기들 편의대로 아프리카 대륙에 그어버린 국경선은, 서로 다른 민족들을 국가라는 틀 안에서 어울려 살도록 한 배려 없는 행동일 뿐이었다. 그럼에도 국가를 이끌어가려던 지도자들은 부족 간 갈등을 폭압적인 방법으로 해결하려고만 했다. 악명 높은 독재자들(8장 참고)이 그러한 갈등의 본질을 모를 리 없었지만, 제국주의 시대부터 잘못 끼워버린 첫 단추를 재정비하는 책무를 떠안는 지도자는 없었다. 내부적 갈등이 터져 나올수록 독재는 폭정이 되었고, 경제적·사회적 불평등이 심화되는 악순환의 굴레에 빠져들었다. 위기의 순간마다 이 모든 일을 자초한 서구 열강은 아프리카의 원자재와 천연자원을 수입하여 자국의 경제적 이익을 해치지 않는 선에서 적당한 거리 두기를 할 뿐이었다.

수단의 경우도 마찬가지였다. 분단 이전 아프리카 대륙에서 가장 큰 영토를 가졌던 수단은, 제국주의 시절인 1889년부터 영국과 이집트가 수단을 각각 남부와 북부로 나누어 통치하기 시작했다. 이집트와 인접한 북부에는 이슬람교도 중심의 아랍계 민족이, 에티오피아와 케냐를 접하고 있는 남부에는 기독교와 토착 신앙을 따르는 흑인이 살고 있었

그림 7-1 수단과 남수단

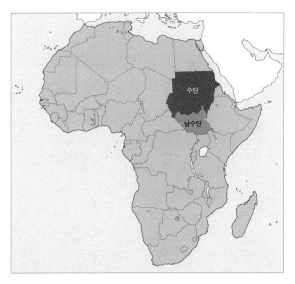

기에 강대국의 분할 통치가 오히려 효과적인 것으로 보였다. 문제는 1956년 해방된 이후였다. 여느 독립국과 마찬가지로, 장시간의 식민 통치로 자립할 능력을 키우지 못한 수단은 독립과 함께 남북부 종교 갈등이라는 내전에 휩싸인다. 이것이 바로 무려 17년간 이어진 1차 수단 내전(1955~1972)이다. 내전은 평화협정 체결로 끝나는 듯했지만, 남북부 경계 지역에서 석유가 발견되면서 상황은 급속도로 악화되었다. 당시 니메이리Gaafar al-Nimeiry 대통령은 수단을 완벽한 이슬람 국가로 통합하여 석유 수출국으로 국부와 자신의 잇속을 챙기려 했으나 이슬람 중심의 국정 운영은 남부 기독교계 흑인들의 반발을 사, 2차 내전의 방아쇠를 당겼다. 이는 무려 22년간(1983~2005) 이어져 아프리카에서 가장 오랜 내전이라는 기록을 남겼으며, 그 와중에 악명 높은 독재자 알바시르

Omar al-Bashir 정권(1989~2009)과 다르푸르 분쟁(2003~2010)이 겹치며 수단은 걷잡을 수 없을 정도로 피폐해졌다. 전쟁 통에도 삶은 계속된다지만, 정부군과 반군이라는 거대 고래의 정치적·종교적 이권 다툼에 새우 꼴을 면치 못한 민간인들의 등은 터져버리고 말았다. 정교분리를 실현하지 못하고 사회 통합 수단으로 이슬람교만을 활용하려던 방식이 오히려 화를 불러온 이유는 6장에서 살펴본 것과 같이 아프리카에서는 굉장히 민감한 사안이다.

　이는 어쩌면 먹고사는 문제와 직결되는지 모른다. 국가별 GDP와 종교성의 연관관계에 관한 퓨리서치 센터Pew Research Center의 조사에 따르면, 경제 선진국일수록 종교에 대한 중요성이 낮아지는 반면, GDP가 낮은 국가(아프리카 기준: 세네갈, 나이지리아, 우간다, 케냐, 가나, 이집트, 튀니지, 남아공)는 종교를 매우 중시한다. 물론 미국은 경제적으로 풍요로운 가운데 종교적 신념도 뚜렷한 예외적인 모습을 보여준다. 하지만 대개 경제적으로 안정되지 못한 환경은 국민들의 생활 전반을 불안하게 만들고, 이는 사회에 대한 불신과 박탈감을 키워 종교적 신념을 더욱더 강하게 하는 것으로 보인다. 그리고 무엇보다 정치도구로 종교성을 활용하여, 다양성 추구를 중시하는 현대사회에서 금기시되는 종교와 정치 성향에 포용과 배제의 논리를 적용하자 애꿎은 이들만 어려운 상황에 놓이게 되었다.

전쟁이 낳은 전쟁, 다르푸르 분쟁

1983년, 수단의 수도였던 북부 카르툼을 중심으로 아랍 유목민을 동원한 정부계 민병대인 잔자위드Janjaweed가 이슬람교법을 전국에 시행하려 했고, 이에 반정부 조직인 수단 해방군SLA: Sudan Liberation Army이 대립각을 세우며 2차 수단 내전(1983~2005)이 발발한다. 그 와중에 서부 지역에서는 다르푸르 분쟁(2003~2010)이 발생한 것이다. 그동안 부가 집중된 북부 지역에 불만을 품고 있던 다르푸르 지역의 자가와족과 푸르족이 정의와 평등 운동JEM: Justice and Equality Movement을 내세우며 내전을 정당화했다. 더군다나 당시 알바시르 정권은 이슬람 근본주의를 근간으로 국정을 운영하고 있었기에 무슬림이 대다수인 북부 아랍 유목민과 다양한 부족이 공존하는 남부 기독교인들 사이에 긴장 관계가 지속될 수밖에 없었다.

이와 같이 아랍인의 기독교인 박해, 북부와 남부 간 지역 불균형에 대한 불만 등으로 점철된 다르푸르 분쟁은, 사실상 전쟁이 낳은 또 다른 전쟁인 셈이다. 2006년 5월 미국의 중재로 정부군과 수단 해방군이 극적으로 평화조약을 체결하며 정세가 안정되는 듯했지만, 수단 해방군의 주류인 자가와족과 분파인 푸르족 간의 내부 갈등이 시한폭탄처럼 남아 있고, 수십만 명의 전쟁 난민이 서쪽의 이웃 나라인 차드로 들어가며 사회적 안정화는 요원해 보인다. 잔자위드가 차드로 피신한 난민까지 박해하며 수단 내 정치적 갈등이 수단-차드의 국가 간 전쟁으로 번졌고, 수십만 명의 민간인이 살해되는 인도적 위기에 처했다. 이에 유엔과 아프리카연합이 공동으로 유엔-아프리카연합 다르푸르 임무단UNAMID: UN-African Union Mission in Darfur이라는 병력을 조직하여 급파

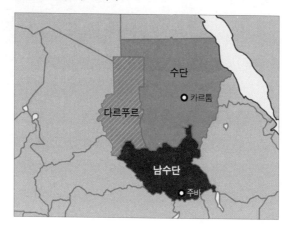

그림 7-2 다르푸르 지역

하지만, 알바시르 대통령이 외부 개입을 막고자 관련 뉴스 보도를 극도로 꺼리며 국내 문제로 철벽 방어하는 바람에 수단은 완전히 고립되고 말았다. 그렇게 국제사회의 관심마저 원천 봉쇄되면서 수단은 잊힌 땅이 되어갔다.

2010년 다르푸르 사태가 사실상 종결된 것으로 보이나, 여전히 불씨는 곳곳에 남아 있다. 분쟁 당시 살인, 강제 추방, 강간, 인권 유린과 같은 반인륜적인 행위를 거침없이 자행한 알바시르가 자신의 혐의를 일체 부인했고, 2019년 군부 쿠데타로 30년간의 장기 집권에 종지부를 찍는 순간에도 자신의 과오에 대해 사과 한 마디 없었다. 더군다나 9·11 테러의 장본인인 오사마 빈라덴을 비호하여 테러지원국이 되었고, 결국 27년간(1993~2020) 이어진 미국의 경제 제재가 해제된 후에야 국제 금융거래와 외국인 투자 유치에 물꼬가 트이게 되었다. 또한, 반유대주의를 표방해 온 아랍국들의 변화에 발맞춰 이스라엘과 수교를 맺기도 했지만,

여전히 자신을 '이슬람 십자군'으로 칭했던 알바시르 전 대통령의 유산이 곳곳에 남아 있기에 사회 전반을 재정비하는 데 상당한 시간이 걸릴 것으로 보인다.

소년병에서 난민으로, 난민에서 시민으로

식민 지배에서 독립한 후 국가 재건에 나선 여느 국가와 달리 오히려 퇴보 수순을 겪은 수단. 그곳에는 내전과 그것을 방관한 위정자들만 있었던 것이 아니다. 1983년부터 북부와 남부 간 자원 쟁탈전이 내전으로 치닫자 마을 곳곳이 정부군과 민병대에게 파괴되었다. 이로 인해 발생한 수많은 전쟁고아는 사하라 남단을 지나 케냐로 피난을 떠났고, 13년 후 난민 3600명이 미국으로 이주했다. 우리는 이들을 '수단의 잃어버린 아이들the lost boys of Sudan'이라 부른다. 영화 〈뷰티풀 라이〉는 난민 신분으로 미국에 정착해야 했던 수단의 잃어버린 아이들의 수단 탈출기인 동시에 모든 것을 잃어가는 중에 거짓말을 해서라도 소중한 것을 지키려 했던 순간에 대한 회고록이다. 그들은 어떤 이유로 선의의 거짓말 good lie을 해야 했을까?

〈뷰티풀 라이〉는 한 마을 공동체가 무너지면 얼마나 많은 아이들의 삶 전체가 위태로워지는지 보여준다. 내전이 한창이던 남부 수단의 바르 엘 가잘. 목축업으로 생계를 이어가는, 소몰이하는 아이들과 밥을 짓는 여성들이 있는 평화로운 마을이었다. 그러던 어느 날, 갑작스레 침입한 무장 세력들은 무고한 마을 주민들을 살해했다. 별안간 10대 중반의 맏형 테오가 추장이 되어 목숨을 부지하기 위한 긴 여정을 시작한다. 테오와 그를 따르던 아이들은 수단 동편에 위치한 에티오피아가 안전할 것이라는 마을 어르신들의 조언에 따라 해가 뜨는 곳을 향하여 무작정 걸었다. 이동 중 탈수로 아이 한 명을 잃자, 남은 아이들은 '살기 위해' 자신들의 오줌을 마시며 혹독한 사막을 가로지른다. 하지만 420킬로미터를 걸어 다다른 에티오피아 국경에서도 군인들의 경계에 발길을 돌려야 했고, 그곳에서 만난 긴 난민 행렬과 함께 다시 케냐로 920킬로미터를 이동한다. 그마저도 쉽지 않았다. 가는 길마다 포진해 있는 군인들의 눈에 띄지 않게 몸을 숨겨야 했다. 발각되면 소년병으로 끌려가, 목숨을 잃는 것만큼 잔혹한 생활을 견뎌야 하기 때문이다.

애띤 얼굴로, 총을 들고 홀린 듯 사람을 겨눠야 하는 소년병의 이야기는 〈비스트 오브 노네이션〉에 적나라하게 드러난다. 인간의 존엄성은 그들에게 사치다. 부모도, 가족도, 마을 공동체도, 자신이 속한 국가마저 등지고 반군의 전쟁 도구가 된다. 자신의 눈앞에서 아버지가 죽임을 당하고 어머니는 강간을 당하자 아이들은 더 이상 기댈 곳도, 살아갈 의지도 없었다. 반군은 그런 아이들을 거두어 용병으로 삼았고, 아직 여물지 않은 소년을 병사로 활용하는 것은 그리 어려운 일이 아니었다. 수단의 전쟁 통에서 자란 아이들이 소년병의 실태를 모를 리 없었다. 결국 뷰티풀 라이, 맏형 테오가 선의의 거짓말로 투항하고서야 그의 동생 마메르와 아비탈, 폴, 예레미야는 구사일생으로 케냐 국경에 다다른다. 그렇게 아이들은 13년 동안 카쿠마 난민 캠프에서 자라 하루하루 미국으로 건너갈 날을 기다린다.

난민 캠프에 있는 대다수의 사람이 장기화된 난민protracted refugee situations(초기 정착 거주지에서 뚜렷한 해결 방안을 찾지 못한 채 5년 이상 머무르는 상태)으로 살아가기 때문에 그들은 하루빨리 고립된 공간에서 벗어나 보통의 삶을 살기를 꿈꾸게 마련이다. 구호물자로 추정되는 'Just do it'이 크게 적힌 티셔츠를 입은 마메르는, 마침내 2001년 봄, 여동생 아비탈과 폴, 예레미야와 함께 뉴욕 JFK공항에 내린다. 하지만 여성인 아비탈은 가정이 있는 곳에 배정되어야 한다는 규정에 따라 캔자스시티로 떠나는 마메르 그리고 친구들과 헤어져 보스턴으로 간다. 낯선 미국 땅에서 홀로 떨어져 지낼 여동생이 걱정되어 "함께 살게 해달라"라고 울부짖어도, "할 수 있다"라고 아무리 외쳐도 할 수 있는 것이 아무 것도 없는 아이들이었다.

캔자스시티의 새 보금자리에는 세면도구와 침구가 준비되어 있지만, 그들은 자신들이 살아온 방식대로 양치질하고, 침대 대신 난민 캠프에서부터 등에 지고 온 천연 매트를 깔고 거실에서 함께 잠이 든다. 이들은 취업 이전에 미국에서의 생활에 적응하는 것조차 버거워 보이는 순간이 많다. 영화가 미국인의 시각에서 제작된 터라, 철저히 백인의 눈으로 바라본 아프리카 난민의 미국 생활 적응기가 그려진다. 예컨대, 유통기한이 지난 음식은 철저히 폐기 처분하는 방침을 부당하게 여긴 예레미야는 일을 그만둬 버린다. 그리고 폴은 빠른 손재주로 백인 동료들에 비해 성과가 월등해지자, 이를 시샘하는 동료들이 순진무구한 폴에게 약을 권하여 취하게 만든다. 또한, 어린 시절 사자의 공격을 받아 폴의 팔뚝에 난 상처를 비웃으며 폴을 도리어 사회 부적응자로 희화화한다. 여전히 귓전에 총소리와 아이들의 울음소리, 그리고 이불처럼 덮고 잘 만큼 별빛 쏟아지는 밤하늘을 간직하고 있는 이들에게는 함께 미국 망명길에 오르지 못한 캠프의 수많은 형제자매들이 애잔하게 남아 있다. 한편 이들의 취업을 도와준 직업상담사 캐리는 지나치게 순수한 이들의 모습을 보고 수단에 관심을 가지게 된다. 특히 9·11 이후 난민에 대한 미국의 이주 봉쇄정책과 테러지원국이 된 수단의 상황을 보며 어떻게든 마메르와 그의 친구들 편에 서려고 애쓴다.

그러던 어느 날 마메르의 영어 수업 시간, 'good lie(선의의 거짓말)'의 의미를 묻는 선생님의 질문에 마메르는 수단에서 케냐로 향하던 고된 길을 떠올린다. 난민 캠프로 이동하던 중, 군인들에게 발각될 순간에 자신을 대신하여 이타적인 거짓말을 하고 대신 인질로 잡혀간 테오 형을 상기했다. 당시 테오는 "일행을 찾고 있어요"라는 선의의 거짓말로 군인들의 발길을 돌렸고, 함께 있던 네 아이의 목숨을 구했다. 이것이 바로 사람은 홀로 존재할 수 없으며, 함께하는 공동체를 통해서만 존재 가치가 있다는 믿음, 우분투Ubuntu 정신이다. "빨리 가려면 혼자 가고, 멀리 가려면 함께 가라." 아프리카가 우리보다 느려 보이는 이유일 수 있으나, 그들로서는 내 이웃을 내팽개치면서까지 서두를 이유가 전혀 없다. 이것이 바로 테오에게서 비롯된 선한 거짓말이고, 마메르가 되돌려 준 보편적인 인류애다.

부락에서 나고 자라 자신의 정확한 생일도, 나이도 알지 못하는 잃어버린 아이들. 미국으로 오기 전 신상 정보를 작성할 때 비로소 그들의 생일은 1월 1일이 된다. 모두가 축하하는 새해 첫날에 그들이 절대 길을 잃고 헤매지 않고 오롯이 걸어갈 수 있기를. 잃어버린 아이들, 미국에 구조된 아이들이 아니라 서로가 서로를 지켜낸 이들로 기억되기를 바라본다. 실제로 영화의 배우들은 수단 난민의 자녀이거나, 수단 난민이자 소년병 출신이다. 이들이 영화라는 창구를 통해 수단의 소년병, 난민, 내전으로 핍박받는 이웃의 이야기를 할 수 있었던 것은 바로 함께 먼 걸음을 내디딘 이들이 있었기 때문이다.

난민을 구한 거짓말: 여기는 다이빙 리조트입니다

1950년 6·25 전쟁 당시 아프리카에서 유일하게 지상군을 파병한 에티오피아. 당시 하일레 셀라시에Haile Selassie 황제의 황실 근위대였던 칵뉴Kangnew(에티오피아 공용어인 암하라어로 '혼란으로부터 질서를 회복하다, 격파하다'라는 뜻) 부대는 평생 경험해 보지 못한 혹독한 추위를 견디며 강원도 철원·김화 인근 삼각고지 전투에 참전했다. 이들은 생면부지 대한민국의 한민족이 서로 총부리를 겨누어야 했던 혼란의 시기를 극복해 나가는 데 기꺼이 나서주었다. 포로 한 명 남기지 않을 만큼 용맹함으로 난국의 한국을 지켜보았던 에티오피아는, 자신들에게 벌어질 민족상잔의 비극을 상상조차 하지 못했을 것이다. 하지만 종교의 이름으로 핍박받은 에티오피아 국민들이 수단으로 탈출해야 하는 사건이 발생한다. 오직 살아남기 위하여, 에티오피아 국민 중 일부가 에티오피아를 떠나야 했다.

당시 수단의 니메이리 대통령은 군인 출신으로 1969년 군사 쿠데타로 대통령직에 올라 1970년대 말부터 강경 이슬람주의를 표방했다. 그는 이슬람교의 율법인 샤리아에 따라 여성들의 히잡 착용을 의무화하고 외국인들을 강제 추방하는 등 이슬람이라는 이름으로 온 나라를 봉쇄했다. 그리고 이를 위반하는 경우 무차별적 폭력을 행사했고, 이웃의 죽음으로 경각심을 불러일으키도록 공포정치를 이어나갔다. 이는 유엔의 지원을 받고 있던 난민 캠프 운영 방식에서도 여실히 드러났다. 니메이리 정권 아래 수단 가다리프 난민 캠프에는 인접국인 에티오피아 난민 상당수가 머무르고 있었다. 수단 정부 입장에서 난민 유입은 유엔난민기구의 수단 진출을 유도하므로 가다리프 지역 주민의 삶의 질 향상과 더불어 경제적 이득을 의미했다. 즉, 경제적으로 열악한 빈민가 주변에 난민 캠프가 설치되기는 하지만, 결과적으로 유입 인구와 물자가 증가한다. 이로 인해 지역 경제가 활성화되고 난민들이 값싼 노동력을 제공하거나 지역 주민과 협력하는 기술 교육을 진행하여 상생하는 길을 모색할 수 있는 것이다. 따라서 수단 정부는 인도주의적 차원보다는, 난민을 오직 이해관계로만 여긴 것으로 보인다.

이웃 나라 에티오피아에서 가다리프 난민 캠프에 온 이들은 에티오피아에서 소수자로 핍박받아 온 유대인들로, 시오니즘의 영향을 받아 약속의 땅 이스라엘로 가길 원했다. 이를 인지한 이스라엘 정보국 모사드의 요원들은 에티오피아 유대인들을 데리고 나올 방법을 구상하던 중, 한때 이탈리아 자본으로 홍해와 인접한 수단의 해안가에 지어졌다 버려진 '레드 씨 다이빙 리조트Red sea diving resort'를 발견한다. 영화 〈레드 씨 다이빙 리조트〉는 실화를 바탕으로 그때의 상황을 사실적으로 그린다. 이스라엘 관계자들은 수단 정부로부터 버려진 리조트를 관광 숙박업으로 인가받은 후, 난민이 된 에티오피아 유대인들을 리조트를 베이스캠프 삼아 이스라엘로 수상 운송하는 작전을 펼치려 했다. 무모한 작전처럼 보였으나, 소수정예 요원들은 위험을 무릅쓰고 유대인들을 에티오피아에서 탈출시키려던 중개인 카베데와 협력해 리조트를 위장 운영한다. 그리고 1980년 174명을 보트에 태워 홍해로 보낸 첫 구출 작전을 시작으로 1981년 1월 일곱 번째 작전을 수행하기까지 이 리조트에는 실제로 3000여 명의 투숙객이 머물다 갔다. 한편 수단 정부 입장에서는 자꾸만 줄어드는 난민 수에 신경을 쓸 수밖에 없었다. 난민촌은 이를 빌미로 유엔에서 공식적인 지원을 두둑하게 받아 특권 계층의 배를 불리는 가장 효과 빠른 외자 유치였기 때문이다. 눈에 띄게 줄어드는 난민 수에 의심을 키워가던 수단 정부군과 무카바라트Mukhabarat [요르단 정보국GID: General Intelligence Directorate의 아랍어 명칭으로, 영국 MI6, 미국 CIA의 가장 가까운 협력 파트너는 난민 캠프 사람들을 무력으로 협박해 진실을 알아낸다. 이로써 모사드와 무슬림 세력 간 긴장은 극에 달하고 그들의 마지막 구출 작전은 위기에 직면한다. 하지만 결국 과거 영국군의 비행장에 비상 착륙한 정원 228명인 화물기의 의자를 뜯어내어, 버스 세 대로 나눠 타고 비행장에 도착한 난민 400여 명을 이스라엘로 데리고 나온다.

무카바라트의 공격을 받고 생사기로에 섰던 중개인이자 에티오피아 유대인 카베데는 "동족 유대인을 탈출시키는 것은 단순한 임무가 아니라 삶이다"라고 고백하며 남아 있는 유대인들도 모두 데려 나오려는 의지를 불태운다. 그리고 "형제나 자매가 고통받는 걸 보면 침묵해서는 안 된다"라며 이스라엘은 결정적으로 미국과의 공조를 택한다. 폭압적인 권력 앞에 종교적 소수자로 낙인이 찍힌 사람들이 할 수 있는 일은 오직 상대적으로 힘이 더 센 이들이 내민 손을 잡는 것뿐이다. 하지만 난민으로 전락한 이들을 이스라엘과 미국이 협력하여 구해낸다는 전형적인 영웅주의 서사는 어쩐지 불편하게 느껴진다. 이스라엘이 극적으로 에티오피아 난민을 자국으로 구출해 왔지만, 본질적으로 '유대인'이었기 때문에 사력을 다한 점, 난민 캠프가 위치한 수단 정부나 난민들의 본국인 에티오피아 정부와 협상을 시도하지 않고 독단적으로 작전을 펼친 점, 그리고 합법적인 절차를 거치지 않고 난민을 탈출시킨 상황에 분노할 수밖에 없는 수단 정부에 양해를 구하는 것이 아니라 오히려 미국과 공조하여 위기 상황을 넘긴 것은 영화가 말하지 않은, 혹은 말할 수 없는 사실들이다.

이야기를 마무리하며, 오늘날 이스라엘에 묻고 싶다. 당신의 형제, 자매는 누구냐고. 다른 종교를 믿는 사람들은 당신의 형제, 자매가 될 수 없냐고. 보트에 유대인 난민을 빼곡히 태워 홍해 밤바다로 보내는 첫 번째 미션에 성공하고 모사드 요원들은 영예롭게 읊조린다.

"한 생명을 구하는 것은 곧 온 세상을 구하는 것이다."

그런 그들에게도 묻고 싶다. 오늘날까지 이스라엘이 무차별적인 공격으로 앗아가고 있는 팔레스타인의 생명 하나, 둘, 셋 ……, 의료시설과 학교에 폭격을 가하여 코로나 백신과 의료진, 어린 학생들의 생명줄을 끊어내는 것은 무엇을 의미하냐고. 팔레스타인이라는 한 국가를 소멸시켜 그들이 살아온 땅을 가지려고 한 야욕이, 한 생명을 앗아가는 데 그치는 것이 아니라 온 세상을 무너뜨리고 있다는 것을 한때 핍박받았던 유대인들은 알고 있을까? 거짓말처럼 이렇게 역사는 반복되고 있다.

함께 읽으면 좋은 책!

• 『집으로 가는 길(Long Way Gone: Memoirs of a Boy Soldier)』(2007). 이스마엘 베아 지음, 송은주 옮김, 북스코프.

#소년병 #난민 #내전 #이슬람교 #무슬림 #기독교 #유대인 #팔레스타인

아프리카의 리더십

홀로 일어설 수 있는 힘

영화 〈라스트 킹(The Last King of Scotland)〉(2006), 〈엔테베 작전(7 Days in Entebbe)〉(2018), 〈438일(438 Dagar)〉(2019)
배경 국가 우간다, 에티오피아

미지의 이국적인 환경을 소개하며 선풍적인 인기를 끌었던 MBC 명품 다큐멘터리 '지구의 눈물' 시리즈 중 하나인 〈아프리카의 눈물〉(2010). 1부 '오모 계곡의 붉은 바람' 초반에 아주 인상적인 인터뷰가 나온다. 에티오피아 남서부 협곡 지대의 오모 계곡은 최초의 인류가 살았던 곳 으로 추정되는데, 그곳에는 여전히 선조들의 전통 그대로 소를 치며 살 아가는 수리족 마을 코로모가 있다. 소의 피를 마시며 원시에 가까운 삶의 방식을 고수하는 수리족 남성들에게 현지 코디네이터가 이런 질 문을 던진다.

코디네이터   에티오피아는 당신에게 무슨 의미인가요?
수리족 남성 레게   아, 에티오피아요. 에티오피아라는 말을 들어는 봤어요. 그런데 저는 그게 뭔지 몰라요.

수리족 남성 워레키보 저는 에티오피아가 어디에 있는지 몰라요. 그것을 본 적이 없어요. 그런데 에티오피아가 뭔가요?

이어지는 내레이션에서도 언급하듯이, 수리족 사람들은 자신이 속한 나라 이름도 모른 채 살아간다. 조상 대대로 국가라는 테두리를 가져본 적이 없었고, 협곡 지대에 고립되다시피 살아온 세월이 길기 때문에 그들에게는 국민국가가 무의미했다. 자연이 주는 만큼만 자신들의 방식대로 자급자족하니 국가가 제공하는 일자리나 복지 혜택이 필요하지 않았고, 부족사회이니 에티오피아의 공용어인 암하라어가 아니라 수리족 언어를 구사하며 족장이 정한 공동체 규율과 풍습을 따르면 되었다. '국가'로 규정짓지 않았을 뿐, 이들에게 수리족 공동체가 곧 한 나라인 셈이다. 이처럼 부족 중심의 공동체가 베를린 회의 이후 그어진 국경선으로 구분되며 '상상의 공동체'인 민족국가가 탄생했다. 수리족 남성이 이야기하듯, 여전히 상상 속에나 존재하는 국가라는 집단과 국경선으로 인해 원수지간이던 부족과 한 국경 내에 공존하거나 한 부족 사회가 국경을 경계로 양분되기도 했다. 이것이 바로 오늘날까지 아프리카가 종족 갈등, 다시 말해 걸핏하면 내전을 일으킨다는 핏빛 오명을 뒤집어쓰게 된 이유다.

2020년 11월에는 에티오피아 북부, 에리트레아와 접경하는 티그라이주州에서 연방정부군과 티그라이족 지방 세력 간 무력 충돌이 일어나며 정세가 불안정해졌다. 이는 단순히 에티오피아 내부 문제에 그치는 것이 아니다. 오랜 시간 갈등을 빚어오다 2018년 4월 아비 총리 취임 후 간신히 평화협정을 맺은 접경국 에리트레아와 알파시카 지역을 둘러싼 수단과의 국경 분쟁을 재점화하는 등 역내 혼란을 일으키기 때문이다. 이처럼 다수의 아프리카인에게는 다른 이가 만들어준 '국가'라는 개념과 영유권이 매우 낯설 수밖에 없다.

이 모든 것이 서구 열강 때문이라면

2장에서 살펴본 바와 같이 아프리카의 대다수 국가는 2차 세계대전 이후 본격적으로 식민 지배에서 독립을 하고도 체계적인 근대국가를 완성해 가는 데 어려움을 겪었다. 국제관계에서는 일국 체제가 보편적이긴 하지만, 타의에 의해 국경선이 그어진 국가들에서는 일국 체제도 식민주의의 유산으로서 분열적 속성을 띨 수밖에 없었다.

또한, 국가를 구성하는 국민, 주권, 영토의 기반을 자신들의 의지대로 다져오지 못했기에 식민지 독립 후 각 나라의 수장은, 타인에 의해 제한된 영토로 말미암아 서로 다른 토착어를 사용해 온 다양한 부족을 한 국가의 국민으로 통합하는 것이 가장 큰 과제였다. 국민국가는 철저히 유럽식 근대 개념이었고, 수많은 부족이 뒤섞여 살아온 대륙에서 한 국가의 국민으로 모여 살도록 구획 짓기를 한 것은 아프리카의 인구학적 속성을 철저히 무시한 식민지 잔재였다.

하지만 당시에는 그 누구도 아프리카 대륙의 국경선 긋기가 가져올 비극을 알지 못했다. 5장에서 종족 갈등을 살펴보았다면, 이번 장에서는 종족별 분리 가능성을 안고 있는 독립국가들의 리더들이 어떠한 방식으로 국가를 이끌어왔는지, 왜 아프리카 대륙은 권력 세습으로 인한 장기 독재 집권이 만연한 곳이 되었는지 '아프리카의 뿔' 지역, 그중에서도 우간다와 에티오피아를 중심으로 살펴본다.

독재자의 등장

문제는 해방 이후였다. 식민 치하에서는 지배자의 방식대로 고분고분 살아가면 그만이었지만, 서구 열강이 하나둘 아프리카 식민지에서 철수하자 힘의 공백이 생겼다. 독립국 대다수는 식민지 이전처럼 부족국가가 아니라, 국민국가 단위로 나라를 이끌어갈 리더가 필요했다. 이때 식민국들이 식민지를 떠나며 자신의 이권을 물려받을 지도자를 물색한 것이 화근이었다. 이들은 해방 이후 나라다운 나라를 건설할 수 있는 적임자를 찾기보다 탈식민 후에도 자신들의 구미에 맞게 이용할 수 있는 지도자가 필요했던 것이다. 이러한 연유로 식민 정부의 아프리카 토착화를 강화할 수 있는 무능력한 지도자들이 주먹구구식으로 정권을 잡게 되었다. 한둘이 아니었다.

그중에서도 동시대에 군림하며 1979년 세계사적인 독재자들과 함께 권좌에서 내려온 중앙아프리카공화국 대통령 장베델 보카사Jean-Bedel Bokassa, 적도기니공화국 대통령 프란시스코 마시아스 응게마(2장 〈사랑이 지나간 자리〉에서 마시아스 칙령을 언급한 바 있다), 그리고 우간다공화국 대통령 이디 아민Idi Amin은 오늘날 가장 악명 높은 독재자로 평가받고 있다. 이 밖에도 아프리카 땅에서는 30년 이상 장기 집권한 통치자들을 쉽게 찾을 수 있다. 이는 한낱 역사 속 이야기가 아닌, 제국주의 팽창과 '국가'라는 통치 단위가 아프리카에 도입된 이래로 오늘날까지 이어지고 있는 정치체제라 할 수 있다. 영화 〈라스트 킹〉에서는 아프리카의 많은 독재자들 중 악명 높은 이디 아민의 8년(1971~1979)에 걸친 폭압 정치를, 가상의 인물인 스코틀랜드 출신 니콜라스를 대통령 주치의로 설정해 그려낸다.

아프리카 군부 통치의 대명사, 우간다의 이디 아민

동아프리카에 위치한 우간다는 내륙국으로, 북쪽을 기준 삼아 시계 방향으로 남수단, 케냐, 탄자니아, 르완다, DR콩고와 접경하고 있다. 세계에서 인종적 다양성이 가장 높은 국가 중 하나인 우간다는 40여 개 부족이 두드러진 갈등 없이 나름의 세력 균형을 유지하고 있다. 이렇게 수십 개의 부족이 하나의 국가로 묶인 것은 다름 아닌 영국 때문이다. 우간다는 나일강과 그 시작점인 빅토리아 호수(케냐, 탄자니아, 우간다 세 나라가 공유)를 끼고 있어 비옥한 토양과 수자원이 풍부한 나라다. 하지만 남아공 케이프타운Cape town, 이집트 카이로Cairo, 인도 캘커타Calcutta

그림 8-1 우간다

를 연결하는 영국의 제국주의 전략인 3C 정책을 완성하기 위해 제국의 방식으로 우간다의 국경이 완성되어 버렸다(2장 참고). 원래 우간다는 현재의 수도 캄팔라와 상업 중심지 엔테베에 자리 잡은 부간다Buganda 왕국이 남부 정착민을 통치하고 있었고, 북부에는 유목 생활을 하는 부족사회가 형성되어 있었다. 이처럼 서로 다른 생활 방식과 세계관을 가진 남북 지역의 이들이 '우간다'라는 국민국가의 일원이 되었으니 1894년 영국의 보호령하에 식민 통치가 시작될 무렵부터 1962년 10월 독립할 때까지 사회 곳곳에 갈등의 요소가 산재할 수밖에 없었다.

영국 식민 통치 후기, 우간다에 등장한 인물이 바로 이디 아민(1925~2003)이다. 떠돌이 농부로 오랜 시간 수단에서 일한 아버지와 무속인 어머니 사이에서 태어난 그는, 우간다에서도 호전적이고 난폭한 부족으로 소문난 카크와라는 소수 민족 출신이다. 집안 환경 탓에 제대로 된 교육을 받지 못한 그는 1946년 식민지 군대인 영국 왕립 아프리카소총군단King's African Rifles의 취사병으로 입대한 후 보병으로 근무했다. 그는 키가 193센티미터인 거구의 신체적 조건을 활용하여 헤비급 권투 챔피언을 차지하기도 했다. 건장한 체격만큼 운동 신경이 뛰어날 뿐만 아니라 영국군에 충성을 다하는 그의 모습은 지배자들의 인기를 얻기에 충분했고, 결국 우간다인으로 영국군 중위에 오른 단 두 명 중 하나가 될 수 있었다. 불우한 유소년 시절과 권투를 통해 챔피언을 거머쥔 경험 등은 한번 쥔 것을 절대로 놓치지 않는 그의 근성에 폭력성까지 부추겨, 상대를 제압하는 데 희열을 느낀 것으로 보인다. 1971년 군부 쿠데타로 마침내 이디 아민은 당시 대통령이던 밀턴 오보테Apollo Milton Opeto Obote를 몰아내고 권좌에 앉는다. 그를 전적으로 신뢰하여 군사령관에 임명했던 오보테 대통령에게 비수를 꽂은 것이다.

그리고는 한 국가의 통치자로서 자신의 부족한 점을 능력 있는 보좌진들로 메워가는 것이 아니라, 절대복종하지 않거나 배신의 가능성이 조금이라도 엿보이면 가차 없이 숙청하는 방식을 택했다. 누구든 자신의 적이 될 수 있다는 두려움에 휩싸여 오직 완력으로 얻은 통치권을 그 힘에 기대어 유지하려는 삐뚤어진 생각을 한 것이다. 우간다 대통령 이디 아민의 모습은 혼란기 아프리카의 지도자가 갖추어야 할 기본적인 자질이 무엇인지 다시금 생각해 보게 한다. 글로는 담아낼 수 없는 그의 반인륜적인 잔혹한 행위들……, 집권 8년 동안 약 30만 명의 우간다인이 실종되거나 살해되었다는 사실만 보더라도, 아프리카를 인간 도축장으로 만들어버린 그의 상식 밖 행동을 상상할 수 있다.

넷플릭스에서 제작한 다큐멘터리 〈폭군이 되는 법How to Become a Tyrant〉 (2021) 시리즈의 3화 '공포로 다스려라Reign through terror'는 아프리카의 폭군이 된 이디 아민의 폭력과 공포정치 전술을 분석한다. 이디 아민은 식민지 시절 반란을 진압하는 영국 부대에서 같은 피식민자인 아프리카인들에게 지나칠 정도로 무력을 행사했지만, 오히려 훈장을 받을 만큼 영국군으로부터 신뢰를 얻었다. 지배자인 영국인들에게 인정을 받은 그의 군 생활은 동족인 카크와족을 대거 기용해 지지 기반을 다지기에 유용했다. 그 이후 쿠데타로 우간다의 수장이 된 그는 '빅 대디big daddy', '젠틀 자이언트gentle giant'와 같은 수식어로 언론을 장식한다. 이것이 바로 이디 아민이 자행한 공포정치의 첫 번째 전술로, 극악무도한 자신의 횡포를 철저히 은폐했다. 두 번째 전술은 주변 사람들을 압박하여 자신을 돋보이게 하는 것이었다. 그는 영국 식민 시절부터 우간다에 정착한 약 10만 명의 인도인들을 희생양으로 삼았다. 이들은 영국의 3C 정책의 일환인 철도 건설에 투입되었다가 인도로 돌아가지 않은 노동자들이었다. 여느 이주 노동자의 삶이 그러하듯, 대형 상점을 운영하고 사업을 확장하는 등 악착같이 우간다에서 살아남은 인도인들은 이디 아민의 정치적 선동의 희생양이 되어 1972년 대다수가 본국으로 쫓겨난다. 그 결과, 사업을 장악하고 있던 인도인들에게 불만을 품은 우간다인들의 지지는 급상승했지만, 국가 경제는 나락으로 치달았다. 산업 기반이 흔들리고 정국이 혼란스러운 가운데 국민들의 불만이 불거지자, 문제를 일으킨 장본인은 '국가 조사국'을 설치해 반국가 정서를 고문으로 불식시켰다. 1977년 2월, 자나니 루움^{Janani J. Luwum} 대주교가 이디 아민에게 반색을 표한다는 이유로 국가 조사국에서 살해된다. 이는 아민 정부를 파국으로 내몰았다. 영국 웨스트민스터 사원 서쪽 외벽에는 20세기 순교자 10인의 조각상이 서 있는데, 루움 주교의 모습도 볼 수 있다.

전술이라고 하기 민망한 이디 아민의 통치는 기상천외한 부분이 많았다. 그는 국가의 안위가 걸린 결정적인 사안들도 적법한 절차에 따라 결정하는 것이 아니라, 주술적인 신앙에 기대는 경우가 많아 매사 감정적이고 변덕스러운 모습을 보였다. 자신이 무슬림이라고 신앙고백을 하며 80% 이상이 기독교 신자인 우간다를 이슬람 국가로 개종시키겠다고 큰소리쳤지만, 이는 중동의 거물 사우디아라비아의 환심을 사기 위한 거짓된 행동이었을 뿐이다. 그는 통치 기간에 모스크 하나 건설하지 못했다. 허언증에 가까웠다고 평가되는 그의 발언 중 가장 인상적인 것은 바로 영화의 원제인 '스코틀랜드의 마지막 왕'인데, 이는 이디 아민 스스로 붙인 호칭이다. 그는 군 복무 당시 케냐 독립 투쟁을 진압하기 위해 스코틀랜드 출신 군인들과 같이 지낸 적이 있는데 이를 계기로 그들을 선망한 것으로 보인다. 이처럼 한때는 자신이 영연방의 수장이 되어야 한다고 주장하다가 1972년 우간다 내 인도인 추방을 이유로 영국이 원조를 중단하자 1973년부터는 우간다 내 영국 기업을 국유화해 영국인의 철수를 유도한다. 결국, 1977년 영국이 수교를 단절하자 이디 아민은 '대영제국 정복자CBE: Conqueror of the British Empire'라고 자칭하며 영국이 자신에게 굴복했다고 주장한다. 이처럼 자신의 출세를 위해 지배자의 편에서 케냐의 독립운동을 탄압하고, 또다시 힘의 논리를 전복시키려 한 기회주의자의 면모는 스스로 부여한 두 가지 호칭, '스코틀랜드의 마지막 왕', '대영제국 정복자'만 보아도 짐작할 수 있다. 자고로 무관의 리더가 훌륭한 리더이거늘, 대통령이라는 감투를 쓴 채 별칭까지 만들어내며 자신을 내세우는 우스꽝스러운 모습을 보인 것이다.

우리는 이디 아민을 통해 한 국가가 부적합한 지도자 아래에서 어떻게 무너져 갈 수 있는지 알 수 있다. 무능력한 지도자 곁에는 그 무지를 이용하여 자신의 사리사욕을 채우려는 아첨꾼들이 득실거리는 법. 이로 인해 당시 우간다는 정세 변화를 반영한 국정 과제나 경제 발전을 위한 정책 수립 등 기본적인 사회 시스템조차 구축하지 못했다. 때에 따라 즉흥적으로 대안을 마련했지만, 그마저도 아민의 권력에 기댄 동족 카크와족의 지인들과 군인 시절 연을 맺은 지휘관 출신으로 구성된 최고 지휘관 회의의 자문에만 의존했다. 또한 수도 캄팔라와 주요 도시인 엔테베에서만 통치가 이루어져 허울뿐인 중앙집권을 시행했고, 지역 간의 경제적·사회적 격차는 날로 커져만 갔다. 이로 인해 본래 공동체 중심 사회를 중시해 온 아프리카 국가의 특성상, 우간다 역시 지역별로 주둔하고 있던 세력들이 중구난방으로 군림하기 시작했다. 공동체 중심 사회를 중시해 온 아프리카의 특성상, 각 지역에서 세를 얻은 주둔군들이 중구난방으로 군림하기 시작했다. 국가 재건을 위해 힘을 모아야 할 시기에 오히려 분열을 자초한 것이다. 그렇다고 체계적인 지방자치나

분권화가 이루어진 것도 아니었다. 제멋대로 자리 잡은 주둔군들은 약탈을 일삼으며 마을 주민들의 일상 전반을 위협했다. 먹고사는 문제보다 생명을 부지하는 게 더 관건이던 시절이다. 이디 아민 집권기인 1976년 여름 엔테베 공항에 이스라엘에서 출발한 에어프랑스 여객기 한 대가 내린다. 이 사건을 통해 이디 아민이 자초한 혼돈의 우간다 국내 정치와 어설픈 외치를 당시의 국제적 맥락에서 재해석할 수 있다.

1976년 여름 엔테베에서

1976년 7월 4일 우간다 엔테베에서 인질로 붙잡힌 83명의 유대인과 그 외 승객들을 구출해 낸 선더볼트Thunderbolt 작전을 바탕으로 한 영화 〈엔테베 작전〉이 있다. 프랑스 파리로 향하던 비행기에 탑승한 유대인들이 어째서 우간다 엔테베에 감금된 것일까? 이 질문의 답을 얻기 위해서는 유대인과 아랍인(이스라엘과 팔레스타인)의 종교를 넘어선 긴장 관계를 이해해야 한다.

1947년 유엔이 이스라엘을 국가로 인정하자 팔레스타인은 본래 살던 땅을 잃어버렸다. 유대인들이 국가를 되찾자 또 다른 이들이 영토를 잃어 온전한 국가를 세우는 데 문제가 생긴 것이다. 귀퉁이로 밀려난 이들은 분노할 수밖에 없었고, 팔레스타인해방인민전선은 투쟁 결의를 다졌다. 그즈음 독일(서독)의 급진주의 사회단체 '적군파'의 리더였던 여성 운동가 울리케 마인호프Ulrike Meinhof가 수감 생활 4년 만인 1976년 옥중에서 사망하는 사건이 발생한다. 여성운동과 사회운동에 심취한 전직 언론인 울리케는 팔레스타인해방기구에서 군사훈련을 받고 돌아와 보수적인 독일 사회에 테러로 저항하는 극단적인 행동을 한 인물이다. 이로 인해 적군파의 행동 대원들 역시 이스라엘-팔레스타인의 대등하지 않은 국제관계, 그리고 언제나 질 수밖에 없는 게임에 휘말리는 팔레스타인에 일종의 동질감을 느낀 것으로 보인다. 이스라엘이 팔레스타인을 핍박하듯이, 꽉 막힌 독일의 보수 세력 역시 진보적인 젊은 세대를 극단주의자로 몰아간다고 분개했다. 이러한 연유로 홀로코스트라는 역사적 트라우마를 안고 있음에도 유대인 승객이 탑승한 비행기를 납치하는 데 독일 적군파 혁명 대원 두 명이 가담한다.

비행기 납치 사건의 국제적 모의에, 팔레스타인 해방을 간절히 원하는 팔레스타인인, 경직된 사회 분위기에 반기를 들었던 독일인, 이스라엘-팔레스타인의 긴장 관계를 이용하려는 우간다 및 리비아의 지도자가 의기투합한다. 예멘에서 군사훈련을 받으며 기강을 다진 테러리스트들은 이스라엘 텔아비브를 출발하여 그리스 아테네를 경유하는 비행기에 탑승해 기수를 돌연 아프리카로 돌린다. 이들은 북아프리카 리비아 벵가지에서 급유한 후(당시 카다피 대통령은 기름이나 팔면 그만이지, 복잡한 일에 얽매이기 싫었던 것이 아닐까), 사전에 협의가 되어 있던 우간다 엔테베 공항에 착륙한다. '왜 하필 우간다였을까?' 하는 의문이 생길지도 모르겠으나, 이스라엘-팔레스타인의 대립각에 우간다가 뜬금없이 등장한 것은 아니다.

1897년 시온주의의 아버지 테오도어 헤르츨Theodor Herzl 주도로 스위스 바젤에서 제1차 시온주의 총회가 열린다. 그 후 1903년에 열린 여섯 번째 회의에서 우간다 제안The Uganda Proposal이 부결되었다. 시간이 흘러 잔혹한 반유대주의의 표상이자 역사상 최악의 대학살로 남은 홀로코스트의 대상이 된 유대인들은 이스라엘 건국을 위해 민족주의 운동인 시온주의Zionism를 다시 제창하기에 이른다.

1897년 이후 전 세계에 흩어져 있던 유대인 디아스포라가 정착할 땅으로 거론된 곳은 우간다 이외에도 아르헨티나, 칠레, 미국 텍사스, 캐나다, 호주 등이 있었다. 우간다의 경우는 영국이 케냐의 해안 도시 몸바사까지 잇는 철도를 건설하여 효율적인 식민지 관리를 구상하고 있었기에 물망에 오른 것이다. 하지만 덥고 습한 기후와 그에 따른 말라리아와 같은 풍토병에 대한 우려로 우간다 내 이스라엘 건국은 무산되고 말았다. 이런 연유로 이스라엘과 연을 맺은 우간다가 중동 지역에서 벌어진, 역사적으로 뿌리 깊은 유대인과 아랍인들의 대립에서 하나의 무대가 된 것이다. 특정 국가의 우방국임을 과시하고 싶어 한 이디 아민이 역사적·정치적·이념적 갈등 관계에 놓인 국제 정세를 이용할 기회를 놓칠 리 없었다. 국내적으로는 국가 원수로서 이미지를 제고할 기회였고, 대외적으로는 군수물자와 경제적 지원이 절실한 때였기 때문이다.

납치당한 비행기가 엔테베 공항에 내리자, 터미널에서 그들을 맞이한 이는 다름 아닌 이디 아민 대통령 내외였다. 테러리스트에게 납치당하여 엔테베에 불시착한 인질들에게 투박한 영어로 내뱉는 환영사는, 두려움에 떠는 인질들을 위한 진정성 있는 인사라기보다 어떻게든 영웅이 되고 싶었던 이디 아민의 무의식적 두려움을 허세로 감추려는 표리부동한 모습의 한 단면인지도 모른다.

"우간다에 오신 걸 환영합니다. 저는 알 하지 대통령이자 육군 원수인 이디 아민 다다 박사입니다. 저는 영국 빅토리아 십자훈장을 비롯한 많은 훈장을 받았고, 신께서 보내신 여러분의 구세주입니다. 저는 아프리카의 영웅이자 여러분의 영웅입니다."

인질을 구출하는 것보다 인질 협상에 자국의 국제공항을 내어준 이가 영웅이 되는 순간이었다. 이 비현실적인 상황 속에 말로 표현할 수 없을 만큼 열악한 환경의 임시 터미널에 내린 승객과 에어프랑스 승무원 239명은 유대인과 비유대인으로 분리된다. 이 중 30% 정도인 83명이 유대인이었기에 이스라엘로서는 어떻게든 이들을 구해내야 했다. 당시 이스라엘 총리 이츠하크 라빈Yitzhak Rabin은 팔레스타인 포로 석방이라는 테러리스트의 요구를 들어주려 했으나 국방부 장관 시몬 페레스Shimon Peres가 "테러리스트와의 협상은 있을 수 없다"라는 강경한 태도로 맞섰다. 결국 끓어오르는 민심과 국제적인 여론을 달랠 방안이 필요했다. 83명의 생명이 걸린 중차대한 사안인 데다, 라빈 입장에서는 자신의 이미지도 관리해야 했으므로 뚜렷한 묘안을 내지 못하는 상황이었다.

이러한 갈등의 순간을 즐긴 것은 오히려 이디 아민이었다. 그가 팔레스타인 포로를 석방하여 우간다로 보내라고 고집스레 요구한 이유는, 아랍인들의 편에서 협상가이자 평화주의자로 자신의 권위를 내세울 수 있는 절호의 기회였기 때문이다. 유대인 인질들의 무사 귀환과 팔레스타인 포로 석방하기 위한 평화 협상에 사진 한 장 남기며, 유대인과 아랍인의 분쟁에서 어부지리로 국제적 명성을 떨쳐볼 속셈이었다. 이스라엘 정부는 냉전 시기 소련의 편에 선 전력이 있는 이디 아민이 이번에는 아랍의 아군인 양 행세하며 군사적 지원과 거금을 받으려는 속내를 이미 알고 있었다.

하지만 큰소리친 만큼 용기는 없었던 이디 아민은 "혼령이 자신의 어머니에게 이스라엘의 심기를 건드리면 큰일 난다"라고 했다며 인질 일부를 석방하기도 했지만, 한편으로는 무슬림을 탄압하는 세력에 맞서며 정의를 구현하는 모습을 연출하기 위해 유대인 인질들을 협박하기도 한다. 사실 이스라엘 초대 총리 겸 국방부 장관 벤구리온David Ben-Gurion 은 이스라엘의 아프리카 원조 중 3분의 1을 우간다에 할애할 만큼 우간 다 오보테 전 대통령과 끈끈한 사이였다. 하지만 오보테가 좌익 성향을 보이자 이스라엘은 이디 아민의 쿠데타를 지원했고, 정권을 잡은 그는 기회를 엿보다 더 많은 무기 지원을 약속한 소련과 리비아에 붙어 이스 라엘에 등을 돌렸다. 이처럼 외교 관계를 수시로 파기하며 우간다의 국 제적 이미지에 먹칠한 이디 아민은 엔테베 작전을 아랍 세계에 대한 형 제애 과시로 악용한다. 1978년 10월 탄자니아를 침공했다가 패해 리비 아로 망명했던 이디 아민은 결국 사우디아라비아로 망명해 그곳에서 생을 마감했다.

이디 아민의 8년간의 폭정이 할퀴고 간 우간다는 어지러운 상황을 정리할 새도 없이 혼란의 과도기를 보내다가 1986년 1월 국방부 장관 출신인 요웨리 무세베니Yoweri Museveni가 쿠데타로 정권을 잡았다. 정치 보복, 남북부 지역 부족 갈등이 만연한 우간다에서는 종족주의와 지역 주의가 더욱 심화되어 피가 피를 부르는 험난한 여정이 여전히 지속되 고 있다. 무세베니 대통령은 2021년 1월 부정선거 의혹에도 여섯 번 연 임에 성공하며 아프리카 내 장기 집권자 선두그룹에 이름을 올리고 있 다. 이들은 임기 연장을 위해 대통령 연임 제한 철폐안을 막무가내로 통과시켜 헌법을 수정하고, 이에 반대하는 세력들을 숙청하는 방식으 로 명실상부 종신 대통령으로 군림하고 있다. 고인 물은 썩게 마련이 다. 전 세계 대다수 독재자의 말로가 이를 증명해 준다.

라빈 총리는 팔레스타인과의 전쟁을 끝내기 위해 1993년 이스라엘- 팔레스타인 평화협정을 체결하지만, 1995년 유대인 급진주의자의 손에 암살되고 만다. 이로 인해 엔테베 작전 수행 중 사망한 유일한 이스라엘 군인 요나단 네타냐후Yonathan Netanyahu 중령의 동생 베냐민 네타냐후Benjamin Netanyahu가 라빈의 뒤를 이어 1996년 총리가 되었다. 이후 이스라엘의 대팔레스타인 외교정책뿐 아니라 대아랍 세계 외교정책은 폭력적일 수밖에 없었다.

아랍권과 손잡고 아프리카의 영웅이 되고 싶었던 이디 아민이 올라탄 혐오라는 악령을 그 누구도 끊어내지 못한 채 중동에서 아프리카로, 그리고 다시 아메리카 대륙으로 전 세계는 혐오가 낳은 혐오를 키워오고 있다.

독재의 그늘 아래, 아프리카의 언론 자유

독재자들의 손아귀에 있는 국가에서 자유는 사치일지 모른다. 통제가 곧 통치 수단이기 때문에 국민의 일상은 제한될 수밖에 없다. 이때 통치자가 가장 경계하는 것이 바로 '표현의 자유'이므로 언론은 감시자 역할을 할 수 없게 된다. 이에 국경 없는 기자회RSF: Reporters Sans Frontières는 2002년부터 다원주의, 권력으로부터의 독립, 자기 검열 수준, 제도 장치, 취재 및 보도의 투명성, 뉴스와 정보 생산구조와 같은 여섯 개 지표를 기준으로 180개국의 언론자유지수를 조사하고 있다. 이는 정치적으로 민주화된 국가일수록 순위가 높게 나타나는 민주주의지수(영국 ≪이코노미스트≫), 부패인식지수(독일 국제투명성기구)와 함께 선진국을 가늠하는 척도로 사용된다. 언론자유지수는 100점 만점에 가까울수록 언론의 자유가 보장됨을 의미하는데, 2022년에는 1위인 노르웨이

(92.65)를 뒤이어 덴마크, 스웨덴, 에스토니아, 핀란드가 상위 5개국으로 선정되었다. 지수가 높다는 것은 국가 차원에서 언론 활동에 개입하지 않고, 보도 시 정부의 의도가 반영되도록 강요하지 않는다는 것을 의미한다. 한국은 정권별로 변화가 있지만 2022년에는 43위에 올라 대만(38위)과 함께 아시아에서 '양호' 수준인 두 국가 중 하나로 기록되었다. 한편 아프리카 지역에도 언론자유지수가 높은 국가들이 있다. 예컨대 제주도의 4분의 1 면적인 도서 국가 세이셸이 13위를 차지했고, 2016년 방영된 tvN 배낭여행 프로그램 〈꽃보다 청춘〉으로 알려진 나미비아가 18위로 언론자유지수 조사 이래 아프리카 지역에서 꾸준히 상위에 있다.

물론 매년 북한과 함께 꼴찌를 다투는 에리트레아(2022년 179위)나 이집트(168위)는 수년째 최하위권을 면치 못하는 중국(175위)이나 왕정 체제인 중동의 대다수 국가처럼 사실상 언론의 자유가 마비된 상태다. 모두 정치 지도자의 정보 접근권 독점과 국가 차원의 검열로 국민들이 언론 다양성뿐만 아니라 표현의 자유마저 박탈된 곳이다. 이곳에서는 국가의 신념이나 정책 기조를 거스르는 미디어를 철저히 감시·폐쇄하며, 언론인뿐만 아니라 반정부 의견으로 국민들을 선동하는 이들을 소리 소문 없이 처단하는 관행이 있다. 이렇게 빼앗긴 언론의 자유는 2020년 전례 없는 코로나 팬데믹 상황 속에서 감염자 또는 사망자 수, 치료제 개발 및 보급 관련 보도를 국가가 통제하여 일부 국가에서는 저널리즘의 기능이 마비되는 상황까지 발생했다.

한때 한국의 어느 국회의원이 법안 날치기 통과를 두고 "우리 국회만 굉장히 미개하다. 아프리카에서나 있을 수 있는 이런 일을 교문위(국회 교육문화체육관광위원회 전체 회의)에서 했다는 것이 굉장히 수치스럽다"라고 발언했다가 비판받은 적이 있다. 2022년 기준으로 세이셸(13위),

나미비아(18위), 남아공(35위), 카보베르데(36위), 코트디부아르(37위), 부르키나파소(41위)가 한국보다 언론자유지수가 높다. 세계적으로 독재자들은 일종의 관습처럼 언론 통제로 국내 여론을 장악하고, 자국의 혼란스러운 상황은 내부 문제로 봉쇄하여 외신 보도를 철저히 차단한다. 이는 아프리카의 정치·언론 상황에만 국한된 것이 아니다. 또한 '아프리카'는 대륙이지 나라가 아니며, 국가별로 정치 체제, 언론 상황 등이 각양각색이므로 감히 우리보다 미개하다고 속단해서는 안 될 것이다. '미개한 아프리카'에 빗대어 발언한 국회의원은 여성 의원 할당제를 시행 중인 세네갈과 르완다의 사례(14장 참고)를 통해 우리 국회부터 돌아보아야 할 것이다.

이처럼 언론 및 표현의 자유 보장은 단시간에 이루어질 수 없다. 폐쇄적인 미디어 환경에 대해 문제의식을 가지고 조금씩 문을 두드려야 다소 시간이 걸리더라도 진실이 드러나기 때문이다. 2차 세계대전 이후 발생한 최악의 기후 참사 손꼽히는 1983~1985년 에티오피아 대기근은 멩기스투 정권의 언론 통제로 그 실상이 외부에 거의 공개되지 않았다. 추후 이 기록적인 가뭄으로 발생한 수백만 명의 난민에 관한 영상이 공개되자 서구 대중가수들이 음악으로 물적·심적 지원에 나섰다. 아일랜드 출신 팝 가수 밥 겔도프Bob Geldof가 「두 데이 노 잇츠 크리스마스Do They Know It's Christmas(그들은 크리스마스인 것을 알까요)?」를 발표하며 라이브 에이드Live Aid를 결성했고, 마이클 잭슨은 아프리카를 위한 미국USA for Africa을 통해 「위 아 더 월드We Are the World(우리는 세계입니다)」라는 명곡을 남겼다. 에티오피아 언론이 해야 할 일을 해외 가수들이 대중음악을 통해 알려 국제사회의 도움으로 수많은 사람을 구해낸 것이다. 이와 같은 위기 상황을 겪고도 에티오피아의 언론 통제는 크게 개선되지 않았다. 대기근 당시 언론을 통제한 에티오피아에서 2011년 외신 기자 두 명이 438일 동안 억류되는 사건이 발생했다. 영화 〈438일〉은 그들이 견딘 인고의 시간을 담고 있다.

수면 위로 오른 침묵의 시간, 438일

2011년 6월 소말리아에서 에티오피아 오가덴 지역으로 밀입국한 스웨덴 기자 요한과 마틴은 매드 맥스나 밥 말리 같은 인상을 풍기는 반군과 함께 이동하다가 정부군에 체포되어 에티오피아 법정에서의 판결로 졸지에 테러범이 된다. 이들은 스웨덴 외무부 장관이 이사회 임원으로 근무했던 석유 기업 룬딘과 에티오피아 정부의 결탁, 그리고 오직 석유를 지키기 위해 자국민인 오가덴 사람들의 무고한 죽음에 목소리를 내지 않는 현실(4장 참고)을 취재하려 잠입한 것이다. 당시 에티오피아의 언론자유지수는 130~140위를 오가고 있었다.

에티오피아 언론은 1991년 5월 군사정권 몰락 이후 매체의 다양화로 변화를 꾀하려 했으나 오래가지 못하고 다시 국가의 통제하에 놓였다. 2018년까지 에티오피아의 언론자유지수는 140위권대에 머물렀다. 그러나 같은 해에 제15대 총리로 40대의 젊은 정치인 아비 아머드Abiy Ahmed가 선출되며 미디어 환경은 변화의 움직임을 보였다(2021년 기준 99위). 그간 이란 다음으로 많은 언론인이 망명하는 국가라는 오명을 얻은 에티오피아는 아비 총리 집권 이후 수감되었던 언론인, 블로거, 소셜 미디어 활동가 등을 석방하며 언론 통제에 대해 개혁적인 행보를 보였다. 선출 당시 40대 초반으로 아프리카에선 최연소 지도자였다.

에티오피아에서 가장 인구수는 많지만 권력에서 소외되어 온 오로모족 출신인 그는, 분쟁의 온상이던 이웃 나라 에리트레아와의 평화협정 체결로 2019년 노벨 평화상까지 수상했다.

아프로바로미터Afrobarometer(2020년 7월) 조사에 따르면 에티오피아 국민의 절반(51%)은 언론의 자유를 지지하는 하지만, 나머지(48%) 응답자들은 정부와 총리를 비판하거나 모욕하는 가짜 뉴스, 증오 발언에 대해서는 정부의 규제가 필요하다는 의견을 내놓기도 했다. 상대적으로 텔레비전 같은 전통 매체만큼 디지털 미디어 플랫폼을 활용하지 않는 에티오피아 사람들의 미디어 이용 습관을 염두에 둔다면, 새로운 미디어 환경이 에티오피아의 기존 질서를 전복시킬 수 있다는 두려움이 있는지도 모른다. 이는 아비 총리의 노벨 평화상 수상에 논란을 더한 소수 민족 티그레이족에 대한 핍박과도 맞닿아 있다. 에리트레아와의 20여 년에 걸친 분쟁은 평화로 종결되었을지 모르지만, 정작 자국민들은 살해, 폭력, 강간, 성적 착취와 같은 인권 유린 상황에 내몰리고 있기 때문이다. 에티오피아 정교회의 마티아스 대주교가 티그라이 지역의 내전 상황을 폭로하는 비디오 성명을 내며(2021년 5월) 국제사회의 관심을 호소했지만, 정부군의 티그라이 지방 공세는 여전히 계속되고 있으며 100만 명 이상의 난민과 5만 명 이상의 민간인 사망자는 그저 통계 속 수치로 남아 있다.

아비 총리가 여느 독재자들과 다른 노선을 걷길 원한다면, 에티오피아 정부의 눈치를 보느라 쉽사리 도움의 손길을 내밀지 못하는 국제사회를 외면하지 말아야 할 것이다. 자신의 과거를 쉬이 잊어버리고 똑같은 행동을 반복하는 어리석은 자들 손에 선량한 피해자들이 더 생겨선 안 된다. 그리고 온 대륙이 서구 열강의 각축장이 될 때도 이탈리아와

그림 8-2 에티오피아 국기

의 전쟁에서 승리해 아프리카의 상징적인 독립국이었다는 역사적 사실을 에티오피아 스스로 상기해야 할 것이다. 아프리카의 삼색, 즉 비옥한 토지와 노동을 뜻하는 초록(상단), 천연자원과 희망을 뜻하는 노랑(중간), 자유와 평화를 위해 희생한 사람들의 피와 열정을 뜻하는 빨강(하단)에 솔로몬의 별이자 독립에 대한 희망의 별을 품고 것이 에티오피아의 국기다(〈그림 8-2〉). 가나, 기니, 베냉, 부르키나파소, 세네갈, 카메룬, 토고, 콩고 등 약 19개 국가가 자신들의 국기에 삼색을 담아 아프리카라는 정체성을 드러내고 있는 가운데, 그 중심에 선 에티오피아가 올바른 지도자를 세워 아프리카의 모범 사례가 되길 기대해 본다.

함께 읽으면 좋은 책!

• 『살아 있는 공포, 아프리카의 폭군들』(2019). 류광철 지음, 말글빛냄.

#베를린 회의 #독재자 #장기 집권 #언론자유지수 #아랍 #이스라엘
#팔레스타인

• 09 •

아프리카도, 유럽도 아닌 여긴 어디?

마그레브의 식민 저항운동

영화 〈사막의 라이온(Lion of the Desert)〉(1981), 〈알제리 전투(La Bataille d'Alger)〉
(1966), 〈친밀한 적(L'Ennemi Intime)〉(2007), 〈영광의 날들(Indigènes)〉(2006)
배경 국가 리비아, 알제리

지중해와 맞닿은 북아프리카, 세계에서 가장 광대한 열대 사막인 사하라사막의 북쪽에 자리한 이곳은 마그레브(이집트를 비롯한 동쪽 지역은 마슈렉)라고도 불린다. 이는 아랍어로 '해가 지는 서쪽'을 뜻하는데, 동에서부터 리비아, 튀니지, 알제리, 모로코, 모리타니까지 포함되는 지역이다. 지리적으로 모로코와 스페인 남부를 가르는 지브롤터해협 최단 폭은 불과 14킬로미터, 튀니지와 이탈리아 시칠리아섬은 145킬로미터로 서유럽과 매우 가까운 거리에 있다. 이러한 지정학적 위치로 인해 예로부터 외침의 쉬운 표적이 되기도 했다.

종교적으로 오늘날 인구의 99%가 이슬람교를 믿는 무슬림이지만, 오래전에는 기독교의 영향권 아래 있었다. 현재 튀니지 땅인 카르타고 출신인 한니발 장군이 맹위를 떨치던 기원전 3세기경에는 로마제국의 영향을 받았다. 중세 기독교 성립에 절대적인 역할을 한 성 아우구스티

그림 9-1 마그레브 지역

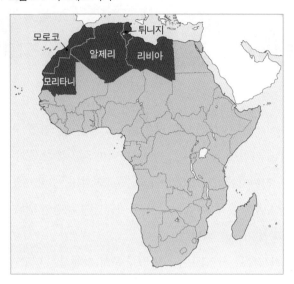

누스는 알제리 카빌리 지역 출신이다. 그러나 7세기 이후 이슬람 세력이 중동에서 북아프리카로 세력을 확장해 오면서 토착 민족인 베르베르족이 종교적으로 이슬람, 문화적으로는 아랍의 영향을 받아 이곳은 다양한 정체성이 어우러진 '섞임의 땅'이 되었다.

이들은 이슬람교를 국교로 하기 때문에 국기(〈그림 9-2〉 참고)에도 그 정체성이 드러난다.

국기의 초승달 문양은 샛별과 함께 이슬람의 대표적인 상징이며 '진리의 시작'을 의미한다. 이는 무함마드가 최초로 계시를 받을 때 떠 있던 초승달과 샛별을 상징하는데, 그때부터 신의 진리가 인간에게 내려지기 시작한 것을 뜻한다. 하지만 리비아 국기가 처음부터 이슬람의 상징을 품고 있던 것은 아니다. 군사 쿠데타로 정권을 장악한 무아마르

그림 9-2 마그레브 국가 국기(왼쪽부터 리비아, 튀니지, 알제리, 모로코, 모리타니)

카다피Muammar al-Gaddafi 전 대통령은 이집트의 친이스라엘 정책에 반감을 품고 한때 이집트 국기와 비슷했던 리비아 국기를 초록의 단일 색으로 바꿨다. 리비아에서는 1977년부터 2011년까지 이 국기를 사용하다가 카다피가 축출된 후 비로소 삼색에 이슬람의 상징인 별과 초승달이 그려진 국기를 가지게 되었다.

　이처럼 마그레브 지역은 여러 층위의 문화 정체성을 띠고 있다. 우선 이곳 사람들은 출신 국가에 따라 자신을 리비아 사람, 튀니지 사람, 알제리 사람 등으로 인식하지만, 국제 문제에서는 아랍인, 그리고 종교적 차원에서는 무슬림까지 포괄한다. 그리고 이들은 민족국가, 아랍·이슬람 세계라는 다층적인 표상과 함께 유럽 국가의 식민 통치라는 역사적 경험을 공유하고 있다. 구체적으로 스페인은 15세기부터 모로코 북부와 서부 사하라 지역을 제한적으로 통치했고, 이탈리아는 1912년에 리비아를 정복했으며, 프랑스는 마그레브 인구의 93%를 차지하는 튀니지, 알제리, 모로코, 모리타니를 각기 다른 방식으로 지배했다. 마그레브에 끼친 프랑스의 영향력은 국가별로 상이한데, 특히 알제리는 8년에 걸친 전쟁을 치르고 나서야 독립을 맞았다. 마냥 소극적이었을 것 같은 마그레브 지역에서도 식민국에 저항하고 독립을 위해 기꺼이 목숨을 내놓은 투사들이 있었음을 리비아와 알제리 관련 영화를 통해 살펴보고자 한다.

리비아에 내려진 초승달과 별: <사막의 라이온>이 된 독립 영웅

1980년대 한국의 한 건설회사가 리비아 대수로 건설을 진행하며 한국과 리비아의 우호적인 관계가 시작되었다. 하지만 2011년 아랍의 봄으로 카다피 독재 정권이 무너지며 10여 년 동안 혼돈이 지속되자, 현재 (2023년 1월 기준) 주리비아 한국대사관은 이웃 나라 튀니지에 머무는 실정이다. 리비아인들 역시 이러한 상황이 장기화되리라고 예상하지 못했을 것이다. 제국주의 시절 서구 열강의 그늘에서도 저항을 멈추지 않았던 그들이기 때문이다.

그 중심에 리비아의 독립 영웅 오마르 무크타르Omar Al-Mukhtar가 있다. 베를린 회의 이후 아프리카 식민지 쟁탈전(2장, 8장 참고)이 시작되자 영국, 프랑스, 독일에 이어 이탈리아가 뒤늦게 오스만제국으로부터 1911년 리비아를 빼앗는다. 사실 이탈리아는 1895년 에티오피아를 지배하기 위해 동아프리카에 진출했지만, 1차 에티오피아-이탈리아 전쟁(1895~1896)에서 에티오피아군에 패한 전력이 있었다. 리비아 역시 호락호락하지 않았다. 앞서 언급한 무크타르가 20여 년간 저항했기 때문이다. 그는 균형, 자비, 평화의 정신을 강조한 『코란』 교사인 동시에 리비아의 토착 유목 민족인 베르베르족 출신으로 리비아 국토의 90%를 차지하는 사막 지형에 굉장히 익숙했다. 교사로서 후속 세대에게 가르침을 전하던 그는, 1911년 이탈리아의 리비아 점령과 이어지는 잔혹한 탄압에 절대로 항복하지 않겠다는 의지를 보인다. 이탈리아에 굴복하는 것은 곧 『코란』에서 강조해 온 균형을 깨뜨리는 행위이며, 평화를 위협하는 자들에게 주도권을 빼앗기는 것이므로 승리가 아니면 죽음으로 저항하고자 다짐한다. 하지만 좀처럼 끝이 보이지 않는 탄압과 식민

지배의 장기화로 지쳐버린 주변 사람들은, 리비아가 식민 저항운동에서 이길 수 없다고 판단한다. 그리고 무크타르는 적절한 시기에 이탈리아에 항복해 살길을 찾아가자는 제안을 받지만, 1932년 공개 처형을 당하기까지 단호하게 반외세 항쟁을 이어나갔다. 그가 70세가 넘는 나이까지 20년 가까이 독립 투쟁을 이끌어갈 수 있었던 이유는, 사막의 모래바람에 휩싸인 수용소에서 비참한 삶을 간신히 버텨나간 민중 때문이었다.

무엇보다 독립 투쟁 중에도 종교인으로서 무크타르가 보인 평화에 대한 신념은 남달랐다. 적의 죽음을 자신의 승리로 받아들이지는 않은 것이다. 예컨대 생포된 이탈리아 병사에게 "이슬람은 저항 능력이 없는 사람을 죽이는 것을 허락하지 않는다. 무슬림은 전쟁을 증오한다"라며 말하며 포로로 삼지 않았다. 비록 살아생전 리비아의 독립을 보지 못했지만, 그는 후손들에게 귀감이 될 만한 불굴의 의지와 독립에 대한 염원을 보였다. 무크타르의 실천 중심 저항 정신에 이탈리아도 존경심을 보일 정도였다. 무크타르 사후, 리비아에서는 그를 독립 영웅으로 칭송했다. 리비아 10디나르 지폐에 그의 초상화가 있을 뿐만 아니라 카다피 전 대통령은 자신이 가장 존경하는 인물이라고 밝히기도 했다. 카다피는 2009년 6월 리비아 국가원수로는 처음으로 이탈리아를 방문하면서 오른쪽 가슴에 식민지 시절인 1931년 이탈리아 당국에 체포된 무크타르의 사진을 달았다. 이처럼 무크타르를 존경하는 국민적 정서를 바탕으로, 서구에 맞서는 아랍 세계를 그린 영화 〈사막의 라이온〉이 리비아 정부의 막대한 투자로 제작될 수 있었다. 그리고 1980년대 초반 리비아 대수로 공사를 수주한 한국 기업은 리비아의 요청으로 1981년 12월 17일, 군부독재 정권하에서도 이 영화를 개봉했다. 이는 5·18 광주 민주화 운동에 앞장선 수많은 청년들에게 울림을 남겼다는 일화로 남아 있다. 선대의 희생과 저항으로 쟁취한 자유와 독립 정신은 국적과 인종을 불문하고 귀감이 될 수밖에 없다. 무크타르는 그렇게 이슬람 정신을 식민지 저항운동에 반영하여, 리비아 국토의 90% 이상을 차지하는 사하라사막의 용맹한 사자로 남아 있다.

누구를 위한 영광인가: 프랑스를 위해 총을 든 알제리

19세기 제국주의가 전 지구적으로 팽창하던 시절, 프랑스는 국내 정치의 혼란기 때마다 민심을 다스리기 위하여 북아프리카를 침공했다. 루이 14세 무렵에도 알제리나 튀니지의 해상 노예무역에 간섭하여 백인 노예들을 이슬람 국가에서 되찾아 오는 것이 여론몰이의 수단이었다. 하지만 프랑스의 아프리카 식민화 전략은 국가별로 그 목적과 방식이 달랐다. 지리적으로 같은 북아프리카에 위치할지라도 튀니지(1881)는 지중해의 전략적 요충지로, 모로코(1912)는 광물자원의 이권을 위해 보호령으로 지정했다. 반면 알제리는 프랑스에 산업혁명이 도래하기 이전부터 국토의 85%를 차지하는 사하라사막을 제외하고, 지중해성 기후의 영향을 받는 비옥한 토지를 장악해 오는 프랑스 이주민을 감당해야 했다. 그러던 중 샤를 10세 치하에 있던 1830년, 프랑스는 흉흉해진 민심을 달래기 위해 알제리를 정복해 군사 식민지화했다. 시간이 지남에 따라 알제리 땅을 잠식해 갔던 프랑스의 알제리 정복 과정(〈그림 9-3〉 참고)을 보면서 단순히 식민지 확장으로 단정 짓기에 앞서 피식민자로서의 서러움에 깊이 공감하지 않을 수 없다. 우리도 통곡의 일제

그림 9-3 연도별 프랑스의 알제리 점령: 프랑스령 알제리

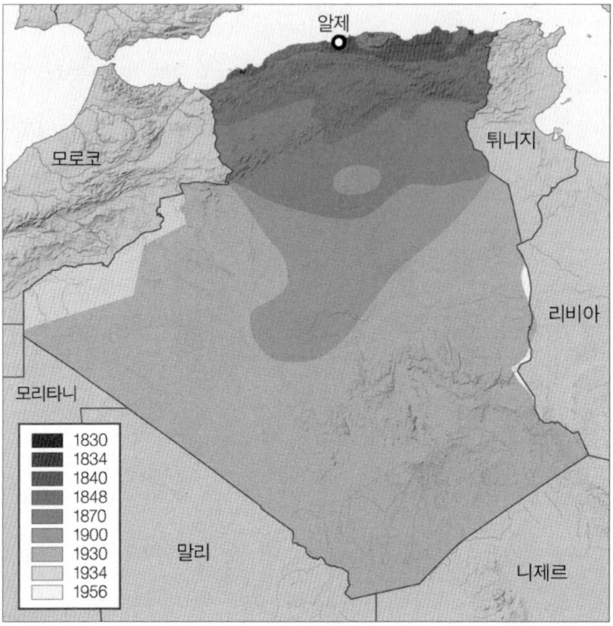

자료: © Sémhur / Wikimedia Commons / CC BY-SA 4.0. https://commo
ns.wikimedia.org/wiki/File:French_Algeria_evolution_1830-1962_map-fr.
svg.

식민 시절을 겪지 않았던가. 알제리의 경우, 프랑스의 점진적 식민지
영토 확장을 계기로 사하라사막 북쪽의 지중해성 기후를 띤 알제리 땅
에 와인 생산을 위한 포도와 올리브 농장이 세워졌고, 이를 경작할 프
랑스 이민자들이 대거 유입되었다. 이들은 훗날 알제리 땅에서 이방인
이 되어버린 피에누아르Pied-noir(프랑스어로 '검은 발'이라는 뜻으로, 알제
리로 이주한 프랑스인과 그 후손들인 알제리 출신 프랑스인)의 시조다. 소설
『이방인L'Étranger』(1942)의 저자 알베르 카뮈Albert Carmus 역시 프랑스 출
신인 알제리 포도 농장 노동자를 아버지로 둔 피에누아르였다. 반면 알

제리 태생인데도 자신의 정체성을 프랑스에 두는 경우도 있었다. 2차 세계대전 당시 프랑스 해방전쟁에 뛰어든 식민지 알제리인[원주민들(Indigènes)]이 그러했다. 이러한 혼재된 정체성은 알제리에 대한 프랑스의 식민지적 사고를 확장해 가는 데 매우 유용했다. 물리적인 영토뿐만 아니라 의식의 식민화도 진행되었기 때문이다.

앞서 언급했듯이 프랑스의 알제리 통치 방식은 다른 마그레브 국가들과 달랐다. 주변국인 모로코와 튀니지는 프랑스 보호령이었던 반면, 알제리는 루이 나폴레옹 정권기인 1948년 강제 합병되어 하나의 도 단위 행정구역으로 지정된다. 명실상부 아프리카 대륙의 프랑스가 된 것이다. 당시 프랑스도 다른 제국들과 마찬가지로 국가 이념인 자유liberté, 평등égalité, 박애fraternité의 기치 아래 식민지 계몽을 자신들의 책무로 여긴다. 이를 위해 프랑스식 정치, 교육, 행정 체계를 구축했으며, 원만한 식민지 운용을 위해 자국의 각계각층 인사들을 알제리로 파견한다. 이에 프랑스어 사용이 반강제적으로 요구되었다. 철저히 프랑스식 생활양식을 알제리에 이식하려 했던 프랑스는, 동화정책의 일환으로 원주민법code de l'indigénat을 시행하여 피식민자인 알제리인에게 프랑스 시민권을 부여함으로써 프랑스 법치 체계로 그들을 포용하기에 이른다. 이처럼 사회 다방면에 스며든 프랑스식 사고방식은 1940년 나치 괴뢰정권이 세운 비시프랑스Vichy France에 저항할 병사들을 소집하는 데 용이했다. 당시 드골 장군은 비시프랑스에 맞선 자유 프랑스La France Libre를 수립하여 반독일 저항운동에 나설 15만 명 정도(전체 26만 명 병사 중절반 이상)의 알제리, 모로코, 세네갈 출신 병사를 모집했다.

1943년 알제리의 어느 시골 마을. 독일 나치로부터 프랑스를 해방시키자는 외침에 따라 터번을 두른 젊은 청년들이 징집 차량에 오른다.

어머니의 만류에도 사이드 역시 마을을 떠난다. 〈영광의 날들〉은 2차 세계대전 당시 나치에 점령당한 프랑스를 위해 싸운 북아프리카 식민지인들의 이야기를 그린다. 오늘날의 프랑스를 있게 했다고 해도 과언이 아닌 레지스탕스résistance, 그 이면에는 정작 자신의 권리조차 주장하지 못한 채 식민국인 프랑스를 조국으로 삼아 참전한 외국인 병사들이 있었다. 이들은 왜 지배자인 샤를 드골 장군이 이끄는 자유 프랑스를 지지하며 기꺼이 희생하려 했을까?

식민지 군대는 1944년 이탈리아 몬테카시노 전선을 시작으로 독일군의 구스타프 방어선을 돌파하며 거침없이 진격한다. 그리고 적지를 탈환할 때마다 프랑스 국기를 꽂고 "프랑스 만세Vivre la France"를 외친다. 프랑스인 대장의 명령에 군말 없이 복종하는 식민지 군대 덕분에, 프랑스는 손 안 대고 코 푼 격으로 1944년 8월 파리를 되찾는다. 하지만 프랑스인들의 이중성은 고난의 순간에 더욱 노골적으로 드러났다. 배식도, 진급도 식민지 참전 병사들에게는 평등하지 않았다. 토마토조차 배식받지 못했고, 차별과 멸시 앞에서 프랑스 국가를 힘차게 불러야 했다. 식민지 '조국' 프랑스의 해방을 위해 전선에 나란히 섰지만, 선택의 순간에는 언제나 후순위였다. 그들을 부르는 혼란스러운 명칭도 한몫했다. 식민지 군대 병사들이 차별 대우에 불만을 쏟아내자 대위는 '원주민들', '무슬림들'로 그들을 지칭하며 진정시키려 한다. 프랑스인들이 독일군에 맞서 전장에 선 식민지 병사들을 동등한 인격체로 간주하고 있지 않음이 드러나는 대목이다. 그런데도 알제리 7연대 소속 병사들은 선대로부터 알제리를 지배한 프랑스를 조국으로 여겼다. 프랑스에서 감언이설로 그들을 회유했기 때문이다.

드골은 식민지 병사를 징집할 때나 전투가 부침을 겪을 때마다, 목숨

걸고 조국 프랑스를 위해 싸워준다면 알제리, 튀니지, 모로코의 독립을 보장하겠다고 약속했다. 1946년 4월 식민지 군대가 해산된 뒤 본국 알제리로 돌아온 이들은 약속대로 독립을 요구했다. 하지만 뼛속까지 지배자 근성으로 차 있던 프랑스는 끝내 참전 병사들의 희망을 짓밟았다. 프랑스는 그들이 헛된 꿈을 꾸고 있다는 듯, 항의하는 알제리인들을 강경 진압했다. 이 사건은 1954년 11월 알제리 민족해방전선FLN: Front de Libération Nationale 결성의 도화선이 되었다. 〈영광의 날들〉의 프랑스어 원제가 원주민들Indigènes이라는 점은 단지 아프리카 출신 프랑스 부대명을 지칭하는 것인지, 당시의 차별적 시선을 고백하며 반성하려는 것인지 그 의도를 알 수 없다. 단 한 순간도 적군에 맞서는 '동지'로서의 동료애를 드러내지 않았던 프랑스인들이, 알제리 독립운동을 무력으로 진압하려 했다는 사실이 안타까울 뿐이다.

알제리의 지속을 결의할지니, 우리의 증인이 되어라: 알제리를 위해 다시 총을 든 알제리

가라 조국의 아들딸들아, 영광의 날이 왔도다. 압제에 맞서 피 묻은 깃발을 들었다. 들리는가, 저 들판의 잔인한 적군들의 외침이. 놈들이 우리의 턱밑까지 와서 처자식의 목을 베려 한다.

프랑스 국가 「라 마르세예즈La Marseillaise」 1절 가사다. 18세기 프랑스 혁명 당시 군가를 국가로 채택한 것으로, 턱밑까지 쳐들어온 적군의 피로 프랑스 깃발을 물들이자는 다소 섬뜩한 내용을 담고 있다. 국가에 담긴 염원처럼 프랑스는 독일의 압제를 넘어 조국의 영광의 날을 위하여 식민지인들의 희생 역시 강요했다. 하지만 전쟁에 참전한 식민지 청년들은 전장에서도, 해방 후에도 영광의 날에 동참하지 못했다. 독립에 대한 약속은 묵살되었고, 전역 후 참전 용사들에 대한 부당한 처우는 계속되었다. 예컨대 1959년 이래 프랑스 군대에서 전역한 외국인은 본국 예비역의 3분의 1에 못 미치는 연금을 지급받고 있었다. '차별금지법'에 위배되는 연금제도는 개선의 여지를 보이지 않다가 〈영광의 날들〉이 대중에게 공개된 후인 2011년, 연금이 개시된 지 52년 만에 식민지 출신 예비역에 대한 연금 개혁안이 통과되었다. 이는 프랑스가 자신들의 과오에는 침묵한 채, 알제리 독립 전쟁을 마치 프랑스와의 오랜 유대관계를 끊어낸 알제리의 '배신'으로 여겨온 식민지적 사고의 잔재라고도 할 수 있다. 결국 식민국 프랑스인, 알제리 출신 프랑스인, 식민지 출신 알제리인이라는 지배자-피식민자의 관계 속에서 뒤엉킨 정체성은 서로를 영원한 이방인으로 남을 수밖에 없게 했다.

2차 세계대전 후 세계 곳곳의 식민지 독립을 지켜보면서도 유독 알제리를 놓지 못했던 프랑스. 결국 130년 가까이 지속되는 압제와 차별에 견디지 못한 알제리인들은 1954년부터 독립을 위한 투쟁을 본격적으로 시작했다. 그중에서도 독일 나치 정권으로부터 프랑스를 구한 퇴역 군인들은 알제리 민족해방전선을 결성해 1954년 11월 1일 독립을 선포하며 무력 투쟁에 돌입한다. 같은 해 벌어진 '디엔비엔푸' 전투에서 프랑스군에 끝까지 저항하여 독립을 쟁취해 낸 베트남이 이들에게 자극이 된 것으로 보인다.

당시 민족해방전선의 성명 제1호는 다음과 같다.

"알제리 동포여, 우리는 식민 통치에 저항한다."

목표는 단 하나였다. 장기화된 프랑스의 식민 지배에서 벗어나 이슬람 교리에 입각해 알제리인의 존엄성을 회복하는 것이었다. 이는 종교와 인종을 막론한 기본 자유의 존중으로 식민 통치로 잃어버린 조국과 자유를 되찾는 것이 핵심이다. 이에 알제리는 프랑스에 자결권을 요구하지만 2차 세계대전 후 식민지를 국유 자산의 일종으로 '관리'하는 데미련을 버리지 못한 프랑스는 쉬이 알제리의 해방을 허락하지 않았다. 알제리를 프랑스의 행정구역으로 지정한 만큼, 알제리는 곧 프랑스였다. 지배자인 프랑스에게는 그랬다. 프랑스는 알제리에 계엄령을 선포하여 민간인을 무차별적으로 살해했고, 1961년 파리에서 일어난 알제리인들의 평화 시위를 무력으로 진압해 '파리 학살'이라는 오명을 남겼다. 〈알제리 전투〉는 해방이 절실했던 피식민자인 알제리의 관점에서 독립 전쟁을 그린 영화다.

반면 〈친밀한 적〉은 지배자 프랑스의 관점에서 이야기를 풀어나간다. 1954년 민족해방전선이 독립을 선언하자 프랑스는 50만 명의 병력을 알제리로 급파해 강경한 태도를 고수한다. 1959년 유엔을 비롯한 국제사회의 비난이 쏟아졌지만 프랑스는 알제리에 대한 무력 진압을 멈추지 않았다. 영화는 알제리 전쟁이 한창이던 1959년 카빌리 지역 독립부대 소대장으로 부임한 테리앙 소위를 중심으로 전개된다. 그들은 2차 세계대전 당시 프랑스군으로 참전했던 알제리인 '슬라만'의 행방을 쫓고 있는데, 해방군이 된 그는 이제 프랑스군의 적이 되었기 때문이다. 전쟁이란 본래 승자도 패자도 희생을 감내해야 하지만, 문제는 무고한 민간인들이었다. 이들은 양 진영의 샌드백처럼 고문, 협박, 강간, 학살과 같은 무자비한 전쟁의 희생물이 되어 공포에 떨어야 했다. 휴머니즘 이라고는 메말라 버린 프랑스군과 민족해방전선 사이에서 희생양이 되어야 했던 알제리 민간인들의 독립 전쟁 트라우마는, 독립과 6·25 전쟁을 치른 우리네 역사와 아픔을 공유하는 것으로 보인다.

우리는 맹세한다! 우리를 강타한 파괴적인 폭풍에, 생명에 흐르는 고귀하고 순결한 피에, 바람에 펄럭이는 눈부신 깃발에. 우리가 탄생한 곳에서 생사를 넘어 알제리의 지속을 결의할지니, 우리의 증인이 되어라.

알제리 국가 1절 가사다. 지배자인 프랑스는 적군에 맞서 싸우라고 했지만, 독립을 위해 투쟁해야 했던 알제리는 독립한 자유국가의 증인이 되라고 말한다. 1962년 알제리는 국민 모두를 증인으로 앞세운 국민투표를 통해 한 세기가 넘는 프랑스의 지배에서 벗어나 마침내 완전한 독립국이 되었다. 이로써 식민국 프랑스의 아프리카 내 영향력은 공식적으로 종식되었지만, 주권을 빼앗긴 아픈 역사로 인해 반프랑스 정서가 알제리 사회 곳곳에 남아 있다. 반면 프랑스에서는 알제리 이주민들과의 부조화로 반무슬림 정서가 확산되었고, 이로 인해 산발적으로 일어나는 테러를 경험하며 프랑스 역시 알제리에 대해 긴장의 끈을 놓지 못하고 있다.

알제리 정체성 회복하기:
독립 이후 아랍화 정책과 프랑스 지우기

　제국주의가 정점을 지나 지속되던 시절, 독일은 2차 세계대전을 앞두고 유럽과 아프리카의 전략적 관계를 구상해 '유라프리카Eurafrica'라는 개념을 제시했다. 이는 아프리카 식민지와의 파트너십 구축이라는 미명 아래 실제로는 식민지를 유럽연합의 초기 발전에 기여할 도구 정도로 여긴 것으로 보인다. 유럽의 대아프리카 장기 계획이었던 '유라프리카'는 식민지의 독립과 함께 퇴색했지만, 프랑스는 여느 유럽 국가들과는 다른 행보를 보였다. 이는 오늘날 아프리카 내 프랑스어권 국가들의 정치·경제·사회적 환경을 통해 가늠해 볼 수 있다.

　유엔의 공식 언어인 러시아어, 스페인어, 아랍어, 영어, 중국어, 프랑스어 가운데, 북아프리카를 포함해 일부 국가에서는 아랍어가, 그 외 대다수 아프리카 국가에서는 토착어와 함께 영어나 프랑스어가 공용어로 지정되어 있다. 아프리카 대륙에서 영어나 프랑스어를 쓴다는 것은 과거에 영국이나 프랑스(벨기에)의 지배하에 있었다는 반증이다. 아프리카가 없다면 사실상 프랑스어는 프랑스를 중심으로 스위스, 벨기에 등지의 일부 유럽에만 국한된 지역 언어로 남았을 것이다. 식민제국 프랑스의 영향력은 대단했다. 물론 프랑스에서는 아프리카의 부족사회가 일국 체제로 통합하는 데 프랑스어가 공통어로서 기여했다고 주장할 수도 있다. 실제로 식민정책을 이행하는 과정에서 프랑스어는 집권층의 언어로서 암묵적인 권력을 행사했기 때문에, 피식민자 중 소수 엘리트는 주류에 편입되기 위해 프랑스어를 구사할 줄 알아야 했다. 이는 프랑스어 확산에 결정적인 기회가 되었다. 그리고 식민 지배에서 독립한 후에도, 내부적으로는 혼란스러운 정국을 다잡고 대외적으로는 외교 차원에서 공용어가 필요했던 것도 사실이다. 프랑코포니가 바로 그 산물이라 할 수 있다.

한국에서는 영어가 곧 세계어로 인식되고 있지만, 프랑스어권을 프랑코포니Francophonie라 부르며 국제프랑코포니기구OIF: Organisation Internationale de la Francophonie가 설립된 지도 50년이 지났다. 이 기구의 54개 정회원국 중 29개국이 아프리카 대륙에 있는 나라로, 그중 21개국(가봉, 기니, 니제르, 르완다, 마다가스카르, 말리, 베냉, 부룬디, 부르키나파소, 세네갈, 세이셸, 적도기니, 중앙아프리카공화국, 지부티, 차드, 카메룬, 코모로, 코트디부아르, 콩고공화국, DR콩고, 토고)은 프랑스어를 공용어로 한다. 나머지 국가 중 르완다는 2023년 현재까지 장기 집권 중인 폴 카가메Paul Kagame 대통령의 프랑스어 배제 정책에 따라 프랑스어보다는 영어 사용을 보편화하고 있다. 또한 모로코와 튀니지처럼 프랑코포니 회원국인데도 프랑스에서 독립한 후 아랍어를 공용어로 삼은 나라도 있고, 세계적으로 프랑스어 사용 인구가 가장 많음에도 이 기구에 가입조차 하지 않은 알제리도 있다. 알제리에서 프랑스어가 상용되는데도 공용어 지정은 물론이고 프랑코포니에도 가입하지 않는 이유는 〈알제리 전투〉와 〈영광의 날들〉을 톺아본다면 그 속사정을 조금은 이해할 수 있을 것이다. 일제강점기 민족말살정책으로 호되게 당하던 중에도 말모이 정신을 발휘했던 우리의 1940년대를 대입해 본다면 말이다. 언어는 곧 정체성이니, 남의 말을 하는 것은 나를 잃는 것과도 같기 때문이다.

독립 후 알제리는 아랍·이슬람 정체성을 국가 정체성으로 확립하고 아랍화 캠페인을 주도한다. 여전히 알제리 관료와 엘리트 사이에서는 프랑스어가 통용되지만, 아랍어를 공용어로 채택함으로써 가장 뚜렷한 식민 유산인 프랑스어를 철저히 배제한 것으로 보인다. 피로 되찾은 독립이라는 영광의 날을 떠올리면, 알제리 정부의 결정이 그렇게 지독스러워 보이진 않는다. 그만큼 알제리인들은 자신들의 뿌리를 되찾아 대대손손 알제리가 번영해 나가는 데 산증인이 되고 싶었던 것이다. 프랑스의 떳떳하지 못한 알제리와의 역사적 관계를 들춰낸 탈식민주의 학자 프란츠 파농Frantz Fanon의 비판도 같은 맥락이다.

그는 알제리인들에게 행했던 프랑스인들의 차별적 언행을 꼬집으며 대표작인 『검은 피부, 하얀 가면Peau Noire, Masques Blancs』(1952)을 통해 인종차별에 내재된 폭력을 고발했다. 예를 들어 프랑스인이 '무슬림은 우리와 같지 않다'라고 전제하면서도 "우리(프랑스인)는 그들(식민지 유색인)을 좋아하고 잘해줘. 안 그래, 파트마Fatma?"라고 비아냥거리는 것은 어쩐지 불편하기까지 하다. 파트마는 알제리에 이주한 프랑스인들이, 머리부터 발끝까지 하이크haik라는 흰 천을 온몸에 두르고 다니는 보편적인 알제리 여성을 부르는 이름이다. 또한 "왜 아랍인을 하대하냐?"라는 질문에 "아랍어에는 부(vous: 프랑스어 2인칭 대명사로, '너'를 뜻하는 tu의 높임말)가 없기 때문"이라고 답한다는 파농의 지적은, 프랑스에 의해 주권뿐만 아니라 정체성마저 짓밟힌 알제리 사회의 단면을 보여준다. 어쩌면 2006 월드컵 결승전 당시 주장을 맡았던 전 프랑스 국가대표 축구선수 지네딘 지단Zinedine Zidane이 프랑스 국가를 부르지 않은 심정을 조금은 이해할 수 있다. 그는 프랑스 남부 마르세유에서 태어난 알제리 이민 2세로, 부모님이 알제리 독립 이전 프랑스로 이주해 프랑스에서 나고 자랐지만, 모국의 식민지 역사를 외면할 수 없었을 것이다. 물론 지단 외에도 상당수의 이민자 출신 선수들이 프랑스 국가를 따라 부르지 않았다. 프랑스가 피할 수 없는 식민주의 유산과 알제리 출신들의 트라우마인 셈이다.

그럼에도 불구하고 오늘날 프랑스 외교부에서는 "프랑스어의 확산을 프랑스 외교의 최우선 과제로 한다"라고 공식화하고 있다. 아프리카를 반분半分하다시피 한 두 제국인 영국과 프랑스. 영연방의 식민 체제와 다른 동화정책을 펼친 프랑스의 행보가 신제국주의라는 비판에서 자유로울 수 없는 것도 바로 이런 이유에서일 것이다. 한편, 프랑스 국내에서는 극우 세력을 의식하여 132년간 알제리 식민 지배와 독립 전쟁에 대한 탄압을 반인륜적인 사건으로 규정하지 못한 채 갈등의 골만 깊어졌다. 이처럼 오늘날까지도 혐오가 혐오를 키우고 있는 지배자-피식민자의 관계는 프랑스 내 무슬림 디아스포라 사회를 다룬 16장에서 살펴볼 것이다.

#마그레브 #프랑스 식민지 #프랑코포니 #탈식민주의 #유라프리카

· 10 ·

아프리카의 사회 통합

무지개의 나라, 남아공

영화 〈디스트릭트 9(District 9)〉(2009), 〈사라피나(Sarafina!)〉(1992), 〈우리가 꿈
꾸는 기적: 인빅터스(Invictus)〉(2009), 〈칼루시 이야기(Kalushi)〉(2016)
배경 국가 남아프리카공화국

한국에 사는 외국인 여성들을 대상으로 하는 방송 프로그램에서 백
인 출연자가 자신을 남아공 출신이라고 소개하자 흠칫 놀라는 분위기
가 연출되었다. '아프리카 출신인데 어째서 백인이지?'라는 의문은 식
민지 전후 남아공의 사회문화적 배경을 살펴보면 이해할 수 있다.

줄루 왕국이 남아프리카공화국이 되기까지

아프리카 최남단의 남아공은 예로부터 대서양과 인도양 모두로 진
출할 수 있다는 지리적 이점으로 서구 열강의 입장에서는 희망봉을 품
은, 문자 그대로 '희망'의 땅이었다. 대륙 남단에 위치한 케이프타운은
연안 평지가 오랜 시간에 걸쳐 융기되어 형성된 고원지대인 덕분에 모

그림 10-1 남아공(남아공 내 옅은 색으로 표시된 지역이 레소토)

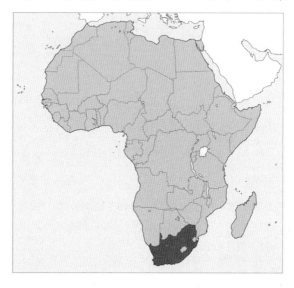

기 서식이 어려워 말라리아와 같은 풍토병이 적고, 사계절 온화한 지중해성 기후를 보인다. 또한 희망봉을 중심으로 동서 해안의 수온이 달라 수만 마리의 펭귄이 서식하는 곳이기도 하다. 남아공 동부의 항구도시 더반은 세련된 인프라를 갖춘 물류 거점 도시로, 우리에겐 평창 동계올림픽 유치가 확정된 감격의 순간으로 기억되고 있다. 이 밖에 남아공은 금(세계 전체 생산량의 약 60%)과 은, 다이아몬드(세계 전체 생산량의 약 20%), 석탄과 같은 천연자원이 풍부하여, 예부터 서구인들에게 최고의 주거 환경과 기회가 보장된 '가나안'으로 인식되었다. 그러나 불행하게도 이러한 '젖과 꿀'의 조건이 원주민들에게는 갈등과 혼란의 불씨가 될 뿐이었다. 영국의 식민정책인 3C(2장 참고)의 출발점으로 남아공의 케이프타운이 선택되었고, 이후 펼쳐진 남아공 현대사는 백인 통치 세력에 대

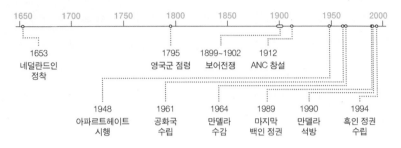

그림 10-2 남아공의 주요 역사적 사건

| 1650 | 1700 | 1750 | 1800 | 1850 | 1900 | 1950 | 2000 |

1653
네덜란드인
정착

1795
영국군 점령

1899~1902
보어전쟁

1912
ANC 창설

1948
아파르트헤이트
시행

1961
공화국
수립

1964
만델라
수감

1989
마지막
백인 정권

1990
만델라
석방

1994
흑인 정권
수립

항한 원주민들의 피비린내 나는 투쟁의 연속이었다.

우선 남아공에서 일어난 중요한 역사적 사건들의 흐름(〈그림 10-2〉 참고)을 이방인이 등장한 17세기 중반부터 짚어볼 필요가 있다. 1653년 4월, 당시 해상무역의 상업적 패권을 쥐고 있던 네덜란드 출신 얀 반 리베이크Jan Van Riebeeck가 채소를 경작하기 위해 케이프타운에 도착한다. 이들이 바로 남아프리카 지역으로 이주한 유럽 이민자들의 선조가 되고, 그의 후손들을 네덜란드어로 농부를 뜻하는 보어Boer인이라 부른다. 네덜란드 방언인 아프리칸스어Afrikaans(네덜란드어에 흑인 토착어, 인도유럽어족, 말레이시아어 등을 합친 혼합어)를 쓰기에 아프리카너Afrikaner라 부르기도 한다. 뒤이어 1795년 산업혁명에 힘입은 영국군이 처음으로 남아공에 진주하며 성장 가도를 달리고 있던 막강한 해군력을 과시했고, 1820년에는 본격적으로 식민주의 정책을 펼쳐 영국인 5000명을 이주시킨다. 특히 빅토리아 여왕 재위 기간 동안 케이프타운을 중심으로 영국이 식민지를 확대해 나가자 남아공을 선점하고 있던 보어인들의 입지는 좁아졌다. 이는 토착민 중심의 줄루Zulu 왕국도 마찬가지였다. 마지막 왕 케츠와요Cetshwayo는 1879년 1월부터 그해 여름까지 영국군에 맞서 저항했으나 끝내 줄루 왕국의 지배권을 넘겨주고 말았다. 영국은 케츠와요를 폐위하고 줄루 왕국을 13개의 소국으로 나누어 보호령으로 지정했다. 이로 인해 보어인들은 내륙으로 이주했고, 평화로운 공존을 위하여 영국 정부는 보어인 중심의 트란스발공화국과 오렌지자유국의 독립을 인정했다. 하지만 이 두 곳에서 금과 은, 다이아몬드가 발견되자 3년여(1899~1902)에 걸친 보어전쟁 후 1910년 남아프리카연방으로 편입된다.

남아공의 땅에서 유럽 이민자들 간 진흙탕 싸움이 벌어진 것이다. 이렇게 본래 땅의 주인들이 백인들의 그늘에 들어가 버리자, 그곳 주민들은 1912년 아프리카민족회의ANC: African National Congress를 창설하여 비인종적·비폭력적 저항운동을 실천한다. 흑인들의 반발과 그들과의 공존이 못마땅했던 백인들은 적반하장으로 1948년 우익정당인 국민당NP: National Party 집권하에 인종차별 관행을 제도화한 아파르트헤이트Apartheid (아프리칸스어로 '분리', '격리')를 실시한다. 이들은 문화적 배경이 다른 종족들을 구분하여 독자적인 발전을 꾀한다는 분리 발전 정책을 내세우며 인종차별을 정당화했다. 그들은 합법적으로 비非백인을 배제하고 "WHITE ONLY"라는 표어를 내세워 백인의 우위를 독점했다. 관련 법으로는 다른 인종과의 결혼을 금지한 '인종 간 결혼 금지법', 다른 인종과의 성행위를 금지한 '부도덕 행위 금지법', 인종별 거주지를 정한 '집단 지역법', 비백인에게 신분증 소지를 의무화하여 이동을 규제한 '패스로즈Pass laws', 그리고 기차, 역, 공원 등 공공장소에서 백인과 비백인을 구분하려는 의도로 1953년 제정된 '격리시설 보유법'이 있다. 또한 '반투 자치 촉진법'을 제정하여 흑인 종족별로 홈랜드homeland라 불리는 불모지로 강제 이주시켰다. 이는 명목상 흑인 부족별 독립국가를 인정하여 자치 정부 수립을 허용한 것인데, 일자리를 찾아 외딴 홈랜드로 이주한 흑인들은 백인 정부의 꼭두각시로 부정부패를 일삼는 관료들에게 염증을 느낄 수밖에 없었다. 2차 세계대전 이후 민족주의를 기반으로 독립한 여타 국가들의 영향을 받아 남아공에 내분이 일어날 것을 두려워한 백인 정부의 결정은 결과적으로 실패한 것으로 보인다. 이들은 훗날 흑백 간 경계를 허물고 하나의 정부를 수립했을 때 발생할 수 있는 잠재적 문제들을 전혀 예상하지 못한 것이 분명하다.

헤테로토피아를 위한 디스트릭트 6

영화 〈디스트릭트 9〉은 아파르트헤이트 당시 남아공의 사회 분위기를 인간과 외계인의 대치로 보여준다. 실제 유색인종과 사회 하층민들이 거주했던 디스트릭트 6District 6의 숫자 6을 9로 뒤집어, 그 시절에는 말할 수 없었던 분리정책의 민낯을 여실히 드러낸다.

어느 날 갑자기 요하네스버그 상봉에 불시착한 거대한 비행 물체에는 180만여 명의 외계인이 탑승하고 있었다. 그들은 고장 난 비행선에서 내려와 보호 및 관리 명목으로 도시 한쪽에 형성된 슬럼가에 고립되는데, 이 지역이 바로 '디스트릭트 9'이다. 분리 장벽과 주변을 감시하는 무장 대원들이 상주함에도 불구하고 주민들은 외계인과의 공존에 따른 세금 낭비와 불안한 치안에 강한 불만을 드러낸다. 그리고 외계인을 비하하는 표현인 프론prawn을 스스럼없이 사용하며, 흉측한 새우 같은 생김새에 바퀴벌레처럼 쓰레기통을 전전하는 생활 방식을 비꼬았다. 영화는 지구에 불시착하는 바람에 자신들의 기존 생활 방식을 고수할 수 없는 외계인들의 상황은 설명하지 않고, 낯선 땅에서 살아가려는 이방인들의 고군분투만 보여줄 뿐이었다. 특히 도시 곳곳에는 '외계인 출입 금지'나 '인간 전용' 표시판이 게시되어 있는데, 이는 실제 케이프타운 외곽(남아공의 행정 수도는 프리토리아, 입법 수도는 케이프타운, 사법 수도는 블룸폰테인)에 형성되었던 디스트릭트 6를 연상시킨다. 이곳에는 원래 노예 출신, 상인, 유색인 무슬림 등이 모여 살았으나, 1960~1970년대 빈민가 철거 작업과 동시에 아파르트헤이트 시행으로 백인들만 거주white only할 수 있는 구역으로 지정되었다. 이로 인해 6만여 명의 유색인종은 열 곳의 반투스탄Bantustan(반투족들의 땅)으로 강제 이주했다. 당시 정부는 공간적 분리를 통해 완벽한 흑백 분리를 계획·실천했다. 〈디스트릭트 9〉 포스터는 실제 아파르트헤이트 당시 백인만을 위한 지정 구역을 풍자한 것이다. 구역 분리뿐만 아니라 리프트 역시 유색인종이나 상인들은 백인들과 함께 탑승할 수 없었다. 법적으로 분리정책을 시행하며 흑인들은 개나 외계인처럼 최소한의 인간 대우도 받을 수 없었다.

영화 속 디스트릭트 9에 거주하는 외계인들은 절도, 살인, 폭동 등 사회질서를 교란하는 행위들을 일삼는다. 마치 외계인들을 통제하고 분리해야 하는 합당한 이유를 억지로 증명해 보이는 것처럼 말이다. 이에 시민들의 항의가 거세지자 여론에 못 이긴 정부는 외계인과 공존한 지 20년 만에 그들의 거주지를 요하네스버그 외곽으로 이전해 철저히 통제할 것을 약속한다. 1970년대 남아공 정부가 디스트릭트 6의 거주자들을 강제 이주시킨 것과 닮아 있다. 이때 사설 군사 협업체 직원인 비커스가 외계인의 이주 작전 관리자로 임명된다. 하지만 그는 어딘지 모르게 어리숙하고 어설픈 관리자의 모습으로 퇴거 통지서에 서명을 받기 위하여 디스트릭트 9 가가호호를 방문한다. 나이지리아 갱단도 이주하여 외계인들을 상대로 사기와 매춘을 벌이는 그곳은 정상적인 생활이 불가능해 보일 정도로 범죄가 난무하는 슬럼가로 변질되어 있었다.

한편 이주를 담당하는 군사 협업체 관계자들은 외계인들 개개인의 이름을 무시하고 프론으로 싸잡아 부른다. 그나마 비커스와 가까운 관계를 유지할 수밖에 없었던 크리스토퍼만이 외계인이지만 자신의 이름으로 불릴 수 있었다. 그들은 고양이 사료만으로도 관심을 끌 수 있는 손쉬운 대상이자, 한시 빨리 처리해야 하는 남아공의 이물질로 재현되었다. 전문가는 외계인들은 구조적으로 절대 자본가 계층이 될 수 없는 빈곤 계층인 동시에 스스로 생각할 능력이 떨어지는 골칫거리라고 인터뷰를 한다. 이러한 연유로 외계인들의 번식 공간은 생명 윤리를 논할 틈도 없이 팝콘 튀기는 소리로 희화화된 채 화염 속으로 사라진다. 차마 인간이 인간에게 자행했던 인종주의 악행들을 노골적으로 보여줄 수 없기에, 디스트릭트 9에 고립된 외계인으로 대체한 것은 아닌지 죄책감마저 들게 한다.

인도적 차원의 외계인 이주 정책은 집행 과정을 살펴볼수록 어딘가 석연찮은 구석이 있다. 이주를 집행 및 관리하는 인간은 모두 백인이나 유럽계이고, 그들과 대비되는 외계인은 곧 아파르트헤이트 정책하에 사회적 배제를 온몸으로 경험해야 했던 유색인종이다. 이때 인간은 암암리에 외계인을 대상으로 생체 실험을 하고, 외계인들은 인간이 버린 쓰레기 더미 속에서 화학 재료를 찾아 이제껏 본 적 없는 고성능 무기를 만들어낸다. 경계를 만드는 자와 그 범주 안에 들지 못한 이들의 팽팽한 긴장 관계가 여실히 드러나는 대목이다. 결국, 그들이 모두 남아공 국민이라는 사실을 잊게 할 만큼 분리주의는 혐오와 갈등을 키웠다.

아마도 그들이 꿈꾼 세상은 헤테로토피아heterotopia였는지 모른다. 이는 프랑스의 철학자 미셸 푸코Michel Foucault가 제안한 미완의 개념으로, 현실에 존재하지 않는 유토피아utopia와 달리 정상성을 벗어나는 공간들이 사회 내에 공존하는 것을 말한다. 이때 이질적인 공간들이 일상에 존재하지만, 실제로는 공존한다고 의식하지 못할 만큼 고립된 상태다. 특히 이주민의 유입이 활발한 사회에서 나타나는 사회현상이다. 이는 다문화 사회라는 이름으로 이방인들에게 열린 장소로 보이지만, 내부에서는 사회적 배제를 인지할 만큼 폐쇄적인 형태로 존재한다. 이처럼 다양한 문화가 평화로이 공존하는 사회에서 주류와 비주류 거주민들이 각자의 거주 영역을 확보한 채, 이질적인 공간들이 결집한 헤테로토피아가 구현되고 있다. 아파르트헤이트 역시 이러한 헤테로토피아를 표방하는 것처럼 보이나, 궁극적으로 피부색에 따른 분리정책의 민낯이 드러날 수밖에 없다.

이로 인해 1961년 남아공은 마침내 영국 여왕의 통치에서 벗어나 민주공화국으로 독립하지만, 백인들만의 국민투표로 수립된 새 정부는 반정부 정서를 키울 뿐이었다. 특히 아파르트헤이트에 염증을 느낀 ANC는 피부색에 따른 차별이 얼마나 더 잔혹한 혐오를 조장하는지 증명하려는 듯, 독립한 그해 무장 투쟁을 시도한다. ANC는 간디의 비폭력 저항주의에 영감을 받아 결성되었으나, 거듭된 실패 끝에 결국 무장한 상대를 이길 방법은 폭력밖에 없다는 결론에 이른다. 그러고는 넬슨 만델라Nelson Mandela의 지휘 아래 무장 노선인 '움콘토 웨 시즈웨'(코사어로 '민족의 창'이라는 뜻)가 등장하는데, 이는 만델라가 1964년 테러 혐의로 종신형을 선고받고 로벤 아일랜드Robben Island 466/64호(1964년에 수감

된 466번째 죄수라는 의미)로 수감되는 결정적인 원인이 된다. 만델라의 수감에도 ANC는 내부 결속력을 다지는 동시에 대외적으로 포르투갈에 저항하는 앙골라 민족해방전선을 지지하며 강자 앞에서 절대 나약해지지 않는 모습을 보인다. 하지만 평화적인 방법으로도, 무력 항쟁으로도, 합법적인 흑백 분리를 실현하려는 아파르트헤이트를 무너뜨릴 수 없었다.

'내일이면 자유가 온다'

만델라의 장기 수감이 현실화되자 1976년 3월, 흑인 거주 지역인 소웨토의 고등학생과 민중을 중심으로 항쟁이 일어난다. 흑인 저항운동의 상징과도 같았던 만델라의 옥살이는 흑인 공동체의 분노를 촉발했고, 거기에 식민자의 혼종적 언어인 아프리칸스어로 교육받아야 하는 서러움까지 더해져 학생들의 저항운동은 일파만파로 퍼져나갔다. 그리고 민중 항쟁을 계기로 유혈 시위가 격화되자 1985년 피터르 빌럼 보타Pieter Willem Botha 대통령은 소수 백인이 이끄는 남아공의 정체성을 다시금 공표하며 비상계엄령을 선포했다. 그럴수록 핍박받는 이들의 저항은 거세졌고, 핍박하는 이들은 더 잔혹하게 진압했다. 한국 현대사에 민주화의 기폭제가 된 1980년 광주가 있다면, 남아공에는 1976년 소웨토가 있었던 것이다. 750명 이상의 사상자, 체포된 1만여 명 이상의 민간인들, 그리고 그보다 훨씬 많은 이들이 고통받았다는 사실은 모든 민주주의 역사가 그러하듯 자유에 대한 열망의 가혹한 대가를 보여준다. 영화 〈사라피나〉는 그런 힘겨운 상황 속에서 만델라를 기다린다고 앙다문 입술로 다부지게 말하던 여고생 사라피나의 성장기를 그린다. 〈사라피나〉와 같은 해 제작된 〈시스터 액트Sister Act〉(1992)의 주연배우인 우피 골드버그가 사라피나의 역사 선생님으로 열연하며 반아파르트헤이트 정책에 저항하는 모습을 보여준다. 교육 현장에서 당당히 공권력에 맞서는 선생님의 모습은 학생들의 저항운동에 자극이 될 수밖에 없다. 하지만 현실은 녹록지 않았다. 백인을 보조하는 일을 하거나 그들에게 무조건 복종하기를 강요받는 주변 흑인의 상황은 사라피나의 사기를 꺾기에 충분했다. 그럼에도 불구하고 사라피나는 자유의 날이 반드시 올 것이라는 희망을 놓지 않는다.

영화는 음본게니 은게마Mbongeni Ngema가 작사한 「내일이면 자유가 온다Freedom is coming tomorrow」를 사라피나와 동료들이 힘차게 부르는 장면으로 끝난다.

만약 제가 독립의 그날을 보지 못한다면, 당신은 믿어도 좋아요. 저는 그 자리에 있을 거예요. 여기가 제집이고 저는 여기 있어요. 내일이면 자유가 와요. 엄마 준비하세요. 내일이면 자유가 와요. 엄마 준비하세요. 야호~ 와서 춤을 추자. 야호~ 와서 춤을 추자.

하지만 만델라를 비롯한 저항 세력에 대한 탄압에 국제사회의 여론은 악화되었고, 더는 참을 수 없을 만큼 분개한 반아파르트헤이트 세력이 시한폭탄처럼 남아공 곳곳을 잠식하게 되었다. 무엇보다 수십 년에 걸친 인종차별정책이 한때 영국의 영향권에 있던 짐바브웨, 보츠와나(2장 참고) 등에도 영향을 미치자, 남아공은 국제사회의 외톨이가 되었다. 특히 유엔의 경제제재로 국가 경제가 큰 타격을 입자 1983년 남아공 정부는 백인, 유색인종, 인도계로 구성된 인종별 3원제 의회를 설치해 위기를 모면하려 한다. 그러나 임시방편은 뿌리 깊은 분리정책의 부작용을 여실히 드러냈고, 사회 곳곳에 남아 있는 흑인 배제 풍토는 오히려 제재를 강화시켰다. 이는 국제사회에서 심각한 경제적 고립을 유발했고, 1989년 들어선 마지막 백인 정부의 프레데리크 빌렘 데클레르크Frederik Willem de Klerk 대통령은 인종차별정책을 완화하기 시작했다. 마침내 그는 27년에 걸친 정치적·사회적 압박 끝에 1990년 2월 11일 만델라를 석방한다.

영화 〈우리가 꿈꾸는 기적: 인빅터스〉는, 흑인을 억압한 백인 정권에 저항했던 만델라의 석방을 두고 테러리스트의 귀환이라 개탄하는 백인들의 푸념으로 시작한다. 이들은 식민 지배에서 독립한 후 폭압적인 독재 정권하에 백인 강제 추방을 단행한 이웃 나라 짐바브웨를 거론하며 남아공의 비극적인 앞날을 점쳤다. 그럼에도 정부는 '민주 남아공을 위한 협의회CODESA: Convention for a Democratic South Africa'를 조직하여 모든 인종에게 참정권을 부여할 뿐만 아니라 반아파르트헤이트 세력들을 포용하여 새 헌법을 위한 기본 틀을 다져나갔다. 터지기 일보 직전인 억눌린 민중의 목소리와 국제 정세의 변화에 함구할 수만은 없었기 때문이다. 1994년 마침내 ANC 후보로 나선 넬슨 만델라가 첫 민주 선거로 대통령에 당선되고, 남아공은 수백 년에 걸친 백인 정부의 지배에서 흑인이 이끄는 국가로 새로운 국면을 맞이한다. 사라피나가 그토록 목놓아 부르던 자유가 온 것이다.

만델라 대통령은 남아공을 분열시킨 아파르트헤이트가 사회 곳곳에 남긴 유산들을 수습해야 했다. 무엇보다 소수 백인과 다수 흑인의 소득 격차 및 불평등한 사회구조를 개선하는 동시에 오랜 시간 피부색에 따른 차별과 억압에 시달려온 국민들의 마음을 달래는 것이 우선이었다. 아파르트헤이트가, 상처를 준 사람에게는 분리정책 폐지 이후 보복에 대한 두려움과 잃어버린 특권에 대한 아쉬움을, 상처를 받은 이에게는 누적된 서러움과 분노를 남겼기 때문이다. 백인들은 강제 추방을 예상했고, 흑인들은 복수심을 감출 수 없었다. 하지만 만델라는 과거에 발목 잡히지 않았다. "과거는 과거일 뿐"이라며 미래지향적인 비전을 제시하며 국민 통합의 방안을 끊임없이 고민했다. 이에 '진실과화해위원회TRC: Truth and Reconciliation Commission'를 설치해 아파르트헤이트 시절 고통받은 이들을 달랬다. 이는 쇼나족의 개념인 '은고지Ngozi'(Avenging spirit, '복수의 영'으로 번역)에 기댄 것인데, 정의 구현을 위하여 과거의 상처를 치유하지 않으면 가해자 본인, 가족, 커뮤니티에 불운이 닥친다는 의미다. 이러한 복수의 영을 달래기 위해 만델라는 남아공의 치부일 수 있는 과거를 진술하게 드러내어 여전히 고통 속에 살아가는 이들에게 용서와 화해의 손을 내밀었다.

남아공에 드리운 무지개

〈우리가 꿈꾸는 기적: 인빅터스〉 영화 제목처럼 기적이라 여겼던 무지개가 마침내 남아공에 드리운다. 제국주의 시대부터 아파르트헤이트를 거치며 상처를 봉합하지 못했던 한 나라의 변모가, 여타 아프리카 국가들에 굵직한 메시지를 던진다.

정권을 잡은 만델라가 보좌진을 재구성하며 특수부대 출신의 전직 대통령 경호원을 추가 배정하자, 흑인 경호팀장이 만델라를 찾아왔다.

경호팀장은 '우리(흑인)'한테 한 짓을 똑똑히 기억하고 있는데, 어떻게 '그들(백인)'에게 흑인 대통령 경호를 맡기는 것인지 대통령의 결정을 도무지 이해할 수 없었기 때문이다. 하지만 만델라는, 아파르트헤이트의 기억에 여전히 몸서리치고 있는 경호팀장에게 '무지개 나라'를 향한 단호한 의지를 보였다.

"무지개 나라, 화해로 이끈 흑백 통합 국가가 시작될 겁니다."

이렇게 대통령으로서 만델라는 용서로 화해하고, 분노를 삭이고, 공포를 없애겠다는 자신의 신념을 집무실 안팎에서 실천했다. 허울뿐인 무지개가 아니라, 아파르트헤이트가 남긴 트라우마로 긴 세월 지쳐버린 국민들의 마음을 개이게 할 진짜 무지개를 보여주려는 의도였다. 사실 '무지개 나라'는 아파르트헤이트 이후 흑백논리를 넘어 다인종·다문화의 공존을 추구했던 남아공을 일컫는데, 1984년 노벨 평화상 수상자이자 진실과화해위원회 초대 위원장을 지낸 데즈먼드 투투Desmond Tutu 대주교가 처음 사용한 표현이다. 이는 오늘날 남아공 국기에도 고스란히 담겨 있다.

1994년 만델라 정권이 무지개 국기를 얻기까지 남아공 국기의 변천사는 열강의 그늘 아래 치열했던 상황을 보여준다. 〈그림 10-3〉의 왼쪽 첫 번째 국기는 1910년부터 1928년까지 사용한 것인데, 국기 왼쪽 상단에 영연방을 뜻하는 유니언잭Union Jack이 있고, 오른쪽 흰 원 안에는 케이프타운, 나탈, 오렌지자유국, 트란스발공화국 총 네 개 공화국이 남아프리카연방으로 통합된 것을 의미한다. 이 흰 원은 연방공화국을 강조하기 위해 1912년 추가된 것이다. 가운데 국기는 1928년부터 1994년

그림 10-3 남아공 국기 변천사

까지 사용된 남아공 국기로, 옛 네덜란드 국기 중앙에 작은 국기 형태
로 영국의 유니언잭, 보어인들이 세운 오렌지자유국과 트란스발공화국
이렇게 세 개의 국기가 그려져 있다. 이는 남아공 땅이 겪어야 했던 네
덜란드와 영국의 패권 다툼, 그리고 그에 따른 식민 지배의 상흔을 담
고 있다. 이 시기 아파르트헤이트가 실시되었기 때문에 남아공 국민들
에게는 뼈아픈 역사를 품은 국기로 남아 있다.

   현재 남아공 국기는 여섯 가지 색상으로 노랑은 광물자원, 파랑은 열
린 하늘, 검정과 흰색은 각각 흑인과 백인을 나타내며, 아프리카의 색
이라 부르는 노랑, 초록, 빨강 삼색이 포함된 가장 화려한 국기라 할 수
있다. 여기서 초록은 아프리카의 주요 1차 산업인 농업과 이를 가능하
게 하는 자연을, 빨강은 흑인 해방 투쟁의 유혈을 뜻한다(8장 참고). 끝
으로 형형색색을 가로지르는 Y 자는 남아공 인구 약 5000만을 구성하
는 79%의 흑인 다부족, 9.6%의 백인, 8.9%의 혼혈과 2.5%의 아시아계
를 아우르는 국가적 화합을 의미한다. 따라서 만델라 대통령 취임과 함
께 화합의 국기가 휘날리게 된 것은 진정한 흑백 화합으로 무지개 나라
를 이루고자 했던 지도자의 의지도 함축하고 있다. 영화에서 럭비 경기
장을 찾은 만델라는, 아파르트헤이트를 상징했던 국기(〈그림 10-3〉 가
운데) 사이에서 남아공의 새로운 국기(〈그림 10-3〉 맨 오른쪽)를 흔드는

백인 국민이 있는 관중석으로 주저 없이 다가가 감사 인사를 전한다.

〈우리가 꿈꾸는 기적: 인빅터스〉는 취임 이후 만델라의 포스트 아파르트헤이트 치유 방식을 '럭비'라는 스포츠를 통해 보여준다. 사실 럭비는 백인의 전유물이었는데, 실제로 흑백 차별 방식의 일환으로 럭비를 즐겨하면 백인, 축구를 좋아하면 흑인이라는 다소 억지스러운 양분 논리가 적용되기도 했다. 그도 그럴 것이 1900년대 초반 결성된 남아공 대표팀 스프링복스Springboks는 보어인과 영국인들 간의 갈등을 봉합하기 위한 '화해'의 팀이었다. 다시 말해 차별받고 있던 흑인은 배제되고, 흑인의 땅에 먼저 도착한 보어인과 그보다 늦게 도착한 영국인 간 이권 다툼을 봉합하는 스포츠 팀이었던 것이다. 이 때문에 만델라 대통령의 럭비 경기 참관 일정을 흑인 경호원들은 달가워하지 않았다. 그럼에도 만델라는 남아공과 뉴질랜드가 맞붙은 1995년 럭비 월드컵 결승전 당시, 주장인 프랑소와의 등번호 6번이 적힌 유니폼을 입고 경기장을 찾았다. 그리고 그간 백인의 상징인 '럭비'만을 응원하는 것이 아니라 이제는 하나 된 국가로서의 남아공을 응원한다. 이는 정치적 의도와 인기몰이를 위한 행보가 아닌, 백인의 전유물을 존중하는 태도로 용서와 화해를 실천한 만델라의 인류애를 보여주는 것이다. 그리고 리더의 실천은 곧 다른 이들에게 귀감이 되어 또 다른 열매를 맺는다. 모두의 예상을 깨고 1995년 럭비 월드컵에서 우승한 남아공 대표팀 주장 프랑소와는 6만 5000여 관중 앞에서 인터뷰하며 이렇게 말한다.

"6만 5000 관중만 응원한 것이 아니라, 4300만 명의 온 국민이 응원해 주었습니다."

프랑소와의 인터뷰는, 럭비라는 스포츠를 통해 분열된 국가 정체성이 재정립되는 과정을 보여준다. 여기에는 역사적·정치적·문화적 이유로 갈라서야 했던 흑백을 민중, 다시 말해 남아공 국민으로 묶어내는 리더십이 있었다. 석방 이후 케이프타운 시청 발코니에서 첫 연설을 시작하려는 만델라가 "아만드라!"라고 외치자 군중은 "은가웨투"로 화답했다. '힘은 민중의 것'이라는 뜻이다. 그렇게 모은 힘은 "마이부예 이 아프리카", 즉 '아프리카여 다시 일어나라'로 발휘된다. 그들은 스스로 아프리카를 일으킬 수 있다고 믿는다. 과거에 얽매인 복수심이 아닌, 손을 맞잡는 화합의 정신으로 말이다. 남아공의 '희망봉'에서, 오래도록 그 땅에 뿌리내려 온 이들과 먼 곳에서 와서 정착한 이들이 비로소 함께 진정한 희망을 노래 부를 수 있게 된 것이다.

이렇게 만델라의 리더십은 유종의 미를 거두고, 그 여운은 후속 정치인들에게도 이어졌다. 이웃 나라 짐바브웨의 무가베 대통령이 장기 집권으로 호의호식할 무렵(4장 참고), 종신 대통령을 지낼 수 있음에도 불구하고 1999년 81세의 나이로 대통령직에서 물러났다. 그리고 만델라의 뒤를 이은 남아공 2대 흑인 대통령 타보 음베키 역시 흑인경제육성정책BEE: Black Economic Entities(흑백 간 빈부 격차를 해소하기 위해 상대적으로 소외되었던 흑인 기업과 사업가를 우대하는 정책)을 실시하여 흑인 실업률 감소, 투자 확대, 충실한 교육, 범죄 대책 마련으로 사회 통합을 이끌었다.

그 외 남아공의 현대사를 그린 영화로, 만델라의 일대기를 그린 〈만델라: 자유를 향한 머나먼 여정Mandela: Long Walk to Freedom〉(2013), 만델라 수감 당시 백인 간수의 시선으로 그를 바라본 〈굿바이 만델라Goodbye Bafana〉(2007), 흑인 민권운동가 스티브 비코Steve Biko의 삶과 그를 통해 흑인과 백인이 공존하는 민주화된 남아공을 꿈꾸게 된 지역 신문기자

도널드 우즈Donald Woods의 이야기를 그린 〈자유의 절규Cry Freedom〉 (1987), 흑인들의 시위를 진압해야 했던 흑인 경찰의 갈등 상황을 모건 프리먼이 감독으로 연출한 〈보파Bopha!〉(1993) 등이 있다. 이처럼 긴 세월에 걸친 백인들의 지배와 인종 분리정책, 그리고 민주 남아공의 격변기에 동행한 이들의 다양한 시선을 엿볼 수 있는 영화가 있으니, 오늘날의 남아공을 이해하기 위해 여러 영화를 다각도로 살펴보는 것도 도움이 될 것이다.

운명의 주인, 영혼의 선장이 되는 그날

영화의 원제목이자 만델라 대통령이 가장 좋아했던 시로 알려진, 빅토리아 시대에 윌리엄 헨리William E. Henley가 지은 「인빅터스Invictus」(1875)는 '굴하지 않는/정복되지 않는unconquerable/undefeated'이라는 뜻의 라틴어다. 20대 젊은 나이에 신체적 장애를 입은 작가가 자신이 처한 상황을 이겨내기 위해 지은 작품이다. 아파르트헤이트에 맞서다 테러 혐의로 끝이 보이지 않는 수감 생활을 해야 했던 만델라는 자신의 어깨너비 정도 되는 공간에서 이 시를 자주 읊은 것으로 알려져 있다. 이를 바탕으로 제작된 영화를 통해 국가대표 주장이든, 4300만 국민을 이끄는 대통령이든, 지도자란 영적 자극을 주고 솔선수범해야 한다는 만델라의 철학을 엿볼 수 있다. 우리 앞에 놓인 삶이 굴곡지더라도, 그 자체를 받아들이고 삶의 주인이고자 했던 만델라의 의지대로, 아프리카 대륙 전체가 영적 자극을 받았으리라 믿는다. 그 여세를 몰아 2010년 아프리카 대륙 최초로 남아공에서 FIFA 월드컵이 개최되었다. 샤키라Shakira가

부른 주제곡 「와카와카Waka Waka: This Time for Africa」는 평화와 화합의 상징인 남아공에서의 월드컵 개최와 흑백 간 분리를 봉합하려는 노력을 전 세계에 알렸다.

이는 오늘날 인종차별과 혐오에 대처하는 우리의 태도에 일침을 가한다. 남아공의 굴곡진 역사와 스포츠를 통한 화해에서 교훈을 얻을 수 있듯이, 아프리카는 이미 운명의 주인이자 영혼의 선장으로 국제사회에서 제 목소리를 낼 힘을 가지고 있다. 선구자 역할을 자처한 남아공을 필두로 여타 국가들도 용기 낼 수 있기를, 흔들리는 순간이 오더라도 선대의 값진 교훈을 실천해 나가길 기대해 본다.

#무지개 #희망봉 #소웨토 #2010 월드컵

• 11 •

아프리카의 영화 산업

삶이 곧 영화, 놀리우드

영화 〈더 리치 라고시안(The Bling Lagosians)〉(2019), 〈선시티에서의 10일 (10 Days in Sun City)〉(2017), 〈올로투레(Òlòtūré)〉(2019)
배경 국가 나이지리아

그래미의 영광을 안은 나이지리아

"이 상은 전 세계에 있는 우리 세대의 아프리카인들을 위한 큰 승리입니다. 이는 모든 아프리카인들에게 교훈이 되어야 합니다. 당신이 어디에 있든, 무엇을 계획하든, 당신은 이뤄낼 것입니다."

한국 가수 최초로 2020 그래미상 최우수 팝 듀오/그룹 퍼포먼스 부문 후보로 오른 BTS의 수상을 기대하던 중, 최우수 글로벌 뮤직 앨범 Best Global Music Album을 수상한 가수의 소감이 또 다른 음악 팬들의 마음을 사로잡았다. 영상으로 수상 소감을 전한 이는 바로 나이지리아 출신 버나보이Burna Boy(본명 Damini Ogulu)다. 그가 나이지리아의 수도 라고스에 자리한 본인의 집에서 스크린 너머로 전한 말은 매우 인상적이었다. 이 시대를 살아가는 1990년대생 아프리카 청년들에게 1991년생인 버나보이가 뜬구름 잡는 희망의 메시지를 전한 것이 아니다. 그는 2019년 그래미상의 같은 부문에서 후보에 머물렀으나 2020년 〈트와이스 애즈 톨Twice as Tall〉 앨범으로 마침내 그래미 수상자가 되었다. 버나보이는 2019년 6월 영국 런던 웸블리 스타디움에서 공연한 BTS와 마찬가지로 같은 해 11월 무대에 올랐다. 우리가 문화적 우위에 있다고 여겨온 서구 음악시장에서 성공의 척도가 되는 웸블리에서 버나보이 역시 자신만의 음악 세계를 펼쳐 보인 것이다.

이렇게 서구권에서 인지도를 얻기 위해 반드시 주류 음악을 해야 하는 것은 아니다. BTS라는 그룹 자체가 하나의 장르가 되어 세계 무대에서 케이팝을 한국어로 노래하듯, 버나보이의 주 음악 장르는 아프로비트afrobeat다. 이는 나이지리아 부족 중 하나인 요루바족 전통음악에 재즈와 펑크를 혼합하여 구호를 외치는 소리, 복잡한 리듬 교차, 타악기 연주가 혼재되어 현대적인 장르로 재탄생한 것이다. 본래는 1970년대 나이지리아 가수 펠라 쿠티가 개척한 서아프리카 중심의 음악이었는데, 요루바 전통음악에 드럼 비트와 전자음을 가미한 퓨전 아프리칸 팝으로 자리매김하여 유럽과 미국에서 주목받고 있다. 그래미 시상식 공연에서 노래한 「레벌업Level Up」이라는 제목 그대로, 아프리카인으로서 자신의 정체성을 살려 한 계단씩 올라 그래미 수상을 이룬 버나보이는 젊은이들에게 귀감이 될 것으로 보인다. 그뿐만 아니라 비욘세와 공동작업한 「브라운스킨 걸Brown Skin Girl」로 최우수 뮤직비디오 부문에서 그래미상을 받은 위즈키드WizKid 역시 나이지리아 출신 아프로비트 가수인 점을 본다면 나이지리아의 대중문화계가 궁금하지 않을 수 없다. 우리가 인지하지 못하는 사이, 이미 세계적인 무대에서 기량을 펼치고 있는 나이지리아에는 또 어떠한 문화 콘텐츠가 움트고 있을까?

웰컴 투 '놀리우드'

여기 놀리우드Nollywood가 있다. 놀리우드? 익숙한 듯 낯선 이 용어는 미국 할리우드Hollywood에 빗댄 것으로, 인도 발리우드Bollywood에 이어 세계 2위 규모의 영화 산업을 키워가고 있는 나이지리아 영화계를 뜻한다. 아프리카의 영화 산업이라니, 조금은 어색하게 느껴질지 모르나 우리가 무관심했던 사이 나이지리아 영화 시장은 디지털 기술 발전과 함께 급성장하고 있다.

놀리우드 영화는 1979년에 설립된 나이지리아영화협회NFC: Nigerian Film Corporation에서 관할하고 있다. 하지만 이러한 공식적인 관리 기관이 있음에도 불구하고 영화가 관객들을 만나는 방식은 우리와 사뭇 다르다. 1990년대에 급성장한 나이지리아 영화 산업이 세계 2위 규모를 달성할 수 있었던 이유를 제작 방식, 유통 과정, 콘텐츠 및 소비자 세 가지 관점으로 살펴보자. 우선 나이지리아의 영화는 저예산 제작으로 한 편의 영화를 완성하는 데 7~10일 정도 걸리며, 주당 50여 편이 쏟아져 나온다. 놀리우드의 시작으로 간주되는 영화 〈속박의 삶Living in Bondage〉(1992)은 비디오테이프로 제작 판매되었는데, 영화 산업 초기에는 상대적으로 저렴한 VHS 비디오 필름을 사용했으므로 전문적인 촬영·편집 기술이 크게 필요치 않았다. 고가의 장비들은 구입 자금이 필요할 뿐만 아니라 촬영기기를 다루는 방식을 습득해야 한다는 진입 장벽이 있는 반면, 소형 비디오카메라는 누구나 손쉽게 촬영할 수 있기 때문이다.

또한 빠르게 변화하는 불법 복제 시장의 수요에 맞춰야 했기에 단시간에 저비용 작품을 반복적으로 제작해 냈다. 놀리우드 초기 나이지리아의 미디어 환경 특성상 홈비디오 보급률이 높아 가구 내 가족 중심, 혹은 마을 공동체에서의 단체 관람이 많아 실제 극장 상영작은 적었다. 이는 디지털 제작 방식으로 바뀐 후에도 마찬가지다. 이처럼 나이지리아인들은 길거리 키오스크에서 저렴한 가격에 자국 영화 DVD를 구입하여 가정에서 편안히 영화를 감상할 수 있는데, 입소문을 통해 얼마나 오랫동안 키오스크 영화 시장에서 살아남느냐가 결정되었다. 길거리 DVD 판매율이 곧 영화 흥행의 성공 여부를 결정하는 셈이다. 이는 공식적인 GDP에 집계되기 어려운 비공식 경제활동이지만, 오늘날 놀리우드를 있게 한 나이지리아식 영화 유통 방식이라 할 수 있다. 하지만 디지털 기술 발전, 모바일 사용률이 증가하자 영화 유통 플랫폼도 변하기 시작했다.

실제 나이지리아 영화는 아프리카 전역에서 유통되며 인기를 끌고 있다. 세계적인 온라인 동영상 스트리밍 서비스인 넷플릭스에서도 다수의 놀리우드 영화를 제공하고 있는데, 아프리카 내 최대 인구수에 걸맞게 전 세계에 포진된 나이지리아인 디아스포라 사회와 잠재적인 넷플릭스 고객인 아프리카인들의 요구를 충족하려는 의도로 보인다. 이때 월 일정 금액을 지불하여 영화를 시청하는 온라인 기반 플랫폼이, 암거래가 성행하는 아프리카 대륙에서 완전히 이질적인 아이디어는 아니다. 이미 2010년 아프리카의 넷플릭스라 불리는 iROKOtv가 설립되어 사업을 확장하고 있기 때문이다. iROKOtv는 아프리카에서 최대 지원금을 받은 스타트업으로, 창립자 제이슨 은조쿠Jason Njoku는 2012년 미국 포브스 선정 아프리카의 젊은 백만장자 10인에 선정되기도 했다.

웹 광고 수익을 기반으로 5000편 이상의 영화 콘텐츠 90% 이상을 무료로 제공하지만, 월 5달러의 구독 서비스를 제공하는 iROKOtv PLUS도 런칭하여 지속적인 해외 투자를 끌어내고 있다.

미디어 플랫폼의 다변화와 비서구 콘텐츠 시장의 확대에 주목한 나이지리아 50대 여성도 있다. 버나보이와 마찬가지로 영국에서 학업을 마치고 모국인 나이지리아로 돌아와, 현재 아프리카에서 가장 영향력 있는 영화·TV 프로그램 제작자로 명성을 얻은 모 아부두Mo Abudu. 그녀는 오프라 윈프리처럼 자신의 이름을 내건 토크쇼 〈모멘츠 위드 모Moments with Mo〉를 2006년부터 진행하는 동시에, 2013년 '에보니라이프EbonyLife'라는 글로벌 프로그램 네트워크 회사를 아프리카 최초로 설립했다.

≪파이낸셜 타임스≫와의 인터뷰 기사에서 아프리카의 여성 제작자로서 그녀가 밝힌 미디어 기업 철학과 신념은 확고했다. 40여 년 전 자신의 영국 유학 시절이나 지금이나 변함없이 이어지는 아프리카를 향한 "넌 움막에서 사니?", "너희 집 마당에 사자랑 기린이 뛰놀아?" 등의 전형적인 질문이 아부두를 자극하여, 미디어가 만들어놓은 이미지를 미디어 콘텐츠로 깨려는 도전을 시작하게 되었다고 한다. 때마침 넷플릭스와 같은 OTT 서비스가 비서구 콘텐츠를 필요로 하자 아부두는 특정 세계관에 한정된 것이 아닌, 모두가 공감할 수 있는 보편적 가치를 담은 스토리텔링 방식을 추구하는 전략을 구상했다. 바로 세계적으로 공통된 이슈를 나이지리아라는 로컬 방식으로 읽어내는 것이다. 이는 2020 아카데미 작품상, 감독상, 외국어영화상, 각본상을 거머쥔 영화 〈기생충〉(2020)이 부의 불균등과 계급 갈등이라는 세계적인 이슈를 반지하라는 독특한 공간을 동원해 한국적 맥락에서 연출한 것과 궤를 같이한다. 문화의 보편성과 특수성이 인종과 국적을 막론하고 제작자 특

유의 창의적인 방식으로 재해석된 것으로, 이야말로 미국 중심적인 대중문화의 흐름을 흔드는 도전 정신이라 할 수 있다. 봉준호 감독이 아카데미 시상식에서 인용한 대로 "가장 개인적인 것이 가장 창의적인 것 The most personal is the most creative"이 되는 순간이다. 다시 말해 가장 아프리카다운 것이 가장 창의적인 힘을 발휘한다. 국제정치의 관점에서 힘의 불균형에 이어 미디어 콘텐츠의 편중 현상에 대해 아부두는 힘주어 말한다.

> (2020년 조지 플로이드 사건으로 촉발된 미국의 '흑인의 생명은 중요하다'는 BLM 운동을 언급하며) "흑인의 생명은 중요하고, 흑인의 이야기도 중요하며, 아프리카의 스토리텔링도 중요합니다".

이것이 곧 나이지리아 여성 제작자로서 선구자적인 역할을 할 수 있었던 생각의 힘이다. 이제는 아프리카의 이야기를, 아프리카만의 방식으로, 아프리카인 스스로 목소리를 낼 때다. 나이지리아가 쏘아 올린 대중문화 콘텐츠 시장의 판도 변화를 기대해 봄 직하다.

놀리우드 톺아보기

그렇다면 놀리우드는 어떤 이야기를 담아내고 있을까? 나이지리아 영화 산업을 유심히 살펴보던 미국의 영화 제작자 제이미 멜처Jamie Meltzer 는 〈웰컴 투 놀리우드Welcome to Nollywood〉(2007)를 통해 디지털카메라로 단시간에 저예산 영화를 연간 2400여 편 찍어내는 나이지리아의 영화 제작 과정을 보여준다. 출연진 중 한 명인 나이지리아의 영화감독 돈 페드로 오바세키Don Pedro Obaseki는 "우리가 미국에 진출하면 할리우드 영화 제작진들 꽤나 직장을 잃을 것"이라며 놀리우드 영화에 대한 자부심을 드러낸다. 여기에는 영화의 가장 핵심적인 역할을 하는 스토리텔러들이 있다. 다시 말해 남녀노소 불문하고 나이지리아인 누구의 이야기든 영화의 소재가 될 수 있으며, 쉽게 공감할 수 있는 일상이 곧 영화가 된다. 영화의 내러티브 역시 기획 및 대본 작업에 품이 들지 않는, 부도덕한 생활을 응징하고 결국에는 선善이 승리하는 가족 멜로드라마 방식을 표방한다. 이에 따라 배우들이 구사하는 요루바어나 이보어를 이해하지 못하더라도, 영화 초반 등장인물들의 행동거지만 봐도 선과 악의 구도를 파악해 결말을 예상할 수 있을 정도다.

영화의 약 40% 이상이 영어, 나머지는 토착어인 요루바어, 하우사어, 이보어로 제작되는데, 나이지리아의 공용어가 영어임에도 불구하고 여러 언어로 제작하는 것은 다민족·다언어 사회의 다채로운 문화를 반영하려는 노력으로 보인다. 서로 다른 민족을 위해 다양한 언어로 영화를 제작하면서도 보편적인 가치를 전달하려는 의도에 따라 권선징악형 드라마 장르로 제작하는 것이 나이지리아 대중을 넘어 아프리카 전역에서 놀리우드 팬을 확보할 수 있는 핵심적인 요소다. 그렇다면 놀리우드가 재현하는 나이지리아의 일상은 어떠할까?

라고스의 부자들 <더 리치 라고시안>

　나이지리아의 수도는 두 곳이다. 1991년 수도로 지정된 아부자는 정치·행정의 기능을 담당하는 반면, 본래 수도였던 라고스는 경제·통상·금융의 중심지로 나이지리아 전체 경제활동의 절반 이상이 이루어지는 곳이다(남부와 북부를 대표하는 두 도시는 역사, 종교, 인종적으로도 구분되어 정치적 갈등이 노정되었다. 자세한 내용은 6장 참조). 이처럼 돈이 모이면 사람도 모이는 법. 영화는 라고스에서 기업을 운영하는 자본가 홀러웨이 집안의 생활상을 보여준다. 그중에서도 다른 부유층과 경쟁적으로 부를 과시하기 위해 여는 크고 작은 사교 모임들이 낯설게만 느껴진다. 아무리 가난한 이와 부유한 이가 공존하는 것이 자본주의의 부정할 수 없는 현실일지라도, 흥청망청 소비하는 데 급급하며 남들에게 보여주려 안달 난 라고스의 부유층 이야기는 어쩐지 보기 껄끄럽기까지 하다. 하지만 놀리우드가 이들의 과도한 향락을 방관할 리 없다. 지나친 소비로 결국 파산한 홀러웨이 집안은 부유층의 허울뿐인 사치와 허례허식으로 삶의 허망함을 보여준다. 그렇다고 쉽게 무너지진 않는다. 홀러웨이 일가는 그간 소원했던 가족 관계를 회복하여 이전보다 더욱더 단단해진 가족애를 보여준다. 이러한 가족 간 연대를 통해 가세가 기울어도 다시 일어날 수 있다는 희망의 메시지까지 은근슬쩍 내보이며 말이다.

남아공 선시티에서 정의를 구현한 나이지리아 젊은이들
<선시티에서의 10일>

라고스의 화려한 일상과 나이지리아 지방 사람들의 라고스 진출에 관한 생각을 엿볼 수 있는 또 다른 영화가 있다. 미인대회에 참가하기 위해 라고스에 입성한 비앙카와 그녀의 남자 친구이자 매니저 역할을 자처하는 아크포스. 그들은 잠시 지인의 집에 머물며 미인대회를 준비하지만, 라고스에서 성매매 알선으로 성공한 지인의 부도덕한 생활상에 문화적 충격을 받으며 실망한다. 그런 중에 미인대회에서 우승한 비앙카는 나이지리아 최대 화장품 회사의 광고 모델로 발탁되어 남아공 선시티로 열흘 동안 해외 촬영을 떠난다. 오랜 시간 꿈꿔왔던 라고스에서의 성공을 증명이라도 하듯, 비앙카 커플은 들뜬 마음을 숨기지 못한다. 하지만 그녀를 최고의 스타로 만들기 위해 전폭적인 지원을 아끼지 않을 것처럼 행동하던 회장이 어느새 돌변하고, 자신의 지위를 이용해 스스럼없이 '갑질'을 자행한다. 이러한 부조리한 상황에서 벗어나기 위해 비앙카와 아크포스는 어설프지만, 과감한 저항에 나선다. 악한 마음을 품은 자는 반드시 응징해야 하는 법. 회장은 자신이 가진 경제 자본과 사회적 위치가 영생을 보장해 주지 않는다는 사실을 미처 깨닫기도 전에, 오로지 자신의 꿈을 향해 돌진해 온 젊은이들 앞에 무릎을 꿇는다. 결국, 돈으로도 살 수 없는 정의만 살아남아 선시티에서의 10일을 마무리한다.

'올로투레'가 더는 허용되지 않는 삶

〈더 리치 라고시안〉과 〈선시티에서의 10일〉은 전체적으로 밝은 분위기 속에서 권선징악 서사 구조를 따른다면, 앞서 소개한 모 아부두가 설립한 에보니라이프의 첫 영화 〈올로투레〉는 나이지리아의 어두운 면을 사실적으로 보여준다. 영화는 도시의 뒷골목, 어둠이 내려앉은 거리, 그리고 그곳에서 벌어지는 은밀한 거래를 중심으로 흘러간다. 다소 생소한 영화 제목인 올로투레는 요루바어로 '인내endurance'를 뜻한다. 누가 무엇을 그리도 참아내야 했을까?

영화는 2014년 나이지리아의 저널리스트 토보레 오부오리Tobore Ovuori가 탐사 보도하여 공론화된, 마피아와 결탁한 라고스의 인신매매 실상을 보여준다. 그리고 대서양 연안에 자리한 라고스, 그중에서도 매립지 위에 세워진 신도시의 번잡스러움을 사실적으로 그려낸다. 특히 어지러운 도시의 야경과 뒤엉킨 윤락가의 모습은, 그곳을 취재하기 위해 매춘부로 위장 취업한 주인공 에히의 부적응만큼이나 어색하다. 그녀는 평범한 남성들의 유흥부터 정치인들의 은폐된 사교 모임까지 공공연하게 이루어지는 성매매 현장을 맞닥뜨리며 매우 혼란스러워한다. 그리고 이러한 은밀한 이야기가 비단 라고스에서 그치는 것이 아니라 종국에는 나이지리아를 벗어나 유럽으로 떠나려는 국제적인 인신매매에 연루된 사실도 드러난다. 끝끝내 여성의 몸은 가난 앞에 속절없이 무너진 가족들을 살릴 유일한 도구가 될 수밖에 없는지 씁쓸한 생각이 들 뿐이다.

취재 현장인 밤거리에서 에히를 구제할 겸 종종 중간보고를 받던 편집장은, 연락이 끊겼던 에히를 다그치다가 "올로투레"를 나지막이 내뱉는다. 진정으로 참아야 하는 이가 누구인지 알지 못한 채, 참을 수 없는 라고스의 밤을 온전히 풀어내지 못하는 답답함이 영화를 짓누르고 있다. 기댈 가족 하나 없는 고아이거나, 부모가 있더라도 부양해야 할 책무를 떠안은 여성들은 문자 그대로 가진 것 하나 없이 오로지 몸으로 세상에 내던져진다. 그들은 브로커에게 1인당 1200달러를 지불하고도 여권이나 비자를 받을 수 없는 처지였다. 이러한 연유로 조직에서 군림하는 남성들의 폭압적인 언행뿐만 아니라 A-B-C 그룹으로 나누어 망측한 예행연습을 할 때 그 누구도 숨소리조차 낼 수 없었다. 산전수전 겪으며 케냐나 남아공 위조 여권으로 국경을 넘으려는 여성들의 처절한 몸부림이 극에 달할 때면 '저렇게까지 해야 하나'라는 생각이 들지도 모르겠다. 하지만 이들은 스스로 조직적인 국제 인신매매에 가담하며 오직 나이지리아를 떠나 이탈리아로만 가면 지금보다 나아질 거라는 불투명한 미래에 매달릴 수밖에 없어 보였다.

영화는 이러한 사회문제가 비단 나이지리아에만 국한된 것이 아니라 세계적으로 여성 인권이 취약한 곳에서 현대판 노예제로 벌어지고 있다고 고발한다. 국제노동기구ILO에 따르면, 성매매는 어느 가난한 나라의 변두리에서 일어나는 것이 아니라, 조직적으로 성행하며 관련 자금 규모는 1500억 달러 정도에 이른다. 그중 3분의 2 정도에 해당하는 990억 달러는 성 착취를 목적으로 한 불법 거래로, 아프리카 대륙 곳곳에서 연간 1억 5000만 달러 규모의 인신매매가 암암리에 이루어지고 있다. 결국 가난이라는 굴레가 젊은 여성들을 인신매매의 표적으로 내몬 것이다. 행복한 결말로 마무리할 수 없었던 영화는, 천신만고 끝에 나이지리아 국경을 넘는 여성들을 태운 버스가 멀어지는 장면으로 끝난다. 이는 돈벌이를 목적으로 단순히 자신의 몸을 파는 행위에 쉬이 노출되는 도시 외곽 소녀들의 미래를 보여주는 것만 같다. 거기에는 끊임없는 성착취에 신체적 학대와 정신적 억압이 뒤따르지만, 그 누구도 인신매매의 비인간적이고 불법적인 측면을 알려주지 않는다. 가난은 이토록 참을 수 없는, 올로투레가 허용되지 않는 삶의 전반을 짓누르고 있다.

놀리우드에서 찾은 아프리카의 미래

농업과 광업 등 1차 산업 의존도가 높은 나이지리아의 경제구조를 고려할 때 놀리우드 영화 산업은 나이지리아 젊은이들에게 새로운 형태의 일자리를 제공하며 사회적·경제적으로도 긍정적인 결과를 낳고 있다. 현재 농업 분야 다음으로 약 100만 명 이상이 영화 제작에 종사하고 있고, 향후에도 관련 엔터테인먼트 산업의 고용이 늘어날 것으로 전망되기 때문이다. 나아가 급속도로 증가하는 청년 인구와 도시화 추세에서 놀리우드는 나이지리아 경제 다변화의 주요 동력이 될 것으로 보인다. 따라서 석유 부국, 보코하람과 같이 단편적이고 부정적인 이미지를 벗어던지고 아프리카의 문화 강국으로 손꼽힐 나이지리아의 미래가 머지않았다고 감히 말할 수 있을 것이다.

문화적 차원에서 글로벌 영화 유통을 이야기할 때, 더 이상 중심부-주변부 논리로 단순화할 수 없게 되었다. 물론 여전히 미국, 프랑스, 영국, 이탈리아 등 소수 국가가 세계 70여 개국에 영화를 수출하며 지배적인 역할을 하고 있지만, 놀리우드는 일방적인 문화 전파의 한계를 극복하는 대표적인 사례라 할 수 있다. 이를 통해 언어의 유사성과 지리적 근접성으로 설명되어 온 대중문화 콘텐츠의 흐름이 미디어 기술 발달과

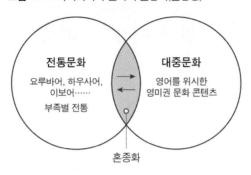

그림 11-1 나이지리아 문화의 혼종화(혼종성)

전통문화
요루바어, 하우사어,
이보어……
부족별 전통

대중문화
영어를 위시한
영미권 문화 콘텐츠

혼종화

전 세계 수용자의 문화적 취향에 따라 다변화되고 있음을 알 수 있다. 나이지리아 요루바족 출신으로 1986년 아프리카 흑인 최초로 노벨 문학상을 받은 월레 소잉카Wole Soyinka와 서두에 언급한 2020 그래미 수상자 버나보이의 사례가 이를 증명한다. 이들은 자신들의 다양한 언어, 부족에 기반한 전통문화, 영미권 문화 요소를 적절히 수용해 나이지리아 색을 띤 혼종적 문화를 창출하고 있다(〈그림 11-1〉 참고). 세계 어디든 혼종성을 띠지 않는 대중문화가 없는 만큼, 놀리우드 영화 역시 OTT 시장을 활용하여 범아프리카를 넘어서는 발판을 마련해 가고 있다.

우리나라 역시 나이지리아의 문화적 잠재력에 주목하여 2010년 한-나이지리아 수교 30주년 기념하여, 사하라 이남 아프리카 도시 중 유일하게 나이지리아의 수도 아부자에 한국문화원을 설립했다. 2020 그래미상 후보로 나란히 국제 무대에 우뚝 선 BTS와 버나보이를 이정표 삼아 향후 우리나라와 나이지리아 사이의 활발한 문화 교류를 기대해 본다.

#놀리우드 #넷플릭스 #그래미 #버나보이 #아프로비트(Afrobeat)

아프리카의 삶을 바꾸는 교육

가난을 극복하는 배움

영화 〈바람을 길들인 풍차 소년(The Boy Who Harnessed the Wind)〉(2019), 〈어부의 딸(The Fisherman's Diary)〉(2020), 〈퍼스트 그레이더(The First Grader)〉(2010)
배경 국가 말라위, 카메룬, 케냐

너희들은 염소가 얼만지 아니 (몰라 몰라) 아프리카에선 염소 한 마리, 4만 원이래. (싸다) 하루에 커피 한 잔 줄이면 한 달에 염소가 네 마리. …… 아프리카에선 염소 덕분에 학교 간단다.

다소 유치해 보이는 이 텍스트는 한국의 인디 여성 듀오 '옥상달빛'이 작사·작곡한 동요 「염소 4만 원」의 가사다. 이들은 아프리카 봉사활동을 다녀온 후 실제 느낀 대로 곡을 썼고, 이 곡은 초등학교 교과서 중 나눔, 이웃 사랑, 생명 존중의 가치를 다루는 단원에 실려 있다. 한국의 초등학생들에게 아프리카 아이들은 가난 때문에 학업을 포기해야 한다는 편견을 조장할 수 있지만, 귀에 감기는 리듬과 쉬운 노랫말로 우리보다 약한 이들과 어떻게 협력할 수 있을지 고민하게 만든다. 노랫말처럼 아프리카의 아이들은 학비가 없어서, 가계를 책임져야 해서, 먼 길을 걸어 학교까지 갈 여건이 되지 않아서 기본적인 교육조차 포기하고 노동 현장에 투입되기도 한다. 특히 교육 인프라가 갖춰지지 않은 교외 지역의 경우 상황이 더욱 열악하다. 영화 〈바벨〉의 두 형제(17장 참고)처럼, 학교에 가는 대신 가족들의 생계 수단인 염소를 몰고 온종일 야생동물의 위협으로부터 염소를 지켜내는 일과를 반복할 수도 있다. 따라서 누군가가 이 굴레를 끊어내지 못한다면, 아이들의 염소 몰이는 대물림될지 모른다.

가난을 넘어서

아프리카를 에워싼 가난이라는 굴레. 아프리카를 규정하는 독보적인 이미지 중 하나인 가난은, 앙상한 팔다리를 늘어뜨리고 매달 일정 금액의 기부를 호소하는 어느 NGO 단체의 모금 광고 속 모습만은 아니다. 또한, 가난하지 않은 아프리카인들도 있기에 "아프리카는 가난하다"라는 명제가 반드시 참일 수는 없지만, 실제로 아프리카의 상당수 국가가 가난한 것은 사실이다. 유엔 경제사회위원회ECOSOC 산하기관인 개발정책위원회CDP: Committee for Development Policy는 인적 자원, 경제적 취약성, 1인당 국민소득을 기준으로 3년마다 최빈국LDCs: Least Developed Countries, 다시 말해 지속 가능한 개발에 심각한 구조적 문제를 겪고 있는 저소득 국가를 발표한다. 최빈국 46개국(2021년 2월 기준) 중 33개국이 아프리카 국가들이다.

그중에서도 빈곤의 문제는 사하라 이남의 급격한 기후 변화와도 관계가 있다. 크리스천 퍼렌티Christian Parenti의 책『왜 열대는 죽음의 땅이 되었나』에서 논의한 것처럼 열대지방이 더 가난하다는 사실은 오래전부터 국제사회의 이슈였다. 특히 농업과 같은 1차 산업 의존도가 높은 아프리카 국가들은 자연환경에 직접적인 영향을 받기 마련이다. 예컨대 가뭄은 단순히 비가 덜 온다는 수준에 머무는 것이 아니라, 관개시설이 갖춰지지 못한 지역에서는 농작물 경작이 녹록지 않아 식량이 제한적이므로, 온 식구가 생계를 위해 무슨 일이라도 해야 한다는 것을 뜻이며, 약탈이 성행한다는 의미이기도 하다. 그러므로 아이들이 학교에 다니는 것은 사치다. 기후 변화가 '불편'한 것이 아니라 생활의 근간을 송두리째 바꿀 수도 있다는 것이다.

말라위의 풍차를 위하여

말라위는 동남부 아프리카에 위치한, 한반도의 절반 크기의 작은 내륙국이다. 여느 아프리카 국가들과 마찬가지로 영국 식민지를 겪고 1964년 독립했다. 그리고 인구의 약 85%가 농업에 종사하여, 앞서 언급했듯이 작은 기후 변화에도 국민들의 생계와 국가 경제가 휘청거리는 취약국이라 할 수 있다. 이웃 나라인 모잠비크, 탄자니아와 아프리카에서 세 번째로 큰 호수를 공유하고 있지만, 국토 대부분이 농사에 적합하지 않은 마르고 척박한 땅이다. 그런 말라위에 엎친 데 덮친 격으로 2001년 심각한 가뭄이 발생했다. 접경국인 모잠비크는 홍수로 수재민이 발생하는데, 말라위 마을 곳곳에서는 비를 기원하는 주술 의식이 행해졌다. 농작물 경작 용수는커녕 마실 물조차 부족한 상황에서 건조한 모래바람까지 불어와 주민들의 건강 상태까지 악화되고 있었다.

그림 12-1 말라위

〈바람을 길들인 풍차 소년〉은 말라위에 가뭄이 한창이던 2001년, 만 14살의 나이에 고철로 풍차를 만들어 마을을 구한 윌리엄 캄콰바William Kamkwamba에 대한 이야기다. 영화는 크게 다섯 가지 서사로 흘러간다.

1. Kufesa(sowing, 파종)

윌리엄은 공부보다는 파종에, 학교보다는 경작지에 매일같이 신경을 써야 했다. 비 한 방울 내리지 않아 바싹 말라버린 땅을 넋 놓고 바라보며 이러지도 저러지도 못하는 아버지를 따라다녀야만 했다. 말끔히 교복을 차려입고 학교에 가보기도 했지만, 연 80달러의 학비를 감당할 수 없었다. 게다가 설상가상으로 마을 원로들과 아버지뻘 되는 어른들의 어리석은 판단은 상황을 더욱 어렵게 만든다. 주변 담배 농장에서 건조 공정에 필요한 연료를 조달하기 위해 나무 1톤에 2000콰차kwacha (말라위 화폐 단위)를 제안해 왔고, 극심한 가뭄에 따른 경제난 속에서 마을 사람들은 벌목을 결정한다. 믿기 어렵지만, 나무 1톤에 우리 돈 겨우 2800원 정도(2022년 10월 환율 기준)다. 터무니없는 제안에도 불구하고 당장 가족들을 먹여 살릴 길이 없었던 마을의 가장들은 거절할 이유를 찾지 못했다. 이로 인한 홍수 피해를 모르는 것은 아니었지만, 지금 당장 입에 풀칠하기 위해 자연재해 따위는 생각할 겨를이 없었다. 벌목으로 당장 먹을 식량을 살 돈을 마련하는 형편이니, 장기적인 관점에서 문제에 대한 근본적인 해결책을 제시하거나 고민하는 사람은 없었다. 그렇게 말라버린 땅에 쭉정이 같은 씨앗만 심고 있었다.

2. Kukula(growing, 재배)

메마른 땅은 농작물 뿌리까지 흔들리게 했다. 한 해 농사가 실패한다는 것은 한 마을이 1년 동안 먹을 식량을 확보하지 못한다는 뜻이었다. 무엇보다 농업 의존도가 높은 말라위의 경제구조로 인해 작물 재배를 위한 수자원을 확보하는 것이 중요하다. 하지만 건조기후가 계속되니 한쪽에서는 홍수가, 한쪽에서는 가뭄으로 경제 상황이 무너져 가고 있었다. 이러한 민중의 삶을 아는지 모르는지, 자신의 잇속을 채우는 데 급급한 정부는 주민의 삶은 내팽개치고 오로지 재선에만 열을 올렸다. 그리고 대통령 후보 연설장에서 비상식량 확보를 요구한 족장은, 말 그대로 두들겨 맞았다. 모랫바닥에 쓰러져, 경호 인력을 가장한 대통령의 오른팔들에 의해 저항 한번 하지 못하고 나뒹굴었다. 가뭄으로 국민들의 속은 타들어 갔고 정부의 폭력적인 대응에 무력감까지 더해져 현실은 참혹해졌다. 제대로 된 민주주의를 경험해 보지 못한 윌리엄의 아버지는 외면할 수 없는 현실 앞에 "민주주의는 수입한 카사바(고구마와 비슷한 아열대 작물)와 같아서 금방 썩는다"라고 읊조린다. 이제는 족장도, 대통령도 그 누구에게도 의지할 수 없게 되었다.

3. Kukolola(harvest, 수확)

결국 극심한 가뭄으로 윌리엄 가족이 얻은 것은 60일 치 정도의 옥수수뿐이었다. 이 정도 수확량으로는 윌리엄의 학비와 누나의 대학 등록금은커녕 다섯 식구의 끼니도 제대로 해결할 수 없다. 설상가상으로 모든 상황이 악화된다. 도서관에서 도둑 공부를 하던 윌리엄은 급기야 학교 울타리 밖으로 쫓겨나고, 자신의 대학 진학이 현실적으로 불가능해지자 누나 애니도 마을을 떠나려 한다. 여기에 식량 공급이 수요를 충족시키지 못하자 곡물 가격이 천정부지로 치솟고, 정부에서 제공하는 식량도 굶주린 마을 사람들을 모두 먹이기엔 턱없이 부족했다. 벼랑 끝에 몰린 마을 사람들 사이에 신뢰와 평화는 깨지고, 이웃의 곳간을 털고 서로의 것을 빼앗는 무질서 상태가 되었다. 그 와중에 윌리엄의 아버지는, 비상식량 확보보다 자신의 정권 유지에 혈안이 된 정부를 규탄하는 야당 집회에 참석하여 가족 모두를 위험에 빠뜨리기도 한다. 이런 총체적 난국 속에 뚜렷한 방안을 찾지 못한 사람들은 진짜 '배고픔'의 상황에 놓인다.

4. Njala(Hunger, 굶주림)

극심한 가뭄 앞에 그들이 할 수 있는 일은 조상 대대로 해온 주술 행위뿐이다. 하루에 한 끼를 겨우 먹으며 간신히 곡기를 유지하고 있지만, 마을 사람들은 비가 내리게 해달라는 기도만 하고 있었다. 이는 비단 윌리엄 가족이 거주하는 윔베Wimbe 마을에만 국한된 것이 아니다. 실제로 말라위 전체가 기아에 허덕이고 있다. 영양 결핍 인구, 저체중 발육 부진 아동 비율, 영유아 사망률을 기준으로 국제식량정책연구소IFPRI가 산정하는 말라위의 세계기아지수GHI: Global Hunger Index는 2000년 43.2로 위험 단계(35~49.9)였다. 하지만 제도적인 개선과 개발원조로 인해 GHI는 점차 감소했다. 2020년에는 22.6을 기록하며 심각 단계(20~34.9)로 내려와 전체 107개국 중 80위를 차지했다. 상황은 호전되는 듯하지만, 말라위와 같이 기후 위기 취약국은 사막화의 가속화로 식량 안보 위기, 생계 불안정, 국가 경제 파탄 등과 같이 예견된 상황에 놓일 가능성이 크다. 영화에서 볼 수 있듯이, 식수 부족뿐만 아니라 생계를 꾸려갈 경작이 불가능해지면 국민들은 사지로 내몰린다. 이들이 국가의 충분한 지원을 받을 수 없고, 관개시설을 개선할 수 있는 기술 교육이나 인프라가 부족하면 가뭄은 곧 가난으로 대물림된다. 그리고 무엇보다 여성과 아이와 같은 취약층은 더욱 무방비 상태에 노출될 것이다. 가난이 사람들을 절망에 빠뜨리고, 그것을 빌미로 약탈과 폭력의 길로 들어서면 국가 전체의 안보가 위협받는다는 사실은 불 보듯 뻔한 일이다.

결국, 등록금 미납자로 학교에서 쫓겨난 윌리엄은 주경야독할 등유마저 살 수 없는 상황을 어떻게든 바꾸기 위해서, 그리고 당장 굶어 죽지 않기 위해서 어려운 도전을 결심한다. 우연히 과학 선생님의 자전거에 달린 라이트를 보며 동력의 원리를 짐작한 윌리엄은 도서관에서 먼지 쌓인 책 한 권을 찾아 독학한다. 이후 메마른 땅에 공급할 지하수를 끌어올리기 위해 동력원으로 풍차가 필요하다고 아버지에게 호소한다. 그러나 바람으로 전기를 만든다는 제안이 아버지의 귀에 들어올 리가 없었다. 특히 대대로 조상에게 비를 기원하는 주술적 관습에 익

숙한 윌리엄의 아버지에게 아들의 제안은 귀신 쎗나락 까먹는 소리일
뿐이었다. 온 마을이 말라붙어 볍씨 하나 키워내지 못하는 와중인데
말이다. 하지만 윌리엄은 우는 목소리로 애원한다. 풍차의 골격을 만
들기 위해 아버지 자전거가 필요하다고, 큰 날개를 돌릴 만한 자전거
틀이 있어야 양수기도 가동할 수 있다고. 오직 자연에 기대어, 세대를
거듭하여 살아온 방식을 깨는 것이 이렇게나 힘들다. 내 가족이, 내 이
웃이 굶어 죽어나가는데 그 생각의 틀을 깨려는 사람은 윌리엄뿐이다.

5. Mpepo(Wind, 드디어 바람)

마침내 윌리엄은 12미터에 달하는 풍차를 세웠고, 가뭄의 단비와도
같은 물을 이랑 사이사이로 흐르게 했다. 반신반의했던 마을 사람들도
벼랑 끝에서 구세주를 만난 것과 다름없었다. 그 구세주 윌리엄이 2007년
에는 TED 무대에 올라 대중을 향해 자신의 경험담을 진술하게 이야기했
다. 무일푼의 10대 소년이 학교 도서관의 미국 교재 『에너지 사용Using
Energy』으로 바람을 길들여 마을도 살리고, 자신도 살아갈 힘을 얻은 사연
을 공개했다. 다트머스대학에서 환경학 학위를 받은 윌리엄이 말했다.

"나는 시도했고, 해냈습니다."

이는 아프리카 사람들이 가뭄이라는 위기에 맞서 '스스로' 고민하고,
도전하고, 성취한 대표적인 사례로, 오늘날 개발 협력 전략에 많은 시
사점을 던진다. 선진국에서 제조한 세련된 풍력 발전기를 일방적으로
설치해 주는 것보다 아프리카 사람들 스스로 기후 변화에 대응할 수 있
도록 기술 전수 및 교육의 기회를 제공하는 것이 지속 가능한 개발 협

력의 한 방법일 것이다. 여전히 아프리카에는 교육의 사각지대에 놓인 아이들이 많기 때문이다.

펜 대신 그물만 잡아온 어부의 소망

카메룬의 작은 어촌 멘첨Menchum. 이른 아침부터 마을 사람들이 갓 잡아 올린 물고기를 사고팔기 위해 강가로 모여든다. 솔로몬도 선대부터 지금까지 어부로 일하며 생계를 이어오는 사람 중 한 명이다. 그런 솔로몬에게 학교란 어부들이 가서는 안 되는 곳이었다. 특히 여자는, '어부의 딸' 에카는. 그는 에카의 엄마이자 자신의 아내 바버라가 학교

그림 12-2 카메룬

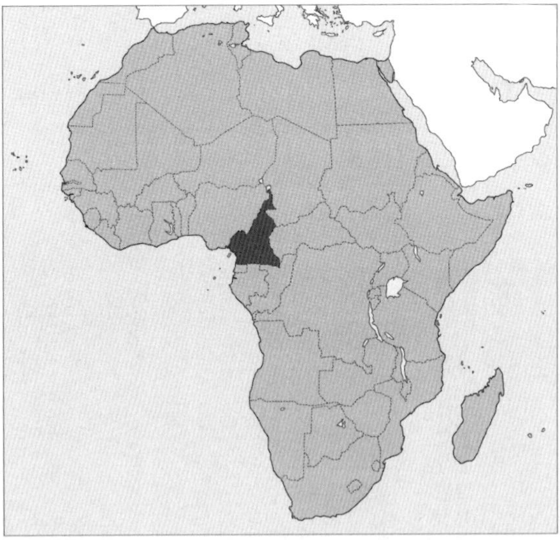

에 다닌 후부터 정신이 나갔다고 믿었다. 바버라는 "문맹은 광기의 형제"라고 주장하며 글을 읽고 쓰지 못할 뿐 아니라 '바지'라는 단어 하나 제대로 발음하지 못하는 남편 솔로몬을 종종 무시했기 때문이다. 이러한 아내의 언행으로 학교는 곧 머리에 광기를 심어주는 곳이라는 근거 없는 솔로몬의 믿음이 더욱 확고해졌다. 그물 손질부터 빨래, 요리, 아빠의 목욕물 데우기까지 시키지도 않은 집안일을 다 해내는 하나뿐인 딸이 학교를 가고 싶다고 하자 채찍질할 만큼, 그에게 교육은 그저 절대 악이었다. 여자들이 살림살이를 내려놓고 책과 펜을 들면 결국 남편을 무시하고 옷차림이 단정하지 못하게 된다는 단순한 생각들. 에카를 가르침의 길로 인도하려 했던 비비 선생님의 말씀처럼, 무지의 대가는 혹독했다. 마을 사람들 역시 어부인 아버지를 알뜰살뜰 챙기며 야무지게 생선을 파는 에카가 학교에 가지 않아야 한다고 생각했다. 자신들의 바람에 저항하는 에카를 멈출 수 있는 유일한 방법은 12살 아이를 시집보내는 방법뿐이라 믿는 사람들이다.

어부의 딸, 에카의 일기를 완성하기 위하여

솔로몬과 마을 남자들의 기대와 달리 에카는 엄마가 남긴 메모를 부여잡고 있다. 자유의 여신상과 같은 포즈를 취한 말랄라 유사프자이 Malala Yousafzai의 초상화와 흘날려 쓴 엄마의 흔적.

"아이 한 명, 선생님 한 명, 책 한 권, 펜 한 자루면 세상을 바꿀 수 있다. 남자 하나가 세상을 파괴할 수 있다면, 여자 하나가 세상을 바꿀 수도 있지 않겠나?"

파키스탄 출신 여성 운동가인 말랄라는, 본국에 거주하던 시절 여성들에게 동등한 교육권을 주장하며 탈레반에 저항하다 총상을 입었다. 당시 만 15살이었다. 치료와 안전을 위해 가족과 영국으로 이주, 아동과 여성의 교육받을 권리를 내세운 지 2년 만인 2014년 최연소 노벨 평화상을 수상하고 2020년엔 옥스퍼드대학에서 철학·정치·경제를 전공하여 학위를 받았다. 말랄라 자신은 평범하지 않은 10대를 보냈지만 한결같은 목소리를 낸 덕분에, 전 세계의 '평범한' 삶을 살아가고 있던 아동들이 주목을 받게 되었다. 생계를 이유로 학교에 가지 못한 채 착취와 다를 바 없는 노동 현장으로 내몰렸던 아이들의 삶은 결코 평범한 것이 아니라는 문제의식을 일깨워 주었다. 이것이 탈레반이 10대 소녀 말랄라에게 총을 겨눈 이유다. 그들은 자신들의 무력 투쟁에 동원할 수 있는, 아무런 비판 의식 없이 총칼을 쥘 수 있는 어린 병사들이 필요했다. 이를 위해선 정규 교과과정보다는 무장단체의 사상 교육이 절실했기에, 탈레반에게 학교는 오히려 노동력과 전투 요원을 앗아가는 기관일 뿐이었다. 에카를 둘러싼 모든 이들이 그랬다. 에카 곁에는 아이의 총명함을 일찍이 알아차린 비비 선생님이 있었다. 그녀는 교육에 야박한 환경 탓에 12살의 나이에 걸맞지 않은 삶을 살아가는 에카를 다른 길로 인도하고자 사활을 걸었다.

마침내 에카가 대학 최우수 졸업생이 되어 연단에 섰다. 잃어버릴 뻔했던 자신의 이름 '다이애나 에카'를 당당히 내세우며, 소망과 상상 속에 갇혀 있던 공부에 대한 자신의 열망을 이루어냈다. 에카는 "세상에는 두 가지 힘(칼의 힘과 펜의 힘)이 있다"라는 말랄라의 말에 '여성의 힘'을 보탠다. "많이 늦진 않았어요." 너무 늦은 때란 없을지라도, 교육 기회조차 박탈당한 여성들이 이제라도 문지방을 넘어설 수 있는 용기를 심어주는 것이 바로 우리가 해야 할 일이 아닌지 반문해 본다. 그 용기를 낸 말라위의 윌리엄, 카메룬의 에카가 있다면, 동아프리카 케냐에는 세상에서 가장 나이가 많은 초등학교 1학년이 있다. '배우고 싶은' 열망 덕분에 용기를 낸 할아버지다.

배움 앞에 나이가 문제일쏘냐

자신의 허리 높이에 간신히 닿을 정도의 여덟 살 아이들 틈에 84세 할아버지 키마니 마루게Kimani Maruge(1920~2009)가 서 있다. 바로 최고령 초등학교 입학으로 기네스북에 등재된 케냐의 실존 인물, '퍼스트 그레이더'다. 2004년 케냐의 한 라디오에서 흘러나온, 누구에게나 무상교육을 제공free education for ALL한다는 정부 정책을 들은 마루게는 주저하지 않고 학교로 향했다. "당신을 위한 자리가 아니"라고 힐난하는 학교 관계자와 마을 사람들에게 그저 읽고 싶은 자신의 배움에 대한 열망을 하나의 권리로 증명해 낸다. 사실 마루게 할아버지는 영국에 맞서 싸운 케냐의 독립투사였다. 그는 교도소에서 죽음을 넘나드는 고문을 당했고, 기나긴 독립 투쟁 중 영국군에게 가족들의 목숨을 내주어야 했다. 마침내 케냐는 해방되었지만, 마루게 앞으로 온 읽지 못하는 편지한 장이 독립운동의 트라우마로 남아 그를 짓누르고 있었다. 영국이라는 제국에 짓밟혀 목소리를 내지 못한 채 긴 세월을 보낸 마루게 할아버지는 오직 그 편지를 스스로 읽어내고 싶었다. 그뿐이었다.

케냐는 1895년 영국의 보호령이 되었다. 무엇을 '보호'하려 했는지 그 의도는 여전히 의문점이 남지만, 제국주의 시절 어느 지배자들과 마찬가지로 영국은 케냐 땅에 백인들을 이주시키고 본국에 경제적 이익을 안겨줄 만한 사업을 펼쳤다. 〈아웃 오브 아프리카〉의 카렌의 커피 농장이나 〈사랑이 지나간 자리〉의 코코아 농장처럼 말이다(2장 참고). 하지만 2차 세계대전이 끝나고 국제 정세가 혼란기에 접어들자 독립 투쟁이 곳곳에서 일어나기 시작했다. 케냐도 예외는 아니었다.

1950년대 케냐의 다수 민족인 키쿠유족을 중심으로 참정권 확대를 요구하는 목소리가 커지기 시작했다. 이들은 영국의 식민정책에 따라 케냐 땅으로 밀고 들어온 백인 정착민에게 조상 대대로 살아오던 땅을 빼앗기고 고지대로 쫓겨난 아픔을 누르고 살아왔다. 하지만 여러 가지 악조건 속에서도 농업과 상업에 종사하던 키쿠유족은 백인들이 점령한 자신들의 땅을 되찾기 위해 '케냐 토지 자유군'으로 나서며 무장 투쟁인 마우마우Mau Mau 운동을 주도한다. 이것이 바로 케냐 독립운동의 시작이다. 백인 정착민에게 케냐 중부의 비옥한 땅을 내어주고 강제 이주당해야 했던 키쿠유 소작농들은 1952년부터 1962년까지 치열하게 저항했다. 이때 마우마우단이 게릴라전을 벌이자 영국은 잔혹한 탄압으로 대응했다. 그 결과, 마우마우 요원들을 포함하여 수만 명의 케냐인이 사망했고, 16만 명이 수용 시설에 감금되어 숱한 고문과 구타를 견뎌야 했다. 오늘날까지 의견이 분분한 마우마우단의 공식 사망자 수에 의미를 두기보다 케냐의 완전한 독립에 이바지한 독립투사의 결의를 되새겨 봐도 좋을 것이다. 영국이 국가 비상사태를 선포하고 대대적인 탄압을 벌일 때에도 오직 조국의 독립을 위해 맞선 케냐인들이 수만 명이었다는 사실은, 제국의 횡포에 수동적이지 않았던 식민지 아프리카의 면모를 보여준다.

"우리는 과거로부터 배워야 한다. 잊어서는 안 된다. 더 나아져야 한다."

그래서 영화를 보는 내내 마루게 할아버지가 꼭 그 편지를 읽어내길 바랐다. 배움을 포기하고 나라의 독립을 위해 기꺼이 목숨을 바치려 했던 독립투사에게, 보상금 몇 푼보다는 읽고 쓰는 기쁨이 훨씬 클 것이기 때문이다. 힘겹게 독립을 이루어낸 우리가 누구보다 그 심정을 잘 알 것이다. 다행스럽게도 케냐는 1963년 영국으로부터 독립한 후, 저항운동의 지도자 조모 케냐타Jomo Kenyatta가 초대 대통령으로 취임했다. 마우마우단이 무장투쟁 단체라는 이유로 영국 식민지 정부 말기에 단행된 정치 개혁에 참여하지 못했기에 그의 대통령 취임은 남다른 의미가 있다. 이러한 변혁의 동인이 바로 그 시절 케냐의 독립을 이끈 수많은 마루게 할아버지 덕임을 인지하고, 선대가 일군 역사에 큰 빚을 진 케냐의 후속 세대들이 배움을 향한 할아버지의 용기에 큰 박수를 보냈기를 바라본다. 하쿠나 마타타Hakuna matata(동아프리카에서 널리 쓰이는 스와힐리어로, '문제없다'라는 뜻)! 사막에서든 강가에서든, 여자든 남자든, 노인이든 어린 아이든 모두에게 평등한 교육 기회로 아프리카가 도약하길!

함께 읽으면 좋은 책!

- 『왜 열대는 죽음의 땅이 되었나: 기후 변화와 폭력의 새로운 지형도(Tropic of Chaos: Climate Change and the New Geography of Violence)』(2012). 크리스천 퍼렌티 지음, 강혜정 옮김, 미지북스.

#교육 #기후 변화 #사막화 #농업 #마우마우 #조모 케냐타

Part III

아프리카의 내일

미래를 짓는 아프리카

• 13 •

아프리카와 손을 맞잡을 수 있는 용기

도움을 주는 자와 받는 자의 경계 허물기

영화 〈하르툼 공방전(Khartoum)〉(1966), 〈부활〉(2020), 〈울지마 톤즈〉(2010), 〈머신건 프리처(Machine Gun Preacher)〉(2011), 〈아프리카의 부처(Buddha in Africa)〉(2019)
배경 국가 남수단, 말라위

1994년 케빈 카터^{Kevin Carter}에게 퓰리처상과 함께 국제사회의 비판을 동시에 안겨준 사진 〈독수리와 소녀^{The Vulture and the Little Girl}〉(1993)는 오늘날 남수단의 아요드 마을에서 촬영한 것이다. 누구를 위한 싸움인지 알 수 없는 내전이 한창이던 메마른 마을 어귀에서, 앙상하게 뼈만 남은 소녀가 모랫바닥에 주저앉아 있고 그 곁에는 소녀의 몸집만 한 독수리가 아이를 지켜보고 있다. 이 사진은 수단의 참상을 세상에 알리는 계기가 되었지만, 보도 사진의 윤리 문제가 도마에 오르며 비판을 받기도 했다. 비록 우리는 강렬한 그 사진 한 장이 '수단'이라는 나라에서 일어난 내전의 상흔이라는 사실을 인지하지 못하고 그저 아프리카의 기근을 대표하는 상징적인 이미지로 기억하고 있지만 말이다.

'가난한' 아프리카

아프리카가 문신처럼 새기고 있는 가난. 앞서 소개했듯이 유엔 산하 기관 개발정책위원회의 최빈국 목록 46개국 중 32개국이 아프리카에 있다. 이들의 소득 수준은 세계은행이 발표한 하루 1.9달러 이하로 생계를 꾸려가는 빈곤선에도 미치지 못한다. 이러한 경제적 빈곤은 인간의 건강 및 보건과도 직결된다. 〈그림 13-1〉의 검은 점으로 표시된 아프리카 국가들은 GDP와 수명의 상관관계를 나타내는 그래프에서 상당수가 저소득 국가로 짧은 수명을 보인다.

그렇다면 아프리카의 빈곤은 왜 해결되지 않고 악순환되는 것일까?

그림 13-1 GDP와 수명의 상관관계(2019)

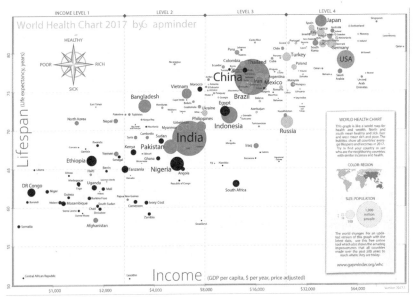

자료: 세계건강도표 www.gapminder.org/whc.

여러 가지 원인이 있겠으나 통치 세력의 부패를 거론하지 않을 수 없다. 유엔의 최빈국 리스트에 포함된 아프리카 국가들은 공교롭게도 세계은행과 IMF가 운영하는 HIPC^{Heavily Indebted Poor Countries}(과다채무빈곤국) 이니셔티브 목록에 대다수 포함된다. 이는 무엇을 의미할까?

우선 2차 세계대전 이후 수십 년간 이어진 원조, 투자 등 선진국들의 지원에도 불구하고 아프리카 대부분 국가의 재정 상태는 매우 형편없다. 이는 경제개발을 위한 기반시설뿐만 아니라 교육, 보건 등의 사회 인프라 개선에 투입할 여력이 부재하다는 사실을 의미한다. 예컨대 공공 기반 프로젝트에 투입되어야 할 돈이 부패한 세력의 호주머니에 흘러 들어간다. 부패로 인해 '사회적 신뢰'가 무너진 국가의 공무원들은 제한된 생산성에서 이익을 극대화하기 위한 '지대추구 행위'에 몰두한다. 그 결과 선진국들의 재정적 지원은 휘발성이 강한 쌈짓돈으로 변질되고 경제 발전에 따른 조세 수입으로 연결되지 못한다. 또한, 투자 환경 역시 개선되기는커녕 더욱 악화되어 성장 잠재력까지 저해하는 악순환이 발생한다. 2011년 이후 글로벌 자원 가격 상승에 따른 높은 경제성장률을 보인 일부 자원 부국들 역시 소수의 선택받은 자들을 제외하고 여전히 국민 대다수는 빈곤에 처해 있다.

그렇다고 부패한 지도자들이 이러한 사실을 모르는 것은 아니다. 부패의 결과가 경제적 악순환(빈곤)이라면 부패의 원인은 권력투쟁에 있다. 부족이나 종교적 갈등에 따라 정치적 양극화가 극심하거나 내전으로 정세가 불안한 국가의 정치 지도자들은 대개 이러한 행태를 보인다. 그들은 정적에 대한 이데올로기적 증오를 만들어내고 숱한 교전으로 국토를 황폐화한다. 또한, 추종 세력의 충성심 유지 및 전쟁 비용을 충당하기 위해 자원 개발을 독식하려 한다. 이 과정에서 인도적 위기가 빈번히 발생하고 국가의 성장 잠재력은 더욱 악화된다. 결국, 불안한 정세에 처한 국가일수록 국가의 부패지수는 높을 수밖에 없고, 결과적으로 경제 발전은 더욱 요원해진다. 이러한 상황이니 앞서 국제기구들이 설정한 채무, 빈곤, 부패 등 각종 부정적 지표의 교집합에 대부분의 아프리카 국가들이 포함될 수밖에 없다.

수단도 마찬가지다. 1989년 무혈 쿠데타로 정권을 잡은 직업군인 출신의 오마르 알 바시르Omar al-Bashir 전 수단 대통령은 2019년 4월 또 다른 군인 출신인 국방부 장관에게 군부 정권을 빼앗길 때까지 30년간 독재를 이어왔다. 바시르 정권 이전에도 수단은 오랜 시간 내전에 몸살을 앓았던 터였다. 1차 수단 내전(1955~1972)과 1973년 10월 욤 키푸르 전쟁 그리고 2차 수단 내전(1983~2005)까지 일어나 걷잡을 수 없는 혼돈이 지속되었다.

바시르 정권은 수단을 이슬람 전체주의에 입각한 일당 체제로 전환했고, 이에 비판적인 여론을 형성하는 언론을 철저히 통제했다. 아마도 그는 영국의 지원을 받아 이집트가 수단을 식민 지배하려고 하자 온전히 이슬람 중심으로 국정을 운영하려 한 듯하다. 하지만 지도자의 과욕은 수도 카르툼을 테러리즘의 온상으로 만들었다. 예컨대 오사마 빈라덴과 같은 악명 높은 테러리스트가 알카에다를 조직하여 수단에서 훈련했고, 레바논의 헤즈볼라, 가자에 기반을 둔 반이스라엘 무장단체인 하마스와 같은 조직들도 수단으로 몰려들었다. 그래서 한때 바시르는 '이슬람 십자군'으로 추앙받기도 했지만, 9·11 테러를 일으킨 빈라덴을 비호한 테러지원국으로 지목되어 27년간 미국의 경제제재(1993~2020)를 받아 수단의 정치적·경제적 혼란은 지속되었다.

수단 내의 이러한 이슬람 근본주의는 제국주의 시대에도 유행한 것이었다. 고전 영화 〈하르툼 공방전Khartoum〉(1966)은 자신을 마흐디(구원자)로 선언하고 오스만 튀르크, 영국, 이집트의 간섭에 맞선 무함마드 아마드Muhammad Ahmad와 당시 수단의 정세를 보여준다. 1881년부터 1899년까지 이어진 마흐디 운동Mahdi movement은 영국의 지원으로 수단 북쪽 지역을 장악하려던 이집트에 저항하기 위한 수단의 몸부림이었다. 저항의 큰 골자는 이슬람으로의 회귀였고, 운동을 주도한 세력은 외세에서 벗어나 수단의 진정한 자유와 독립을 쟁취하고자 했다. 하지만 19세기 후반 이슬람 저항운동이나, 바시르가 주창한 이슬람 전체주의 모두 수단을 온전히 세우는 데 큰 힘을 발휘하지 못했다. 결국, 정치와 종교를 분리하지 못한 채 독재와 극단적 이슬람으로 악을 강화한 리더십은 수단에 대한 국제사회의 외면을 자초했다. 특히 독재자들이 군림하던 시기 아프리카의 여느 국가들이 겪은 만성적인 경제 상황 악화와 기근으로 황폐해진 수단에 국제기구와 세계 각국의 지원이 대폭 축소되었다. 그리고 끝없이 반복되는 내전(7장 참고)으로 정부뿐만 아니라 서로가 서로를 믿지 못하는 상황에 이르자 국민들은 실의에 빠졌다. 긴 투쟁 끝에 2011년 마침내 국민투표로 독립한 남수단도 마찬가지였다. 내전의 트라우마를 치유하지 못한 채 그저 살아내고 있는 것이다.

이제는 울지 않을 톤즈를 위하여

문자 그대로 남수단의 '오지'에서 현지인들과 손을 맞잡고 눈을 맞추기 위해 기꺼이 자신의 무릎을 꿇은 한국인이 있다. 갑작스러운 한 사람의 부재가, 그가 떠난 지 10여 년이 넘도록 인구 1만 7000명 남짓한 남수단 톤즈 마을 사람들에게 어떠한 울림으로 남아 있는지 보여주는 이야기의 주인공, 바로 고故 이태석 신부다.

〈부활〉 초반부에는 이태석 신부 선종 10주기 추모식에 모인 톤즈 마을의 봉고족, 딩카족, 루어족 등이 그들만의 방식으로 떠난 이의 빈자리를 채운다. 이따금 서로 티격태격하지만, 추모식에서만큼은 마음을 모아 신부님을 향한 그리움을 몸짓과 노랫말로 승화한다. 아마도 그는 흩어진 이들을 한자리에 모으는 재주가 있었던 것 같다. 남수단 톤즈에서 성직자, 의사, 밴드 지휘자로 살아온 이태석 신부님의 삶을 담은 〈울지마 톤즈〉가 한국 영화 최초로 바티칸에서 상영(2011.12)되어 바티칸 주재 성직자와 외교 관계자들을 한자리에 모았고, 또한 톤즈 근처에 흩어져 살던 한센인들의 효율적인 의료 관리를 위해 라이촉이라는 마을로 그들을 결집시키기도 했다. 이는 수단 내전(1983~2005)의 총성이 울리는 와중에도 이태석 신부만의 방식으로 전쟁을 이기는 사랑의 한 단면이었다. 평화를 위해 2001년 살레시오회 소속으로 톤즈에 부임하여 2010년 1월 14일 48세의 일기를 마칠 때까지 말이다.

그는 살아생전 톤즈의 아이들에게 "너는 미래에 특별한 사람이 될 것"이라는 희망의 씨앗을 심어주었다. 경제적 지원도, 배움의 기회도 부족했던 아이들에게는 공허한 외침일 수 있었다. 발전주의자들이 아프리카 땅에 "너희도 우리의 방식을 따르면 언젠가 우리처럼 잘살게 될 것"이라고 주문을 걸었던 것처럼. 하지만 이태석 신부의 방식은 달랐다. 톤즈 아이들 개개인의 잠재력을 자극하여 스스로 성장하는 힘을 길러주기 위해 책과 악기를 손에 쥐여주었다. 하마터면 무분별한 총격전에 희생되거나 참담한 현실에 주저앉아 내일을 상상하지도 못하고 오늘만 간신히 살아갈 아이들이었다. 그뿐만 아니라 이태석 신부는 가족에게조차 버림받은 한센인들의 제각각인 발을 흰 종이에 대고 하나하나 그려나갔다. 평생 가질 수 없었던 신발을, 일그러져 버린 발 모양 그대로 맞춤 신발을 제작하기 위해서였다. 나균으로 발가락 끝부터 뭉뚝해지기 시작한 한센인들의 발 모양은 그 누구 하나 같지 않았다. 이러한 사실에 누구보다 마음 아파한 신부는 거동이 불편하여 변변한 일자리를 구할 수 없는 주민에게 일감을 주고 폐타이어로 한센인의 신발을 하나하나 만들도록 했다. 이게 바로 이태석 신부가 남수단의 슈바이처 그 이상이라 감히 말할 수 있는 이유다. 그는 의술로 치료하는 전문의면서 동시에, 환자들의 상처받은 마음과 주변 이들과의 어울림까지 보듬어줄 수 있는 헌신과 배려가 뼛속까지 배여 있는 사람이었다.

톤즈의 여성 교육도 이태석 신부의 노력으로 많은 변화를 겪었다. 사실 톤즈는 여전히 전통 부족사회의 전형적인 조혼과 일부다처제 풍습이 성행하고 있었다. 게다가 딸을 시집보내면 소 여러 마리를 받을 수 있기에 여아 선호사상이 만연했다. 친정에서 일손을 도우며 자란 여자아이는 어린 나이에 결혼하여 상대 집안의 넘치는 살림을 감당해야 하는 평생 가사노동자인 동시에, 친정에는 재산을 늘려주는 일종의 물건처럼 여겨졌다. 대부분의 톤즈 어머니들은 "우리 딸만은 나와 같은 삶을 살지 않길 바란다"라고 이야기하지만, 세습되는 가난 앞에 속절없이 어린 딸은 학업을 포기하고 이웃집 소떼들과 교환되었다. 여기에는 악습의 유해함을 전통이라 믿고 지키려는 가장들의 고집을 꺾지 못하는 환경 탓도 컸다.

이태석 신부가 톤즈 아이들과 꾸린 브라스밴드의 창단 멤버였던 아순타Assunta Achok도 마찬가지였다. 2019년 가을 이화여대 공대를 졸업하기까지, 이역만리 한국으로 대학 교육을 받으러 간 딸을 포용하지 못한 아버지와 갈등을 빚는 등 우여곡절이 있었지만, 지금은 모국으로 돌아가 여성 운동가로 활동하고 있다. 아순타뿐만 아니라 40~50명에 달하는 이태석 신부의 제자들이 의사와 약사가 되어 남수단의 턱없이 부족한 의료진 수급을 채우고 있고, 무엇보다 낮은 자세로 먼저 손잡아주는 사랑을 실천하고 있다. 다른 듯 닮아 있는 제자들의 공통된 바람은 이태석 신부의 발걸음을 따라 자신이 나고 자란 남수단과 지역 커뮤니티를 살리는 일이다. 그의 행적을 밟아나간 아이들이 각 분야의 리더로 자라 새로운 싹을 틔우고 있기에, 톤즈는 더 이상 울지 않을 것이다. 비록 남수단 유엔 공보실에서 지역 언론인으로 활동하고 있는 덩치 큰 사내 아투아이가 이태석 신부와의 시간을 되짚으며 끝내 눈물을 쏟아냈지만, 그것은 차라리 총을 녹여 만든 악기들을 연주하여, 총소리로 몸서리치던 톤즈를 음악 소리로 덮어버리자고 이야기했던 모두의 바람이 추억으로 남은 탓이다.

이태석 신부의 유산은 톤즈 마을에만 한정되는 것이 아니다. 현재 남수단 축구 국가대표팀을 맡고 있는 임홍세 감독은, 남수단 독립 이래 여러 번의 우승을 끌어냈고 2019년 경주에서 열린 국제 유소년 축구대회U-12에서는 호주를 상대로 4 : 1 압승을 거두며 스포츠 분야에서 이태석 신부의 역할을 이어가고 있다. 그는 영화 속 인터뷰에서 이태석 신부로부터 받은 영감과 축구 감독으로서 자신의 사명감을 남수단에 돌려주겠다고 스스럼없이 이야기한다. 다른 이들을 섬기는 서번트 리더십servant leadership의 대명사였던 이태석 신부가 뿌린 또 하나의 씨앗이라 할 수 있다. 이것이 바로 이태석 신부의 일화가 남수단 사회 교과서에 실린 것이나, 선종 10주기에 받은 남수단 대통령[살파 키르 마야르디트(Salva Kiir Mayardit)] 감사장과 교육부 훈장으로는 전부 설명할 수 없는 사랑이라 할 수 있다. 그는 아프리카에 만연한 가난이 아닌, 웃음 서린 사랑의 대물림을 실천했다.

마을 공동체에는 웃음을, 꿈을 현실로 빚어가는 제자들 한 명 한 명에게는 통곡에 가까운 그리움을 남긴 이태석 신부를 기리며 톤즈의 아이들은 그가 잠들어 있는 전라남도 담양 천주교 공원에서 끝내 울고 말았다. 묘비에는 다음과 같은 성경 구절이 적혀 있다.

너희가 여기 있는 형제 중에 가장 보잘것없는 사람에게 해준 것이 바로 나에게 해준 것이니라(「마태복음」 25 : 40).

〈울지마 톤즈〉와 〈부활〉을 통해 종교적인 차원을 넘어선 강렬한 메시지를 읽을 수 있다. 이는 확신과 자신감에 찬 한 사람의 격려가 뒤따르는 이들에게 어떤 영향을 미칠지 가늠하게 한다. 특히 낮은 곳에 있는 이들에게, 가난한 이들에게, 경험이 부족한 이들에게, 혹은 단지 나보다 운이 조금 나빴던 이들에게 우리가 해야 할 일이 무엇일지 두 편의 영화를 통해 다시금 생각하는 시간이 되길 바란다. 그리고 어른이 된 톤즈의 아이들이 되뇌는 "Father is good man"이라는 말을 통해 국제 개발 협력의 단서가 '선한 영향력'임을 잊지 말아야 한다. '착한 선진국'으로서의 한국형 발전 모델도 현지 문화를 존중하는 마음이 앞서야 더 빛을 발할 수 있음을 염두에 두어야 할 것이다.

총을 든 선교사의 남다른 사랑의 실천

이태석 신부와 조금은 다른 방식으로 사랑을 실천하기 위해 총을 든 백인 남자 샘 칠더스Sam Childers가 있다. 국제사면위원회Amnesty International 보고에 따르면, 남수단과 북부 우간다 접경지대에서 세를 형성하고 있는 조지프 코니Joseph Kony와 그가 이끄는 신의 저항군L.R.A.: Lord's Resistance Army은 40만 명을 사살하고 4만 명의 어린이들을 유괴했다. 아이들은 잦은 고문에 시달리고 강간을 당하는 등 온갖 수모를 겪은 후 L.R.A.의 소년병이 되거나 성노예로 팔려간다고 한다.

이에 〈머신건 프리처〉의 샘은 아이들이 이러한 위험에 빠지지 않도록 '백인 선교사'로서 이들을 구해내고 지켜낸다. 넉넉하지 않은 형편 탓에 황량한 모래밭에 보육원과 놀이터, 운동장을 지어 아이들에게 울타리를 제공해 주지만, 유괴된 아이들을 구조해 오는 매 순간 총질을 할 수밖에 없는 그는 딜레마에 빠진다. 그러나 아이들을 데려올 수만 있다면 폭력적 행위라도 서슴지 않겠다는 일념으로 지금까지 무력으로 대응하고 있다. 아이들을 살리기 위해 누군가를 죽음으로 내몰아야 한다는 사실은 논란의 소지가 있다. 그럼에도 불구하고 총을 든 선교사이길 선택한 샘의 행보가 남수단의 고통받는 아이들을 구원하는 방법이 될 만큼 그곳의 상황은 절박한 순간이 많다. 이러한 사정을 잘 알기에 이태석 신부와 샘 칠더스를 동일 선상에 두고 누구의 방법이 옳은 것인지 재단할 수는 없다. 두 경우 모두 사랑을 실천한 것이 틀림없기 때문이다.

말라위로 들어간 부처의 차이나프리카

아프리카 남동부의 작은 나라 말라위에 이른 새벽부터 염불 외는 소리가 울려 퍼진다. 인구의 약 82.8%가 기독교, 13%가 이슬람교를 믿는 말라위의 종교적 구성(2022년 기준)을 고려했을 때 낯선 풍경이 아닐 수 없다. 무슨 연유로 말라위에 부처가 나타난 것일까?

2019 EBS 국제다큐영화제EIDF 상영작인 〈아프리카의 부처〉는 주인공 에녹 벨로(중국 이름 알루)의 시선을 따라간다. 에녹은 대만 출신인 후이리Hui Li 스님이 말라위에 세운 보육원 ACCAmitofo Care Centre에서 생활하는데, 여섯 살 때 이곳으로 왔다. 아미타불의 중국어 음역인 아미토포Amitofo는 영원한 빛이라는 뜻인데, 제도권 교육을 받지 못하는 아프리카의 고아들을 구제하는 역할을 자처한다. 하지만 이야기가 전개될수록 기관의 공식적인 이름과 홈페이지에 게시된 소개글, "인류애와 교육이라는 기치 아래 아프리카 로컬 문화를 기반으로 아프리카 고아들에게 중국 문화와 불교 철학을 전수"한다는 데 의문을 품게 된다.

우선 ACC에 모인 아이들은 실제로 고아가 아닌 경우가 많다. 농경 기반 경제활동을 하는 시골 마을의 부모들이 교육을 위해 아이들을 보육원으로 보내버리는 것이다. 그곳에 가면 끼니 걱정 없이 공부할 수 있고, 심지어 중국으로 유학도 갈 수 있기 때문이다. 에녹도 그렇게 보육원으로 보내진 아이 중 한 명이었다. 하지만 가족들의 온기와 흙빛 가득한 익숙한 공간을 떠나 낯선 중국어와 불교 의식 속에 살아가는 것은 쉬운 일이 아니다. 특히 이제껏 경험해 보지 못한 문화권에 대한 고정관념이 진입 장벽이 되기도 한다. 말라위로 대변되는 아프리카 내 중국(인)에 대한 인식은 아이들의 독백이나 대화에 고스란히 담겨 있다.

중국인들은 아이들을 잡아먹는다는 오해나, 더 많은 상품을 팔려고 일부러 저가의 질 낮은 상품을 판매한다는 '메이드 인 차이나'에 대한 비판이 노골적으로 드러난다.

ACC의 말라위 아이들은 철저히 관리된다. 모두 스님이 지어준 중국 이름으로 불리고, 학교에서는 말라위 공용어인 치체와어와 전혀 다른 한자를 공책에 눌러쓰며 중국어 수업을 듣는다. 보육원의 중국인 중 그 누구도 아이들에게 치체와어로 대화를 시도하지 않는다. 가족과 떨어져 처음으로 기관에 입소해 울음을 터뜨린 아이에게조차 중국어로 "배고프니?"를 반복할 뿐이다. 기관 내에서는 불교식 채식주의 식생활을 하며 불교 사상에 따라야 한다. 그렇게 해야만 후원이 끊이지 않는다는 것이 후이리 스님의 설명이지만, 정작 '누구'를 위해 기관을 운영하는 것인지 모르게, 그에 대한 배려가 전혀 없다. 이것이야말로 20~30년 만에 세계 2위의 경제 강국이 된 중국이 스스로 자랑해 마지않는 중화사상이다. 모든 것을 중국화하려는 전략이다. 무엇보다 아이들은 짜인 시간표에 따르고, 무술 훈련을 받으며 체력 단련을 빙자한 후원 공연을 연습한다. 말라위 아이들을 비롯해 원조의 수혜자인 아프리카 곳곳이 왜 수동적일 수밖에 없는지 생각하게 만드는 장면들이다.

훈련받은 아이들은 정기적으로 ACC 지부가 있는 세계 주요 도시를 순회하며 무술 공연으로 보육원 운영 자금을 모금한다. 후원 공연에 동원되는 말라위 아이들은 남루한 의상을 입고 구걸에 가까운 퍼포먼스를 펼치는데, 가난을 극복하기 위해 가난을 극화하는 기가 막힌 현실이라 할 수 있다. 우리는 〈아프리카의 부처〉에 담긴 일화를 통해 공적 개발원조에 관여하는 공여국과 수원국의 관계, 그리고 그 본질에 대해 고민하게 된다. 마지막까지 대만으로의 유학을 망설였던 에녹의 한마디가 개발 협력이 안고 있는 과제를 보여주기 때문이다. 유년 시절 대부분을 말라위 속 작은 중국에서 보낸 에눅은 조국 말라위를 정확히 알지 못한다고 고백한다. 보육원 밖 진짜 말라위에 부딪쳐 본 적이 거의 없기에, 자신의 부족인 야오족의 말을 간신히 알아듣기만 할 뿐 오히려 중국어로 말하는 것이 익숙해져 버렸다. 또한 무슬림으로 나고 자랐지만, 하루 다섯 번 메카를 향해 기도하기보다 사위가 어두운 새벽녘부터 염불을 외고 쿵푸 훈련하는 것이 몸에 뱄다. 말라위인으로서 자신의 정체성을 잃어버린 에눅이 대만 유학을 마친 후 어떠한 삶을 살아갈지, 마음가짐은 어떠할지 궁금해진다. 그간 사람들은 원조의 공여자는 그저 일방적으로 도움을 주는 자선단체쯤으로, 수여자는 도움이 절실한 불쌍한 이들로 주로 생각해 왔기에, 에눅은 원조를 받기 위해 자신의 뿌리를 지워야 했을 것이다.

후이리 스님은 "진리란 무엇인가?"라고 질문을 던진다. 그가 설파하는 부처의 진리는, 세상은 끊임없이 변한다는 것이다. 영원한 것은 오직, 모든 것이 변한다는 사실뿐. 하지만 무엇이 아프리카를 가난의 굴레에 머무르게 하는지, 모든 세계가 변화무쌍한 나날들을 보내고 있는데 왜 아프리카만 제자리걸음인지 고민할 수밖에 없다. 이처럼 정체된 가난의 세월이 오늘날 원조 정책이 추구하는 '지속 가능한 개발'의 동력이 되고 있다. ACC를 이탈하며 문제를 일으킨 한 아이에게 후이리 스님이 다그치며 이렇게 말한다.

"말라위가 왜 이 모양인 줄 아니? 책임감 없고, 자기밖에 모르고, 미래도 없고, 그저 노는 것만 좋아하는 너 같은 애들 때문이야."

결국, 반복되는 가난은 '우리(중국)'가 도움을 줘도 여전히 능력 미달인 '너희(말라위)' 때문이라는 것이다. 발전주의자들이 저개발국가를 비난해 온 방식과 똑 닮아 있다. 그저 악화가 양화를 구축하지 않도록, 그것을 구분하는 지혜와 스스로 양화를 만들어내는 능력을 키워주는 것만이 우리가 할 일이다. 말라위를 시작으로 ACC는 모잠비크, 에스와티니, 레소토에서 약 4000명의 고아를 돌보고 있다. 이들이 중국 중심적인 사고를 탈피해, 만들어진 고아가 아닌 진정으로 교육의 사각지대에 놓인 아이들에게 기회를 줄 수 있을지 지켜봐야 할 것이다. 코로나 팬데믹이 이어지고 있는 현재, 인도와 남아시아 패권을 놓고 '백신 외교' 경쟁을 펼치고 있는 중국은 아프리카의 짐바브웨와 적도기니(2021년 2월기준 각각 20만, 10만 회분)에 백신 무상 지원을 공식화했다. 이는 백신확보에 어려움을 겪고 있는 아프리카 국가를 지원하며 타국의 위기를 시진핑 정부의 일대일로 프로젝트의 기회로 활용한 것으로, 차이나프리카ChinAfrica의 정수를 보여주는 것이라 할 수 있다. 교육 보장이든, 백신을 통한 보건 위기 극복이든 아프리카를 위한 '기회'들이 시혜자의 잇속을 채우는 신제국주의 전략은 아닌지 생각해 볼 때다.

함께 읽으면 좋은 책!

• 『죽은 원조(Dead Aid)』(2012). 담비사 모요 지음, 김진경 옮김, 알마.
• 『아프리카, 미필적 고의에 의한 가난: 아프리카는 왜 아직 가난한가?』 (2020). 윤영준 지음, 지식과감성.

#이태석 신부 #남수단 의사 #개발 협력 #선교 #차이나프리카(ChinAfrica)

• 14 •

아프리카 여성으로 살아가기

이중으로 억압된 자들의 도전

영화 〈요푸공의 아야(Aya de Yopougon)〉(2012), 〈아잘리(Azali)〉(2018), 〈기쁨의 도시(City of Joy)〉(2016), 〈데저트 플라워(Desert Flower)〉(2009)
배경 국가 코트디부아르, 가나, 콩고민주공화국, 소말리아

사하라 이남 아프리카 여성의 삶은 어떨까? 서아프리카 코트디부아르의 아비장(1983년까지 수도였던 코트디부아르 최대 도시. 현재 수도는 야무수크로)을 배경으로 한 〈요푸공의 아야〉의 젊은 여성 아야, 아주아, 빈투는 여느 청춘들과 다름이 없다. 의사를 꿈꾸는 아야는 학업과 일상생활이 올곧고, 아주아와 빈투는 이성과의 애정 전선에 에너지를 쏟는 왈가닥 여성들이다. 이는 프랑스에서 제작된 애니메이션이지만, 1970년대 코트디부아르에서 태어나 유년 시절을 보낸 작가의 고향에 대한 기억이 서려 있어 그들의 평범한 일상을 엿볼 수 있다. 1960년 프랑스에서 독립한 코트디부아르는, 초대 대통령인 펠릭스 우푸에부아니^{Félix} ^{Houphouët-Boigny} 대통령의 집권하에 아비장이 '서아프리카의 파리'로 불릴 만큼 경제성장의 황금기를 보냈다.

애니메이션은 본격적인 상업화의 상징으로 1978년 TV 광고가 처음

그림 14-1 코트디부아르

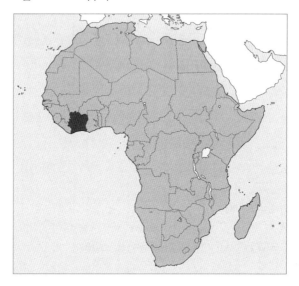

으로 송출되던 모습, 와자지껄한 전통 시장을 오가는 낙천적이고 소탈
한 코트디부아르인들의 모습을 보여준다. 또한, 자신의 꿈을 좇는 가운
데 현실적인 문제에 고민하고, 사랑 앞에 울고 웃는 만국의 젊은 여성
들의 삶과 다를 바 없는 코트디부아르의 세 여성을 재현한다. 하지만
안심하기는 이른데, 아프리카의 다른 한편에는 아야나 그녀의 친구들
과 달리 굴곡진 길 위에 선 여성들이 있다. 예컨대 전통적 가치를 중시
하는 풍토에 따라 남존여비 사상이 짙게 깔린 지역도 있고, 이슬람이라
는 종교성으로 제한된 삶을 살아가는 경우도 있다.

　이러한 환경에서는 교육 시스템에서 배제되어 단순노동 현장에 투
입되거나, 가난과 내전의 도구가 되어 인간의 존엄성은 생각조차 할 수
없는 처지가 되기도 한다. 하지만 모든 여성이 이러한 현실에 낙담하여

수동적인 삶을 택하는 것은 아니다. 그들은 어떻게든 자신의 고통을 대물림하지 않으려고 용기를 낸다. 오늘의 고통은 오늘로 충분하기를, 우리 세대가 겪어야 했던 불합리한 현실은 우리 세대에서 끝나기를. 아프리카 여성들이 작은 걸음을 내딛기 시작했다.

끝없는 가난에 갇힌 소녀

가나 북부 빈민가에 사는, 영화 〈아잘리〉의 주인공 아미나는 생계를 위해 시장에서 어머니와 곡물을 팔거나 낡은 슬리퍼를 신고 먼 길을 걸어 물을 길어 와야 하는 고단한 삶을 살아가고 있다. 게다가 노쇠한 외할머니와 아들로 태어났다는 이유만으로 나태한 일상이 몸에 밴 삼촌까지 돌보며 모든 노동은 아미나 모녀의 몫인 듯하다. 이들 모녀에게 '내일'이라는 단어는 존재하지 않고, 생각할 여유조차 없어 보인다. 영화 내내 옅은 미소 한 번 보이지 않은 아미나의 어두운 표정을 떠올려 보면, 소녀의 짧은 생에 드리운 가난의 그림자가 얼마나 짙었는지 감히 상상도 할 수 없다.

그러던 어느 날, 이웃 나라인 부르키나파소로 일자리를 알선하는 브로커가 찾아오고, 아미나에게 자신보다 나은 삶을 살게 해주고 싶었던 엄마는 망설인다. 주저하는 엄마에게 끝이 보이지 않는 가난에도 자존심을 세우느냐는 주변 사람들의 비아냥거림은, 10대 아미나의 삶이 가난으로 불편해지는 것이 아니라 불행해질 수 있다는 사실을 감춰버린다. 결국, 지폐 몇 장을 건네받은 엄마는 아미나가 집을 떠나가는 뒷모습을 보며 차마 마지막 손 인사조차 하지 못한다. 그렇게 '팔려간' 아미

그림 14-2 가나(짙은 음영 부분), 부르키나파소(옅은 음영 부분)

나는 인신매매의 구렁텅이에 빠져들기 전 가까스로 목숨을 부지해 보육원으로 보내진다. 집으로 돌아가길 간절히 원한 아미나는 보육원 친구들과 함께 수도 아크라로 도망치지만, 시장에서 허드렛일을 하거나 매춘부로 일하여 간신히 집세를 내는 신세가 된다. 노동의 가치는 처참했다. 가나인들이 주식으로 먹는 뿌리 식물 얌yam이 시장에서 5~6세디 (가나 화폐 단위로, 한화로 약 1000원)에 판매되는데, 아미나는 20세디(약 4000원)에 몸을 내주어야 했다. 가난은 이토록 냉혹하다. 가지지 못한 이들을 벼랑 끝으로 내몰고, 간신히 그 끝을 붙잡고 일순간 위기를 모면하더라도 더 이상 버틸 힘을 주지 않는다.

아잘리Azali는 '영원한, 끊임없는'이라는 뜻을 지닌 아랍어 이름이다. 아프리카 여성으로서 아미나의 끝나지 않을 것만 같은 기막힌 인생을 보여주려던 것일까? 이 영화는 가나 최초의 오스카 국제장편영화상 출품작(92회)이지만, 후보작으로 선정되지는 못했다. 그해 수상작이 봉준호 감독의 〈기생충〉(2019)이라는 점을 상기하면 납득이 간다. 아프리카 저예산 영화로 이야기 전개 방식이나 영상미를 기대하는 것은 어렵지만, 가나의 전통 시장과 더불어 궁핍한 환경에서 더욱 약자일 수밖에 없는 소녀들의 처지를 살펴볼 수 있다.

기쁠 수 없는 도시의 노래

여기 핍박받은 여성들을 치유하기 위한 〈기쁨의 도시〉가 있다. DR콩고 동부 도시 '부카부'에는 절망을 희망으로 치료하는 의사 드니 무퀘게Denis Mukwege와 식민지 당시 벨기에 남성과 콩고 여성의 금지된 사랑의 결실인 크리스틴Christine이 있다. 이들은 이곳에서 강간 피해 여성을 돌본다. 강간이 끊이지 않는 내전의 강력한 무기가 된다는 사실은, DR콩고의 현실이다. 이 모든 것이 DR콩고에서 생산되는 주석, 텅스텐, 금, 콜탄, 코발트 등 광물자원 때문이라고 한다. 차라리 광물이 없었다면 강간도, 민간인 학살도, 희생양에 불과한 소년병도 없지 않았을까 생각하다가도, 이것이 그저 다큐멘터리 소재이겠거니 하며 넘길 일이 아님을 깨닫게 된다.

여성이 전쟁의 도구가 되는 DR콩고 지역의 불안정한 정세는 여성 성착취라는 사회문제를 낳았다. 죽음의 문턱에서 간신히 도망쳐 나온 여성들은 성폭력 생존자라는 사회적 낙인과 동네 사람들의 수군거림으로 일상생활이 마비될 정도다. 개인적으로는 망가져 버린 몸과 마음이, 사회적으로는 편견과 차별의 시선이 여성들의 삶에서 기쁨을 앗아가고 말았다. 그녀들은 정절을 지키지 못했다는 이유로 가부장적 공동체에서 철저히 배제되고 만다.

그와 동시에 HIV(인체면역결핍바이러스)에 노출되어 에이즈AIDS(후천성면역결핍증) 발병 위험성이 높다는 이유로 이들은 사탄으로 낙인찍혔다. 선진국에서는 HIV/AIDS 관련 보건교육으로 병을 예방할 뿐만 아니라, HIV 양성 환자들도 적절한 시기에 약물 치료를 받으면 치사율을 떨어뜨릴 수 있다. 전 세계 HIV 양성 환자 약 3800만 명(2020년 기준) 중 70%가 사하라 이남 아프리카 국가들에서 발생하고 있지만, 치료는 소수 상류층에 한정된다. HIV는 1930년대 카메룬 남동부 밀림 지대에서 침팬지와 같은 영장류를 통해 인간에게 감염된 것으로 추정된다. 이 바이러스가 콩고강을 따라 오늘날 DR콩고의 수도 킨샤사로 유입되며 도시화와 함께 급속도로 퍼져나갔다. 그리고 오늘에 이르기까지 아프리카 대륙에서 에이즈 감염이 줄어들기는커녕 코로나 팬데믹(2020) 속에서 오히려 HIV 양성 환자가 증가하는 등 보건 환경은 개선될 여지가 없어 보인다. 이처럼 에이즈를 통제하는 데 여러 가지 이유가 복합적으로 작용하여 어려움을 겪고 있다.

우선 〈기쁨의 도시〉에서 드러나듯, 여성이 전쟁의 도구가 되며 정부군과 반군의 민간인 여성 강간과 민병대원들의 지역 이동으로 바이러스는 거미줄처럼 퍼져나간다. 그리고 대부분의 아프리카 여성들은 피임 도구 사용을 상대방에게 요구하지 못한다. 피임 교육을 제대로 받지 못한 탓도 있지만, 무엇보다 남편에게 피임을 요구한 대가가 가정 폭력으로 돌아오는 경우가 많기 때문이다. 더 나아가 남성 할례(포경수술)를 통해 HIV 감염 가능성을 낮출 수 있다는 연구 결과에도 불구하고 의학

그림 14-3 에스와티니(옛 스와질랜드)

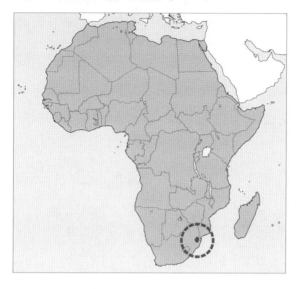

적 처치를 전적으로 거부하거나, 포경수술만으로 완벽한 피임이 가능하다는 잘못된 정보를 맹신하는 등 상황은 나아질 기미가 없어 보인다. 여기에 일부다처 풍습과 성관계를 주술적으로 해석하는 미신까지 더해져 가부장적 전통 사회에 머물러 있는 교외 지역은 위험에 노출될 확률이 더 높다. 세계 에이즈 감염률 1위로 성인의 약 27%가 감염자인 에스와티니가 이를 뒷받침한다. 1986년부터 장기 집권 중인 음스와티 3세 국왕은 왕비 13명을 거느리고 있고, 매년 처녀들의 성인식을 가장한 축제를 벌이거나 성관계 경험이 없는 젊은 여성들에게 매달 일정 금액을 지불하는 정책을 수립하기도 했다. 하지만 사회 내에 만연한 피임에 대한 안일한 태도와 본능적인 성적 충동을 제어하지 못해 무부분별하게 성생활을 하는 경우도 많다. 내전이나 팬데믹과 같은 극단적인 상황 속에 여성들은 가정 안팎에서, 도구화될 수밖에 없다. 이처럼 가난과 질병은 함께 온다. 입에 풀칠하기 위해 돈이 되는 일은 무엇이든 하려는 사람과 이를 악용하는 집단의 이해관계가 맞아떨어져 에이즈와의 전쟁은 계속되고 있다.

사막에서도 꽃은 피어나고

아프리카의 여성 할례와 인권은 오래된 문제다. 여전히 세계 곳곳에서 자행되는 명예살인(혼전 성관계 및 결혼 계약 위반 등 가족의 명예를 훼손하는 경우 정당화하는 살인 행위)과 함께, 여성의 자주성과 독립성이 철저히 배제된 할례가 종교적·사회 관습적 이유로 계속되고 있다. 여성 할례는 여성의 성기 절제FGM, Female Genital Mutilation를 말한다. 이는 여성의 성기를 훼손함으로써 성욕을 표출할 수 없는 정숙하고 순결한 상태로 남성에게 종속된다는 의미를 내포한다. 이때 전문적인 의료진과 의약품이 사용되는 일은 거의 없다. 일명 할례를 관장하는, 화려한 색상의 스카프를 두른 노파가 집시 여인이라 불리며 마을 곳곳을 돌아다닌다. 그녀는 늘 그래왔듯이, 그리고 자신이 받았던 방식 그대로 마취 없이 어린 소녀들을 고통 속에 몰아넣는다. 감염이나 과다 출혈을 동반한 쇼크에서도 살아남은 아이들의 생존력에 감사함보다는 안타까움이 앞선다. 이렇게 '전통'이라는 미명 아래 어린 여성들은 인권을 유린당한 채 목숨을 내걸고 있다.

'사막의 꽃'이라 할 수 있는 소말리아 출신의 세계적인 모델 와리스 디리Waris Dirie는 다섯 살에 할례를 당했다. 그리고 아이를 낳을 수 있는 가임기 여성이 되자 13살의 나이에 낙타 다섯 마리를 대가로 노인에게

시집보내려는 아버지와 가족들에게서 필사적으로 도망쳤다. 본래 유목민 가정에서 자란 와리스는, 절박한 심정으로 맨발이 피투성이가 되도록 달리다 방목하는 낙타의 젖을 빨아 먹으며 간신히 살아남았다. 할례와 조혼이라는 악습이 와리스의 생을 어떠한 방식으로 관통할지 깨닫기에는 너무 어린 나이였지만, 당시의 삶이 너무 척박했기에 다른 방도가 없었다. 눈, 손과 발이 결박당한 채 집시 여인에게 몸을 내맡겼듯이 온갖 고통을 감내하며 수동적인 삶을 살아내는 것이 바로 와리스 앞에 놓인 삶이었을 것이다. 하지만 당시 주영국 소말리아 대사로 임명된 이모네 가족을 따라 런던으로 이주, 4년 동안 관저 가정부로 일한다. 임기를 마친 후 이모와 함께 본국으로 돌아가지 않고 홀로 런던에 남은 와리스는 맥도널드에서 일하다 우연한 기회에 모델 일을 시작하여 세계적인 모델 반열에 오른다.

자기 고백을 통해 여성 할례를 공론화하여 지금도 그 위험성에 노출된 여자아이들을 구하고자 사회운동을 펼치는 여성이 바로 와리스다. 그녀는 자신이 경험한 할례와 소말리아 탈출, 그리고 모델로서 자아를 찾아간 여정을 『사막의 꽃』(1998)이라는 책으로 펴냈고, 이는 영화 〈데저트 플라워〉로 제작되었다. 그녀의 삶이 온전히 담긴 책과 영화는, 모델이라는 후광을 발판 삼아 할례로 고통받는 세상의 모든 여성을 위해 목소리를 내기로 한 사회활동가로서의 와리스를 보여준다. 실제로 와리스는 영화 속 자신의 아역으로 출연한 사파의 부모에게 할례 금지 서약을 받았지만, 그들은 할례받지 않은 여성들을 바라보는 사회적 시선에서 벗어날 수 없었다. 할례는 여성의 정절을 강조한 신의 명령에 따르는 전통이라는 명목으로, 악령처럼 온 나라를 가로지르고 있기 때문이다.

세계보건기구WHO 발표에 따르면, 여성 할례는 주로 아프리카와 중동 29개국에서 행해지고 있는데, 소말리아, 지부티, 이집트, 에리트레아, 말리, 수단은 80% 이상의 여성들이 할례를 '당하고' 있다. 그중 소말리아는 전체 여성의 98% 이상이 할례를 받은 것으로 조사되었다. 평균 나이 10세의 어린 소녀 약 9800여 명이 매일 할례라는 악습을 경험하고, 살아남더라도 정신적인 충격과 신체적 장애(산과적 누공: 좁아진 구멍으로 인한 배출 이상)를 겪을 수밖에 없다. 이는 건강상의 이득에 기인한 남성 할례와는 전적으로 다르다. 여성 할례는 기본적으로 남성 우월주의 사상에 따라 여성의 성기 일부를 제거하여 성적 쾌락을 느끼지 못하게 함으로써 처녀로서의 순결성을 강제하고 외도를 원천 봉쇄하려는 것이 주목적이다.

이러한 행태가 그들이 그렇게 고수하려는 '전통'일까? 그리고 우리는 전통이 '미개하기' 때문에 그들을 계몽시켜야 한다고 단정할 수 있을까? 우리의 기준으로 그들의 생활 방식에 옳고 그름의 잣대를 댈 수 있는지 조심스러운 가운데, 어떤 결정이든 그들의 생명과 건강을 위협한다면 방관할 수만은 없을 것이다. 사막의 꽃이 된 와리스 역시, 자신의 뿌리인 소말리아 문화의 가치를 무조건 비판하거나 묵살하려는 것이 아니다. 그녀는 메마른 환경에서 자랐기 때문에 비를 감사히 여길 줄 알았고, 공동체 중심의 유년 시절 덕분에 인정 많은 성인으로 성장할 수 있었다. 그러한 애정과 관심으로 할례 반대 운동을 펼치는 것이었다. 강인한 아프리카 여성의 힘으로 이를 극복하면 종국에는 소말리아 사회에 평화를 가져다준다고 믿기 때문이다.

와리스는 할례가 여성들에게 신체적·정신적 트라우마를 남겨 그녀들의 잠재력을 묵살한다고 지적한다. 이는 삶의 결정권이 없었던 자신의 어머니와는 달리, 어쩌면 피해자이기도 한 부모 세대를 넘어 다음 세대

'소말리아에서는 여성 할례가 금지'되기를 염원하는 실천 정신이다. 이를 위해 와리스는 할례를 고수하는 이들의 비난에도, 고국 소말리아뿐만 아니라 국제사회에서 당당히 여성 할례를 반대하는 데 목소리를 높이고 있다. 다수가 침묵할 때, 단 한 사람이라도 용기를 내는 것이야말로 악습이 되어버린 관습을 하나씩 개선해 나갈 수 있는 힘이 될 것이다.

그러나 이는 와리스가 기대하는 것보다 더 오랜 시간이 걸릴 것으로 보인다. 할례가 여성에 국한된 사회문제라면, 아프리카 전반에 팽배해 있는 전통에 대한 맹신이 의료 및 보건 환경 개선과 국민들의 삶의 질 향상을 더디게 한다는 사실이 여실히 드러나고 있기 때문이다. 2020년의 시작과 함께 전 세계가 직면한 코로나 팬데믹. 2021년이 되어서야 백신의 보급이 활발해졌지만, 아프리카 대륙은 여전히 백신의 수급뿐만 아니라 접종도 더디게 진행되고 있다. 보건 전문가들은 13억 명의 아프리카 인구 중 60% 이상이 백신을 접종해야 집단 면역이 이루어질 수 있다고 본다. 무엇보다 일정 수준의 백신 접종이 이루어지지 않으면 보건·경제·교육·사회 제반 분야의 위기가 지속될 것이다.

코로나 팬데믹이 지속되고 남아공발 오미크론 변이가 확산되던 2021년 하반기에도 상황은 정체되어 있었다. 인구가 가장 많은 나이지리아는 전체 인구의 0.1%만이 접종을 완료했고, 탄자니아, 에리트레아, 부룬디, 서사하라 등 일부 국가는 백신을 공급받지 못하고 있다. 백신의 공평한 분배를 위한 COVAX 프로그램을 통해 백신 공급에 박차를 가하고 있지만, 인구 대비 수급률이 낮으며 백신을 보관하고 접종할 수 있는 시설과 인력이 부족한 것도 사실이다. 여기에는 아프리카에 만연한 백신 접종 거부vaccine hesitancy도 한몫했다. 일부 국가는 정부 차원에서 백신 공급을 거부하기도 한다. 안드리 라조엘리나Andry Rajoelina 마다가스카르 대통령은 코로나 치료 약초제인 CVO^COVID-Organics를 전국에 배포하고 인근 국가로의 수출을 장려하기도 했다. 그리고 탄자니아의 존 마구풀리^John Magufuli 대통령은 코로나 관련 통계자료 집계를 중단하는 한편, 천연 약재를 달인 증기 흡입과 같은 민간요법을 고집했으나 2021년 3월 17일 돌연 사망하여 코로나 감염 의혹에 휩싸이기도 했다. 이처럼 백신의 안전성에 관한 정부 발표를 신뢰하지 않는 현상은 서아프리카 지역 5개국(세네갈, 라이베리아, 토고, 베냉, 니제르)에서도 나타나고 있다. 이 국가들의 약 68% 국민이 정부를 불신하고, 이로 인해 열 명 중 네 명 정도만 백신 접종을 할 것으로 예상한 바 있다. 또한, 백신보다는 민간에서 행해지는 전통 의학을 더 선호하는 사회 분위기가 영향을 미친 것으로 보인다.

여기에 이슬람 사회의 문화적 관습인 '인샬라'도 현대 의학의 필요성을 경시하게 하는 한 요인이다. 앞서 살펴보았듯이, 균 감염이 불 보듯 뻔한 여성 할례로 얼마나 많은 이들이 목숨을 잃는지 확인조차 불가능한데도 '신의 뜻대로 산 사람은 살게 된다'는 인샬라 정신이 지배적이다. 생명과 죽음은 오직 신의 손에 달린 것이라는 맹목으로, 코로나 백신 접종이든 할례든, 신이 선택한 죽음의 때로 받아들이는 어리석은 결정을 내리는 것이다. 이러한 환경 속에서 '아프리카 여성'이라는 정체성은 무엇을 의미할까? 지정학적으로 소외된 '아프리카' 출신의, 가부장적인 사회 분위기와 가난으로 인한 교육 불평등의 희생양이 될 수밖에 없는 '여성'들은 이중으로 억압받고 있는 것이 분명하다. 앞으로 더 많은 와리스가 자신의 둥지를 박차고 나와야 하고, 더 큰 목소리로 자신의 이야기를 적극적으로 표출해야 한다. 이는 신의 명령을 거역하는 것이 아님을, 신이 주신 고귀한 생명을 지켜나가는 길임을 널리 알려야 할 것이다.

여성 리더로 아프리카 미래 그리기

모든 아프리카의 여성들이 비극적인 삶을 살아가고 있는 것만은 아니다. 세계경제포럼WEF: World Economic Forum이 여성 노동력의 경제 참여 기회, 남녀 임금 평등, 문해율과 고등교육 진학을 포함한 교육 성취, 남녀 출생 비율과 기대 수명에 따른 건강, 의회의 여성 비율 및 정부 고위급 인사(장관)의 여성 비율과 같은 정치적 영향력을 조사하여 발표한 「세계 성 격차 보고서Global gender gap report」를 통해 아프리카 내 여성의 인권을 가늠해 볼 수 있다. 수치가 1에 가까울수록 성평등지수가 높은데, 아프리카 대륙의 일부 국가는 데이터조차 확보하기가 쉽지 않지만, 놀랍게도 르완다가 세계 6위였다. 한국은 146개국 중 99위라는 점(2022년 기준)을 고려했을 때, 르완다 사회의 젠더 이슈가 궁금할 수밖에 없다.

르완다의 경우 2022년 6월 기준, 의회의 61.3%가 여성이다. 여성의 정치 참여만 놓고 보았을 때 르완다(7위), 남아공(12위), 모잠비크(14위)가 상위권에 포함되어 있다. 참고로, 한국의 여성 의원 비율은 제21대 국회 기준 19%로 현격히 차이가 난다. 사실 여성 의원의 비율이 높은 국가들은 여성 의원 강제 할당제를 시행하고 있는데, 르완다는 선거 후보의 30%를 여성으로 내세워야 한다. 이처럼 입법기관에 여성이 진입할 수 있는 제도적 장치를 마련한다는 것은 상당히 개방적이고 진보적인 자세라 할 수 있다. 여성 엘리트 계층에 대해 호의적인 사회 분위기는 교육의 성 평등을 실현하기 때문에, 적어도 르완다의 아이들은 어린 시절부터 남녀평등이 보장된 환경 속에 자라날 가능성이 크다.

여세를 몰아 2021년 2월, 세계무역기구WTO 출범 이래 나이지리아 출신 응고지 오콘조이웨알라Ngozi Okonjo-Iweala가 첫 여성 사무총장으로 선출되었다. 오콘조이웨알라와 함께 결선에 올랐던 또 다른 후보가 한국인 여성(산업통상자원부 통상교섭본부장 유명희)이었던 터라 기억하는 이들이 많을 것이다. 25년간 세계은행에서 근무한 재무·경제 전문가 오콘조이웨알라는 코로나 팬데믹 상황 속에 백신 개발 및 지원에서 소외된 빈곤국의 공중 보건 문제를 공론화할 전망이다. 아프리카 출신 흑인 여성이라는 편견을 지우고 오른 국제기구의 수장으로서 오직 자신의 전문성으로 여성 리더의 모범이 되어주길 바란다. 그래야 그녀를 뒤이을 수많은 여성이 단순노동과 음지에서 벗어나 학교로, 책상 앞으로 당당히 나앉을 수 있을 것이다.

함께 읽으면 좋은 책!

- 『요푸공의 아야(Aya de Yopougon)』(2011). 마르그리트 아부에 지음, 클레망 우브르리 그림, 이충민 옮김, 세미콜론.
- 『사막의 꽃(Desert Flower)』(2005). 와리스 디리·캐틀린 밀러 지음, 이다희 옮김, 섬앤섬.
- 『사막의 새벽(Desert Dawn)』(2007). 와리스 디리·잔 다엠 지음, 문영혜 옮김, 섬앤섬.
- 『사파 구하기: 한 아이를 살려 세상을 구하다(Saving Safa: Rescuing a Little Girl from FGM)』(2021). 와리스 디리 지음, 신혜빈 옮김, 열다북스.

#여성 할례(FGM) #와리스 디리 #여성 활동가 #여성 인권 #에스와티니

• 15 •

아프리카의 이슬람 문화

전통과 현대의 줄다리기

영화 〈락 더 카스바(Rock the Casbah)〉(2013), 〈누라는 꿈꾼다(Noura Rêve)〉
(2019), 〈아랍 블루스(Un divan à Tunis)〉(2019)
배경 국가 모로코, 튀니지

아프리카, 이슬람, 여성. 오랜 시간 강자의 논리에서 소외되었던 세 가지 요소가 한데 모였다. 역사적·지리적으로 주변부로 분류되어 온 아프리카 대륙에서, 전 세계 약 18억 명의 믿음을 이끄는 이슬람교의 영향권 아래 여성으로 살아간다는 것, 이러한 정체성은 어떤 삶을 살아가게 할까? 대한민국 여성으로서, 우리네 삶과 다른 듯 다르지 않은, 비슷한 듯 비슷하지 않은 아프리카 출신 이슬람 여성들의 이야기를 들어보려 한다.

경계에 선 여성들에게 :
전통과 현대의 경계, 그리고 이슬람이라는 빗금 사이

〈락더 카스바〉는 스페인 타리파항港에서 지브롤터해협을 건너 페리로 1시간이면 닿을 수 있는, 유럽 대륙에서 가장 가까운 아프리카 대륙의 입구이기도 한 모로코의 항구도시 탕헤르에 거주하는 한 가족에 관한 이야기다. 모로코와 유럽의 지리적 근접성은 고전 영화 〈카사블랑카〉(1942)를 통해 2차 세계대전 당시 대서양을 건너 미국으로 가려 했던 유럽인들의 모습에서도 알 수 있다. 유럽과 아프리카의 연결 지대에 자리한 모로코는 이슬람 문화권에 속하지만, 전반적으로 개방적인 분위기이다. 하지만 개방성과 다양성이 언제나 긍정적인 결과만 가져다주는 것은 아니다.

영화 제목의 카스바Casbah가 이를 짐작하게 한다. 사전적 의미로 북아프리카 지역의 성城 혹은 토착민 거주 지역을 의미하는 카스바는 예로부터 선조들이 지켜온 전통을 통칭한다. 문호를 개방하면 '문 밖에 있던 사람들'과 왕래가 빈번해져, '문 안에 있던 사람들'과 갈등을 일으키기 마련이다. 이는 모로코와 마찬가지로 북아프리카에 위치하면서 프랑스 식민지 경험이 있는 튀니지에서도 비슷하게 나타난다. 특히 프랑스 남부와 이탈리아 시칠리아섬에 지리적으로 인접한 튀니지는 유럽 문화의 지속적인 유입으로 종교적 차원에서의 이슬람이라는 전통적 색채가 희석된 것처럼 보인다. 〈아랍 블루스〉는 이러한 튀니지의 변화상을 담아 이슬람식 전통과 유럽식 현대 사이의 갈등을 튀니지 출신 젊은 여성을 중심으로 그려낸다.

2019년 아랍 바로미터Arab Barometer와 BBC 뉴스 아라빅BBC News Arabic

은 MENA^{Middle East and North Africa}(중동 및 북아프리카) 지역 10개국(레바논, 리비아, 모로코, 수단, 알제리, 예멘, 요르단, 이라크, 이집트, 튀니지) 및 팔레스타인 출신 약 2만 5000명을 대상으로 '이슬람 종교성'에 관해 공동 연구를 진행했다. 눈에 띄는 결과는 바로 2013년 대비 5년 만에 아랍 사회 내 종교적 정체성이 변화해 자신을 '비종교적^{non-religious}'이라 답한 사람들이 증가했다는 것이다. 특히 이슬람교를 국교로 하면서도 비교적 개방적인 사회 분위기가 조성된 튀니지의 경우, 조사 대상국 중 가장 많은 응답자(30% 이상)가 자신을 비종교적 아랍인으로 여기고 있었다. 모로코, 리비아, 팔레스타인에서는 종교 지도자에 대한 신뢰도 하락으로 자신들의 이슬람교에 대한 등 돌림을 표현하기도 했다. 하지만 동성애를 반대하는 비율보다 명예살인을 지지하는 비율이 더 높게 나타나는 등 여전히 이슬람의 근본 가치를 중시하는 보수적인 성향을 드러냈다. 이처럼 이슬람적 가치는 세대를 거듭해도 여성에게 더 엄격한 잣대를 대며 전통과 현대 사이의 줄다리기를 유발한다.

하지만 이슬람 여성들의 교육 수준이 향상되고 사회 참여율이 높아지자 여성들은 자신의 명의로 된 차를 몰고 일터로 나섰다. 이들은 가부장적인 아버지 중심의 위계질서 속에서 주부로서 집 안에서 튀르키예 드라마를 끼고 사는 어머니의 모습을 보고 자라온 딸들이었다. 이는 가정 안팎에서 세대, 젠더 갈등을 넘어 전통적인 이슬람 가치와의 충돌로 가시화되었다. 앞서 살펴본 조사에서도 응답자 중 50% 이상(알제리 제외, 레바논은 75% 이상)이 여성 대통령을 받아들일 수 있다고 했으나, 가정 내에서는 남편이 의사결정권을 가져야 한다며 모순적인 태도를 보이기도 했다. 시대가 변하면서 여성의 사회 진출이 활발해지고 목소리를 낼 수 있는 창구도 많아졌지만, 가정 내에서는 여전히 우리네 남존여비 사상과도 같은 현모양처의 순종적인 여성상이 더 안정적이라 믿는 것이다.

이로 인해 그동안 이슬람이라는 이름으로 억눌러 온 여성들이 소셜 미디어를 창구 삼아 자신들의 의견을 여과 없이 드러내자 국가 차원에서 온라인상 표현의 자유에 제재를 가하는 경우가 발생했다. 예컨대 동영상 공유 플랫폼인 틱톡TikTok에 춤추는 모습과 같이 자유분방한 일상을 업로드했다가 '가족 가치 위반' 및 '음란 조장' 혐의로 이집트의 20대 초반 여성 두 명이 체포되었다. 이들은 신체 일부를 노출하는 의상을 착용하거나 낯선 남성과 농담하는 행위로 이슬람 전통 가치를 거슬렀다는 비난을 받았다. 여성들이 '감히' 부도덕한 행동을 전 세계 불특정 다수에게 보란 듯이 공개했기 때문이다. 이에 이슬람적 가치를 최우선시하는 이집트 남성들은 분노했다. 다시 말해 변화하는 미디어 환경에 적응하는 이슬람 사회의 젊은 세대와, 이를 받아들이기에는 여전히 보수적인 사회 분위기가 충돌하며 갈등을 유발하는 것이다.

서구에서 돌아온 이슬람의 딸들을 통해 본 식민 트라우마

국교가 없는 한국 사회에서는 이해하기 어렵지만, 이슬람은 종교 그 이상으로 그들 삶의 일부다. 오랜 세월 그들의 일상생활 전반을 지배하고 있는 이슬람이라는 종교성에 반反하는 사소한 행동도 매우 성스럽지 않은 것으로 생각되기 쉽다. 과거 프랑스 보호령이 되어 알제리에 비해 유연한 식민 통치를 경험한 모로코와 튀니지 사람들에게는 친프랑스 정서가 강하다. 해방 후에도 경제적·사회문화적 교류가 지속되었고,

프랑코포니 가입국으로서 유학, 취업, 이민에 개방적인 분위기다. 그러나 서구의 현대적 요소와 이슬람 문화 사이에서 크고 작은 갈등이 빚어지고 있다. 앞서 언급했듯이 전통과 현대의 갈등은 여성들, 그중에서도 프랑스 이민자 여성들에게 유독 비판적인 시선으로 다가온다. 특히 이들이 서구 이민 사회에서 다시 모국으로 돌아왔을 때 첨예하게 드러나는데, 〈락 더 카스바〉의 딸들도, 〈아랍 블루스〉의 셀마도 가족과 마을 사람들의 선 넘는 우려와 잔소리를 온몸으로 받아내야 했다. 사실 뉴욕에서 돌아온 막내딸 소피아와 프랑스에서 돌아온 셀마는, 수년간 해외에서 생활하며 본인의 뿌리인 이슬람적 가치 위에 자유·평등을 주창하는 서구식 열매를 맺었다. 이러한 혼종적 상황은 개방적 이슬람 여성상의 표본이 되지만, 한편으로는 문화 정체성의 혼란으로 내적 갈등을 유발하기도 한다.

구체적으로 이들은 이중적 불안감에 시달리는데, 이민 사회에 동화되어 본래의 이슬람 테두리에서 멀어질 거라는 가족들의 걱정과 그러한 가치와 대립하는 이민국 사회에서 어떻게 적응할지에 대한 부담감이다. 열 살 때 프랑스로 이주하여 대학에서 정신분석학을 전공한 셀마는, 튀니지 아랍어 사투리를 구사할 줄 아는 튀니지 태생의 프랑스 여권 소지자다. 하지만 2011년 아랍의 봄으로 23년간 지속된 벤 알리Zine El Abidine Ben Ali 정권이 무너지자 셀마는 마침내 고국으로 돌아왔고, 이런 그녀에게는 튀니지 사회에 다소 어울리지 않는 몇 가지 낯선 모습이 있다. 컬이 섞인 짧은 머리에, 문신에 흡연까지, 그야말로 이슬람 문화권에서 나고 자란 여성에 대한 기대 이미지와는 정반대의 모습을 보인다. 게다가 신(알라)에게 모든 것을 맡겨 이슬람교가 곧 삶의 일부인 튀니지 사람들을 상대로 심리상담소를 운영한다고 하니, 곁에서 지켜보던 셀마의 삼촌은 그저 기가 막힐 뿐이다. 걱정을 늘어놓은 건 비단 가족뿐만이 아니다. 튀니스에 도착 후 이삿짐을 내리던 날, 셀마는 늙은 남성 초상화 하나를 조심스레 옮긴다. 이를 본 이삿짐 기사가 대놓고 물어본다.

"이 사람은 누구요? 아버지? 아니면 할아버지? 닮은 것 같기도 하고 ……."
(셀마가 유대인이라고 대답하자) "뭐라고요? 유대인이라고요? 여기서는 조심해야 할 텐데 ……."

사실 초상화의 주인공은 정신분석학의 아버지이자, 전공자로서 셀마의 대스승이었을 지크문트 프로이트였다. 한편 과거 식민국이던 프랑스에서 공부하고 돌아온 이민자 여성을 튀니지 사회는 크게 반기지 않았다. 식민지 경험에 따른 자격지심일 수도 있고, 독립 후에도 별반 달라지지 않은, 프랑스에 비해 세련되지 않은 튀니지인의 자기반성일 수도 있다.

이러한 편견에도 불구하고 셀마의 프랑스 이주와 튀니지로의 귀국을 통해 북아프리카 여성 이민의 특수성과 그 의미를 살펴볼 수 있다. 초기 이민자들은 남성이든 여성이든 보다 나은 생활환경과 상대적으로 높은 임금과 같은 경제적 요인 때문에 프랑스로 이주했는데, 여성의 경우 이민을 통해 경제적으로 자립하게 되면서 점차 능동적인 주체가 된다. 셀마만 봐도 그렇다. 그녀는 경제적으로 아버지나 남편(미혼이기에 남편은 없다)에게 의지하지 않는다. 만나는 사람마다 "결혼은?"이라고 묻지만, "싱글입니다" 셀마는 무심히 대답한다. 전통 이슬람 사회에서처럼 때가 되면 적당한 남성과 결혼을 해야 했던 사회적 관습이 적어도 튀니지에서는 희석되고 있음을 보여주는 대목이다. 특히 성별에 상관 없이 대학까지 무상교육이 보장되어 교육 수준이 상당히 높은 튀니지 는 여성의 사회 진출 증대로 다른 이슬람 사회보다 상대적으로 자율적 이고 독립적인 여성상을 보인다. 게다가 저개발국가에서 선진 자본주 의 사회로 진출하는 이민의 속성 때문에 북아프리카 출신 셀마는 가부 장적인 성 역할을 전복하고 경제적 독립과 사회적 지위를 획득할 수 있 었다. 여기서 주목할 점은, 프랑스 사회에서 보다 나은 환경을 누릴 수 있는 셀마가 모국으로 돌아왔다는 것이다. 대개 남성 이민자의 경우 어 느 정도 부를 축적하면 모국으로 돌아가지만, 여성 이민자는 그곳에 남 아 이민국과 모국의 문화적 매개자가 되는 경우가 많기 때문이다. 하지 만 프랑스 사회에 진입한 전적 때문에, 외국 물 좀 먹었다는 이유로 튀 니지 사람들은 셀마를 포근하게 안아주지 않는다. 한때 지배자였던 선 진사회에서 돌아온 셀마를 환영하기보다는, 삐딱한 시선으로 바라보며 비아냥거림을 일삼는다.

(매사에 논리적으로 따지는 셀마에게) "하여간 이민자들이란 ……."

(상담할 때는 상담 규칙에 따르고 정신분석의에게 예의를 갖추라는 셀마 에게) "식민지적 발상 아니니?"

이는 튀니지 사회에 내재된 이민자에 대한 편견을 고스란히 보여준 다. 부당한 거래에 입바른 소리를 하면 거만한 태도로 자신들을 무시한 다고 윽박지르거나, 정부 허가를 받지 않은 셀마의 옥상 심리상담소를 시시때때로 찾아와 시비를 거는 듯한 현지 경찰의 업무 처리 방식은 이해하기 어려울 수 있다. 게다가 상담소 등록 절차를 담당하는 공무원은 필요 이상의 행정 서류를 요구하고, 민원인인 셀마에게 자신의 쥐꼬리만 한 월급을 토로하며 공무 중인 책상 위에 물 건너온 여성 속옷을 펼쳐놓고 강매하는 기이한 모습을 보이기도 한다. 이러한 비합리적인 행정 처리와 부조리한 일상에 문제를 제기하면, 자신들(튀니지인)을 정글에 사는 야만인쯤으로 여긴다고 분개하며 프랑스 지식인으로 돌아온 튀니지 여성 셀마에게 잔뜩 경계심을 품는다. 특히 첫 환자로 상담실을 찾은 미용실 원장인 중년 여성 바야는, 자신보다 어려 보이는 미혼 여성 셀마를 정신분석의로 인정하지 않고 격식을 차릴 때 쓰는 프랑스어 인칭대명사 vous(당신) 대신 tu(너)라고 부른다. 이에 "상담사와 환자의 관계를 존중하라"라는 셀마의 지적에, 과거 프랑스인들이 아랍어에는 'vous'와 같은 존칭이 없다고 비꼬던 때를 떠올리며 '식민지적 발상'이라고 언짢아한다(193쪽 참고). 이처럼 선진사회에서 본국으로 돌아온 〈락더 카스바〉와 〈아랍 블루스〉의 딸들은 모국의 탈식민적 상황 속에서 자신의 뿌리인 이슬람 정체성과 끊임없는 내적 갈등을 겪고 있다.

이슬람 사회의 결혼 문화: 일부다처제의 진실

이슬람이 연상시키는 결혼에 대한 이미지는 아마 일부다처제일 것이다. '누구의 몇 번째 부인'이라는 식의 상투적인 표현은 마치 중동의 오일 거부에게 여성이 팔려가는 인식을 담고 있다. 하지만 이슬람의 결혼 문화는 국가별, 세속화 정도에 따라 조금씩 달라서 일부다처제로 일반화할 수 없으며, 시대가 변함에 따라 그 모양새가 달라지고 있다는 사실을 염두에 두어야 한다. 퓨리서치 센터의 2020년 12월 통계자료에 따르면, 전 세계에서 일부다처 가구를 이루고 있는 인구는 단 2%에 불과한데, 이 중 상당수는 사하라 이남 아프리카에 국한되며, 반드시 무슬림 가정이 일부다처제를 따른다고 단정할 수는 없다. 부르키나파소, 말리, 감비아를 필두로 기독교, 이슬람교, 토착 신앙이 공존하는 국가들에서 종교와 무관하게 일부다처 가구가 형성되어 있기 때문이다. 그러므로 일부다처제를 단순히 이슬람교의 종교적 악습으로 규정짓지 말아야 할 것이다.

두 사람 사이의 사랑을 합법적으로 완성하는 결혼은, 이슬람 사회에서 개인의 행복보다는 가족, 나아가 이슬람 공동체를 위한 실천으로 여겨진다. 결혼이라는 의식을 통해 가정 내 결속을 다지고 자녀 출산을 통해 무슬림을 재생산하여 종교적 결집을 강화하는 것이다. 그래서 이슬람 사회에서 결혼은 곧 종교적 의무이자 사회적 의무다. 이는 신(알라)의 명령에 따르는 남녀 신도 간 일종의 계약관계로 결혼이라는 임무를 수행하는 것이라 할 수 있다. 이로 인해 이슬람 사회의 전통적인 결혼은 가족이나 친족의 결정에 따라 가족 중심의 혈통을 유지하기 위하여 대개 사촌혼을 지향해 왔다. 하지만 혈족 내 혼인에 따른 유전적 결함이나 부부 갈등이 친족 갈등으로 번지는 상황으로 인해 전통적인 결혼 방식에 대한 인식이 변하고 있다. 이를 통해 폐쇄적인 이슬람 사회가 점차 개방적인 변화를 시도하게 되었다. 예컨대 리비아, 수단 등지는 여전히 결혼에 대한 아버지의 결정권이 우세하지만, 온건 이슬람 경향의 이집트, 튀니지의 경우 여성에게도 결정권이 주어지는 편이다.

특히 '일부다처제'는 이슬람에 대한 부정적인 편견을 강화하는데, 이는 남성의 성적 욕구 충족을 위한 여성의 도구화라는 왜곡 때문이다.

사실 7세기경 이슬람이 아라비아반도에서 세를 형성해 갈 때, 잦은 전쟁으로 수많은 무슬림 전사자가 발생했고, 이로 인해 남편을 여읜 여성과 아버지를 잃은 자녀들이 증가했다. 이들을 구제할 방안을 모색하던 중, 사회 존속과 유가족들에 대한 사회보장 차원에서 일부다처제를 시행하게 된 것이다. 당시에는 정국이 혼란스러웠고, 척박한 환경으로 유목 생활을 해야 했기 때문에 여성 혼자 가정을 건사하기에는 무리가 있었다. 이러한 환경과 이슬람교가 표방하는 공동체 의식이 결합하면서 떠난 이들의 처자식을 보살피는 것을 일종의 책무로 받아들인 것이다. 오늘날에도 일부다처제를 종교적 전통으로 승인하는 리비아, 모로코, 이집트(중동의 경우 사우디아라비아, 쿠웨이트, 아랍에미리트, 요르단 등) 등의 나라가 있지만, 대부분의 이슬람 국가들은 일부다처제를 불법화하고 있다. 그중 튀니지는 이슬람 국가 최초로 1956년 일부다처제를 법으로 금지할 만큼 혼인 관계에서 여성의 권리를 보장해 주고 있다.

결혼이든 이혼이든 선택할 수 있는 권리

〈아랍 블루스〉에서 셀마가 가족들의 성화에 못 이겨 등 떠밀려 하는 결혼을 거부했듯이, 결혼은 본래 강요나 강압이 아닌 개인 선택의 영역이다. 이는 혼인 관계의 시작과 종결에 대한 자유의지를 표명하는데, 동아시아의 유교 문화권이든, 보수적인 기독교나 이슬람교 영향권이든 개인의 결정이 우선시되어야 함을 의미한다. 하지만 혼인에 대한 인식이 변하고 있는데도 여전히 암묵적인 압박이 있고, 특히 이혼에 대한 사회적 낙인은 개인의 행복 추구와 맞물리며 논쟁거리가 되고 있다. 이는 종교를 차치하고 보수적인 사회 분위기 속에서 더욱 첨예한 갈등을 일으킨다.

영화 〈누라는 꿈꾼다〉의 튀니지 여성 누라는 경제적 능력도 없이 사기와 절도를 일삼는 남편 자밀을 대신해 병원 세탁소에서 근무하며 세 자녀를 건사하는 실질적인 가장이다. 누라는 반복되는 수감 생활에도 정신 차릴 의지가 전혀 없는 남편과 이혼하고, 조력자 역할을 해준 라스아드와 연인으로 지낼 결심을 한다. 하지만 이혼 관할 부처의 서류 담당자는 "아이들을 생각하라"며 가뜩이나 행정 업무도 느리게 처리하면서 도움은커녕 제동을 걸고, 설상가상으로 수감 중이던 남편이 갑작스레 대통령 특사로 풀려난다. 특히 누라와의 관계를 눈치챈 남편의 라스아드를 향한 폭행과 절도는 이혼에 대한 튀니지 사회의 남성 중심적 시선을 보여준다. 게다가 수사 과정에서 경찰은 폭압적으로 공권력을 행사하는 등 그 누구도 누라의 결정을 존중해 주지 않는다. 다분히 남성 우월적인 사회 풍토와 그러한 환경 속에서 수동적일 수밖에 없는 누라의 처지가 고스란히 드러난다. 아무리 개방적인 사고를 지향하는 튀니지 사회라 할지라도, 그들에게 내재한 보수적인 가치관이 가정 안팎에서 드러날 수밖에 없다. 특히 이혼의 결정권을 남성에게만 허용하는 이슬람 전통 방식은, 개인 간 계약관계인 혼인을 파기하려는 여성의 선택을 단순히 감정적이고 즉흥적인 결정으로만 여긴다. 이는 전통과 현대, 과거와 미래, 남성과 여성과 같이 이분법적 세계관에 이성적인 남성과 감정적인 여성으로 못 박아버리며 자신의 행복한 미래를 위해 이혼을 택하려는 여성을 옥죄고 진의를 왜곡한다.

사실 튀니지는 2014년 개정된 헌법 제1조 "튀니지는 자유 독립 주권국으로, 종교는 이슬람교, 언어는 아랍어, 그리고 공화제에 따른다. 이

조항은 개정될 수 없다"에 따라 이슬람교를 국교로 하는 명실상부한 이슬람 국가다. 실제로 튀니지는 전체 인구의 98%가 이슬람교를 믿는 무슬림이지만 대부분이 온건 수니파로 세속적 이슬람주의를 표방하는, 이슬람 세계 중 가장 개방적인 나라다. 다만 종교의 자유와 외국인의 자유로운 종교 활동을 헌법상 보장하는 유일한 이슬람 국가지만, 자국민을 대상으로 하는 선교 활동은 금한다.

한편 남녀 불평등이라는 이슬람의 보수적인 젠더 인식에 반기를 들어온 것도 튀니지다. 가장 대표적인 것이 바로 1956년 8월 제정된 '신분법Personal Status Code'인데, 남녀 차별을 철폐하고 여성의 지위를 향상시키는 시도로 전통적인 이슬람 사회에서는 파격적인 결정이었다. 이는 이슬람 규범에 따라 무슬림이 지켜야 할 사회도덕을 명시한 샤리아를 '신분법' 체제로 흡수하여 이슬람 사회의 근간을 이루던 경제·사회문화적 개혁을 단행한 것이다. 특히 식민 지배에서 독립한 후 1958년 취임한 초대 대통령 하비브 부르기바Habib ibn Ali Bourguiba는 일부다처제를 폐지하고(튀니지는 중혼제가 폐지된 유일한 이슬람 국가), 여성의 최저 결혼 연령을 15세로 제한했다. 그 후 2007년 헌법 제정 시에 혼인 가능 연령을 남녀 모두 18세로 수정했다. 그뿐만 아니라 혼인 신고 시 여성의 동의를 의무화하고, 양성이 평등한 이혼을 인정하는 등 세속주의적 윤리와 서구식 가치관을 도입하여 성차별적 관습과 규범을 개혁했다. 여전히 남녀평등 상속권 보장을 두고 논쟁이 계속되고 있지만, 이슬람이라는 종교가 곧 일상인 사회 환경 속에서도 남성 우월주의와 사회 발전에 걸림돌이 되는 요소에 대해 과감히 문제를 제기하는 시도들은 느리지만, 유의미하게 진행되고 있다.

그럼에도 누라의 삶은 여전히 힘겨워 보인다. 누라는 자신의 행복을 찾아 그동안 그녀를 둘러쌌던 힘거운 관계들을 끊어낼 수 있을까? "엄마는 강하다"라는 모성애에 입각한 보편적인 인식에 짓눌려 삶에 순응해 버릴지, 아니면 어떻게든 폭압적인 남편의 횡포에서 벗어나게 될지 마음이 초조해진다. 하지만 적어도 남편의 가정 폭력을 고발할 수 있는 용기, 불운한 삶이라 자책하지 않고 세 아이와 함께 살아가는 뚝심, 그리고 또다시 찾아온 사랑 앞에 대범하게 행동할 줄 아는 누라의 결단력을 보며 감히 희망을 걸어본다. 튀니지 여성들은 분명, 이제껏 미디어를 통해 알려진 핍박받는 이슬람 여성이 아닐 것이라고.

누구를 위한 히잡인가: 베일 속 이슬람 여성

분명 이슬람 문화권 이야기인데, 영화 속 여성들이 히잡을 착용하지 않아 의아해하는 이들이 많을 것이다. 그간 히잡으로 자신의 신체 부위를 가리고 얼굴만 내놓거나 그마저도 가린, 베일에 싸인 이슬람 여성이 전형적인 이미지로 굳어온 탓이다. 특히 2021년 아프가니스탄을 재장악한 탈레반이 아프가니스탄 여성들에게 전신을 가리는 니캅 착용을 강요하자 의복마저 억압받는 이슬람 여성의 이미지가 강화되었다. 이슬람 경전인 『코란』에 아랍어로 쓰인 히잡은 이슬람 여성의 상징과도 같은 스카프로, 여성의 머리카락과 목을 덮는 복장을 말한다(지역과 복식에 따른 차이는 16장 참고). 종교적인 의미에서 경전에 쓰인 히잡은 문자 그대로 남성과 여성의 공간적 분리를 뜻하는 휘장이나 커튼이다. 이는 여성의 신체 은폐를 강요하여 자기표현을 제한하고, 공간적 격리와 배제를 강제함으로써 가부장적 체계를 강화하는 기제로 작동했다. 다시 말해, 여성의 활동을 공적 영역에서 허용하지 않고 집 안으로 제한하려는 것으로 해석할 수도 있다.

이를 누구보다 잘 알고 있는 셀마의 사촌 여동생 올파는 쇼트커트에, 서너 가닥 빨갛게 염색한 머리카락을 철저히 히잡 안에 감추고 있다. 히잡은 올파가 어른들과 튀니지 사회가 원하는 여성으로 살아가는 데 완벽한 방패가 되어준다. 히잡을 쓰고 있으면 마치 자신의 도덕성이 보장되는 것처럼, 히잡은 종교적 실천을 넘어 이슬람 여성들이 연결되어 있는 사회문화적 배경을 함축하고 있다. 가족과 커뮤니티에서 배제되지 않고 전통적인 이슬람 가치를 존중하고 있다는 사실을 보여주기에 히잡만큼 확실한 징표는 없어 보인다. 이러한 연유로 비이슬람 사회에 거주하는 무슬림 커뮤니티의 종교적 행위가 논란의 대상이 되기도 한다. 이슬람 공동체에서는 당연시되는 히잡이, 다른 문화권에서는 여성을 핍박하는 도구로 보일 수 있기 때문이다. 더욱 자세한 논의는 아프리카인 디아스포라(16장)를 통해 살펴보도록 한다.

하지만 우리가 간과하고 있는 사실은, 히잡이 여성의 노출을 최소화하려는 종교적 이유뿐만 아니라 자신의 종교적 신념과 더불어 미와 개성을 표현하는 정체성 표현의 기제로 활용된다는 점이다. 실제로 식민 지배에서 독립한 후 1960~1970년대를 거치며 이슬람 사회의 젊은 층을 중심으로 '이슬람 부흥', '이슬람화'라는 움직임이 시작되었다. 이들은 이슬람 사회의 후진성을 이슬람의 가르침을 위배한 데 따른 것으로 보고, 오히려 무슬림으로서의 정체성을 드러내기 위해 히잡을 착용하며 서구식 발전에 대한 저항의 표식으로 활용했다. 물론 종교를 사적 영역으로 제한했던 서구식 근대화에 반反하여 이슬람식 전통으로 회귀하는 것은 시대를 역행한다는 비판을 받기도 했다. 이슬람식 전통과 서구식 발전의 대립에도 불구하고, 2000년대에 이르러 종교적 의무를 다하면서도 현대식 유행에 따르는 패션으로서의 히잡을 추구하는 히자버hijaber가 등장했다. 이는 이슬람교라는 종교의 이름으로 공동체 전체를 일원화할 수 없음을, 히잡 역시 여성 개개인의 선택 문제임을 다시금 일깨운다.

재스민 혁명, 그 후

셀마의 삼촌 무라드는, 2011년 벤 알리 정권이 무너지던 시기에 자신의 삶도 이전과 달라졌다는 사실을 시간이 한참 지난 후에야 깨닫는다. 그는 정신분석의로 돌아온 조카에게, 튀니지 사람들은 '전문가의 심리상담' 따위는 필요 없으니 어울리지 않는 이곳을 떠나 파리로 돌아가라고 호통치기 일쑤다. 23년간의 독재가 끝나고 과도기 정부가 들어서자, 튀니지 사람들이 재스민 혁명 때 목 놓아 외쳤던 "자유 튀니지liberté Tunisie"는 처음 경험하는 자유를 현명하게 쓸 줄 모르는 이들의 이권 다툼으로 변질되어 민생은 더욱 혼란스러워졌다. 삼촌은 항상 콜라 캔에 술을 담아 다닐 만큼 알코올 중독이 극심한 상황이었다. 하지만 음주운전으로 가족들의 생명을 벼랑 끝에 내몰고 나서야 비로소 술 없는 삶은 상상하지 못할 만큼 술에 의존한 채 주변 사람들에게 무심했다고 고백한다. 셀마의 할아버지가 벤 알리 시절의 영광을 잊지 못해 전 대통령의 사우디아라비아 망명을 받아들이지 못하는 것처럼, 튀니지 밖에서 보는 튀니지 사회는 아랍의 민주화 혁명에 시동을 건 혁명적인 국가였지만, 정작 튀니지 내부에서는 정권의 패망으로 주저앉은 이들과 갑작스러운 시대 변화에 갈팡질팡하는 이들이 뒤엉켜 있었다.

삼촌 집 옥상이든 보건부 건물 앞, 차 위에 마련한 상담소든, 장소가 문제일까. "셀마 데르비치: 정신분석의/심리치료사"라는 간판을 걸고 셀마는 오늘도 투쟁에 가까운 상담을 시작한다. 하지만 영화가 끝날 때까지 혹시라도 튀니지 사람들이 미혼의 젊은 여성 상담사와 튀니지 남성이 상담소라는 좁은 공간에 함께 있다고 역정을 낼까 봐, 그 성화에 셀마가 지쳐버릴까 봐 조마조마한 마음이었다. 관객의 마음을 아는지 모르는지, 셀마는 오늘도 자신과의 상담으로 마음의 문을 연 환자들 덕분에 긴 소파divan(영화의 원제 'Un divan à Tunis'는 튀니지의 수도 '튀니스의 길고 안락한 소파'라는 뜻)를 준비해 둔다.

셀마에게 상담받으러 온 사람들은 그저 자신의 이야기를 하고 싶어 한다. 그들은 자신의 생각을 표현하고, 당신이 판단하는 내 모습은 진짜 내가 아니라는 것을 말하고 싶을 뿐이었다. 이슬람 남자답지 못함, 이슬람 여자답지 못함, 이슬람 성직자(이맘)답지 못함이라는 틀은 누가 만들어놓았는지, 왜 그러한 이미지를 같은 범주에 속한다는 이유만으로 강요하는지, 비로소 속내를 드러내는 이들의 목소리를 듣고 나서야 되돌아보게 된다. 그리고 억지로 만들어진 이미지에 삶을 구겨 넣는 행위는 결국 타인의 삶을 살아가게 한다는 사실을 깨닫는다. 2011년 1월 시작된 아랍의 봄은 튀니지의 국화인 재스민의 이름을 빌려 '재스민 혁명'이라고도 부르는데, 연쇄적으로 튀니지식 혁명을 이웃 국가들에 전염시켰다. 마침내 튀니지 고유의 목소리를 낼 수 있는 민주주의의 물꼬가 트인 것이다.

하지만 여전히 갈 길은 멀어 보인다. 2021년 9월, 탈레반 집권 후 아프가니스탄은 여성 인권 존중이라는 말이 무색한 상황을 보여주었다.

강의실에 모인 남녀 대학생들을 커튼으로 분리한 채 강의를 진행한 것이다. 허술한 커튼을 사이에 두고 강의를 듣는 아프가니스탄 여성들의 모습에, 저렇게라도 고등교육을 받을 수 있음에 안도해야 하는가라는 다소 실망스러운 반응이 쏟아져 나왔다. 이는 여성 인권 보장을 공언한 탈레반이 결국 국내에 샤리아를 엄격히 적용하는 이중적인 모습을 보여주는 것이다. 이슬람 공동체의 헌법인 샤리아는 알라가 내린 완전한 법으로, 종교를 넘어 가족, 학교, 사회, 경제생활 전반을 지도하는 율법이다(아랍어 샤리아는 '길'이라는 뜻). 유목민이 사막에서 오아시스를 찾아 길을 나섰던 선대의 발자국을 따라가는 것과 같이, 앞서 걸어간 이들의 지혜를 따르자는 의미다. 이로 인해 이슬람 보수주의자들은 전통을 중시하며 과거로 회귀하려는 성향이 있어, 과거는 성찰의 대상일 뿐 앞으로 나아가기 위해 얽매이지 말자는 개혁주의자들과 갈등을 일으킨다.

그 갈등의 틈바구니에 이슬람 여성들이 서 있다. 시소의 양 끝에 보수와 개혁이 올라탄 것처럼, 같은 이슬람 문화권 내에서도 세속화 정도가 다르고 그에 따른 여성들의 지위도 다양하게 나타난다. 이 장에서는 상대적으로 세속적·개방적 이슬람을 추구하는 마그레브 지역 여성들의 삶을 톺아보았다. 그러나 모로코의 소피아, 튀니지의 셀마와 누라 모두 오늘날 갈등하는 이슬람 여성의 자화상처럼 보인다. 이슬람이라는 우산 아래 현대 여성으로 살아가는 이들에게 따라야 할 선대의 발자국은 누구의 것일까? 누구의 길을 따라 걸어야 할까? 샤리아에 기댄 전통의 방식을 그대로 따를 수도, 그렇다고 마냥 서구식 여성상을 받아들일 수도 없는 기로에서 그녀들이 감히 첫 발자국을 남길 수 있으리라 말해본다.

함께 읽으면 좋은 책!

• 『히잡은 패션이다: 인도네시아 무슬림 여성의 미에 대한 생각과 실천』 (2018). 김형준 지음, 서해문집.

#마그레브 #디아스포라 #이슬람 여성 #일부다처제 #히잡

아프리카인 디아스포라

아프리카 밖의 아프리카인

영화 〈아프리칸 닥터(Bienvenue à Marly-Gomont)〉(2016), 〈자기 앞의 생(La vita davanti a sé)〉(2020), 〈변방의 형제들(Banlieusards)〉(2019), 〈웰컴 삼바(Samba)〉 (2014), 〈눈동자가 닮았다(Il a déjà tes yeux)〉(2016)
배경 국가 콩고민주공화국, 세네갈

1920년대부터 점차 증가한 프랑스의 이민자 수는 2021년 프랑스 전체 인구의 10.3%까지 늘어났다. 프랑스 통계청Insee: Les immigrés en France이 발표한 자료에 따르면, 이민자의 출신지는 아프리카가 47.5%, 인접 유럽 국가가 33.1%다(2021년 기준). 그리고 상위 일곱 개 국가는 알제리 (12.7%), 모로코(12%), 포르투갈(8.6%), 튀니지(4.5%), 이탈리아(4.1%), 튀르키예(3.6%), 스페인(3.5%)으로, 전체 이민자의 절반(49%)에 이른다. 전후 재건 사업을 위한 노동력 확충으로 1970년대 중반까지는 남성 이민자가 주를 이루었으나 1974년 경제 위기를 맞아 취업 및 가족 단위로 이민하는 수가 증가했고, 2018년 이후로는 이민자의 절반 이상(52%)이 여성이다. 그중 유럽 출신 이민자들은 비교적 자국과 유사한 환경 덕분에 큰 문제 없이 적응하는 반면, 프랑스의 식민 지배를 경험한 북아프리

카 출신들은 사회문화적 측면에서 과거 식민국 사회로 동화되기 어려운 점이 있다. 이는 프랑스가 이웃 국가인 영국이나 독일과는 사뭇 다른 이민 정책을 펴고 있기 때문이다. 이민 정책에 있어 영국은 식민지 모델 colonial regime(과거 식민지 출신에게 부여했던 특혜와 도덕적 책무를 제한하여 이민 통제)을, 독일은 손님 노동자 모델guest worker regime(전후 부족한 노동력을 동원하기 위한 이민 허용)을 취한다. 이민을 통제한 영국과 달리, 독일은 경제 발전을 위해 노동력이 절실했다.

"우리는 노동자를 불렀는데, 사람들이 왔다."

2차 세계대전 이후 최악의 경제 위기에 직면했던 1970년대 스위스의 극작가이자 철학자인 막스 프리슈Max Frisch가 한 말이다. 1960년대에 경제개발원조의 일환으로 독일에 광부와 간호사를 파견한 한국도, 타자의 땅에서 노동자가 아닌 인간의 삶을 살아내려 했던 그들의 애환을 짐작할 수 있을 것이다. 이에 반해 프랑스는 과거 식민지 출신 이주민들에게 개방적인 태도를 보이며 노동자로 받아들이는 혼합형 모델을 추구한다. 하지만 프랑스의 라이시테laïcité(정치와 종교의 분리)와 동화주의를 표방한 다문화 정책은 얼핏 개방과 포용을 모두 추구하는 듯하지만, 사실상 프랑스 사회 내 갈등의 불씨가 되었다. 왜냐하면 프랑스 정부는 무슬림이 대다수인, 과거 식민지 북아프리카 출신 이민자들이 프랑스 사회에 완벽히 동화되기를 바라는 한편, 정교분리를 내세워 종교가 곧 문화인 그들의 삶을 철저히 배제했기 때문이다. 이와 같은 사회상을 반영하여 프랑스 내 아프리카 출신 이민자들의 이야기가 영화로 제작되고 있다.

의사여도 안 괜찮아, 아프리카계 흑인이니까

DR콩고(과거 자이르공화국) 비옹고 출신, 〈아프리칸 닥터〉의 주인공 세욜로 잔토코Seyolo Zantoko는 1975년 프랑스 릴 의과대학에서 교육 과정을 마치자 모국의 대통령 주치의로 일할 것을 제안받는다. 당시 최고 권력자였던 모부투 대통령의 최측근이 될 수 있는 절호의 기회였다. 하지만 세욜로는 고심 끝에 제안을 거절하고 프랑스에 남기로 한다. 그는 왜 이런 결정을 내렸을까?

이 시기 대부분의 아프리카 국가들이 그렇듯 DR콩고도 독립 후 군부 독재자의 손아귀에서 혼돈의 시간을 보내고 있었다. 1965년 11월 무혈 쿠데타로 정권을 잡은 모부투는 미소 냉전 시기 골수 친미주의자를 자처하며 미국의 비호를 받고 있어, 이스라엘과 수교한 아프리카 국가에 이름을 올리기도 한다. 하지만 이스라엘-팔레스타인 갈등이 고조되고 아랍 세계에 반유대 정서가 확산되면서 이스라엘과의 외교 관계 수립은 이웃 아랍 국가들과의 관계도 고려해야 하는 복잡한 문제가 되었다. 이뿐만 아니라 모부투는 중국-소련 간 갈등까지 이용해 중국 편에 서서 막대한 원조를 받기도 한다. 중국뿐만 아니라 서구 열강에는 코발트, 동, 다이아몬드, 금, 주석 등과 같은 광물의 보고인 DR콩고(4장 참고)가 매력적인 나라였다. 이때 미국은 마치 디즈니 만화 도널드 덕의 삼촌 스크루지 맥덕이 금성인에게 흙 한 줌을 주고 24캐럿 순금을 살 때와 마찬가지로, 제3세계에 매장된 자원들을 수탈하는 모양새가 아니라 그들이 행복해하는 만큼의 대가만 치르면서 아프리카 국가들과 협력 관계를 설정해 나갔다. 이러한 맥락에서 보면 1983년 미국 로널드 레이건Ronald Reagan 대통령 집권 당시 모부투가 워싱턴을 방문할 만큼, 냉전기 미국과 DR콩고(당시 자이르공화국)의 친밀한 관계는 서로 간 이해관계가 맞아떨어진 결과라 할 수 있다.

한편 외교 전략으로 얻은 경제적 이익은 모부투 자신의 사리사욕을 채우는 데 쓰이며 국내 상황은 전반적으로 악화되었다. 그는 통치 명분과 방향을 제시하며 국민들을 호도했으나, 실상은 국민의 세금을 착복해 자신의 주머니를 채우는 도둑 정치kleptocracy의 시조였다.

우선 식민지 독립 후 지배자였던 벨기에의 색채를 지우고 아프리카 정신을 회복하겠다는 일념으로 국명을 큰 강을 뜻하는 자이르Zaire로, 수도 레오폴드빌은 킨샤사로 개명했다. 그리고 우간다의 이디 아민이 그랬듯 '국가의 아버지', '인민의 구세주', '최상의 투사' 등과 같은 수식어를 자신에게 붙였다. 하지만 이러한 수사 뒤에는 부정부패로 축적한 막대한 부와 폭정, 인권 유린이 은폐되어 있었고, 결과적으로 이러한 모순은 DR콩고의 경제를 마비시켰다.

이뿐만 아니라 민생을 내팽개치고 오로지 자신의 절대적인 권력 강화에 힘쓰느라 국민은 생계를 위협받고 인권 침해에 시달렸으며, 아이들은 영양실조와 각종 질병에 노출되었다. 결국, 르완다 제노사이드(5장 참고) 이후 DR콩고 동부 접경 지역으로 몰려든 후투족 잔여 세력을 진압하지 못한 채, 모부투는 '가장 힘 있는 용사', '초인적인 인내심과 의지로 승리를 향해가는 사람'이라는 뜻의 자신의 이름을 한없이 부끄럽게 한 후 1997년 6월 실각된다. 이처럼 반인륜적인 국민 탄압을 자행한 모부투의 말로는, 전 세계 어느 독재자들과 다를 바 없이 반군에 쫓겨 토고와 모로코를 떠돌다 비참하게 끝났다. 1982년 6월 전두환 정권 시절 한국의 대아프리카 외교정책의 일환으로 모부투가 방한한 사실은 씁쓸한 역사로 남아 있다.

다시 〈아프리칸 닥터〉 세욜로의 이야기로 돌아와 보자. 자신의 자녀들은 DR콩고의 열악한 상황을 피해 프랑스에서 교육받을 수 있도록 시민권을 얻게 해주고 싶었던 세욜로는 파리에서 북쪽으로 약 200킬로미터 떨어진 시골 마을 말리고몽Marly-Gomont의 의사 자리에 자원한다. 하지만 주민 대다수를 이루는 노인들이 제대로 된 의료시설 하나 없이 오직 작은 의원에 의존하는데도 세욜로는 환영받지 못했다. 마을 사람들은 세욜로 가족에게 '안녕Bonjour'이라는 인사 대신 "맙소사Mon Dieu"라는 말을 내뱉는다. 말리고몽 사람들은 흑인을 처음 본 데다 그가 의사라는 사실은 더더욱 받아들이지 못한 것이다. 결국, 의사로서 생계를 꾸려가기 어려워진 세욜로는 진료 대신 농장 일을 돕게 되고, 그를 전심으로 응원해 온 농장주는 "새로운 작물이 뿌리내리기에는 최악의 땅"이라며 흑인에 대한 편견과 폐쇄적인 사고방식을 가진 마을 주민들을 비판한다. 이러한 사실에 빗대 "흑인은 더 노력하여 좋은 성적을 얻어야 한다"라고 자녀들에게 하는 세욜로의 조언은 굉장히 현실적이다. 흑인은 축구 같은 운동이나 음악 분야에서만 두각을 나타낸다는 편견을 극복하고 프랑스에서 의사가 된 세욜로이기 때문이다.

2008년 북프랑스 명예 훈장Picardie을 받은 영화 속 실존 인물인 세욜로는 2009년 8월 30일 교통사고로 세상을 떠났다. 그의 아내 앤은 사촌들과 가까이 지낼 수 있는 벨기에 브뤼셀로 이주했고, 자녀인 시비와 카미니는 세욜로가 원하던 대로 프랑스에서 고등교육을 마쳤다. 이와 같은 1970~1980년대 프랑스의 흑인 이주민 이야기는 2006년 카미니Kamini가 『말리고몽』이라는 소설을 써내며 세상에 알려졌다. 이처럼 아프리카 출신 흑인이기 때문에 프랑스에서 겪을 수밖에 없는 사회적 제약들은 입양이라는 특수한 상황에서도 제동이 걸린다. 영화 〈눈동자가 닮았다〉는 프랑스에 사는 흑인 부부인 세네갈 출신 아내 살리와 프랑스령 마르티니크 출신 남편 폴이 백인 아이를 입양하는 과정을 그린다. 김동인의 소설 「발가락이 닮았다」를 연상하게 하는 영화 제목에서 알 수 있듯이, 백인 부부의 흑인 아동 입양이라는 사회적 통념을 깨고 편견을 극복해 나가는 이민자 출신 흑인 부부를 만날 수 있다. 이를 통해 백인 부부의 흑인 아동 입양은 베네통 광고로 활용될 만큼 찬사받아 마땅하지만, 흑인 부부의 백인 아동 입양에는 도무지 마음이 열리지 않는 이유를 자문해 볼 수 있을 것이다.

모모 앞에 놓인 삶을 위하여

이처럼 타인의 땅에서 이방인으로 살아가는 것은 매우 고되다. 여기 너무 일찍이 자기 앞의 달콤쌉싸름한 생을 맛본 아이가 있다. 세 살 무렵 세네갈의 수도 다카르 근처 디우르벨에서 이탈리아로 이주한, 영화 〈자기 앞의 생〉의 주인공 모모. 본명인 무함마드(아랍어로 '찬양받을 자'라는 뜻으로, 과거 우리나라의 '철수'만큼 흔한 이름)보다 모모라는 애칭으로 불리기 바라는 아이는, 본래 무슬림(회교도)이다. 어린 시절 엄마가 세상을 떠나고 폭력적인 아빠에게서 벗어난 모모는 위탁가정 아니면 보육원 신세를 져야 하는 상황에서 로사에게 맡겨진다. 유대인으로서 홀로코스트의 트라우마를 안고 살아가는 로사는, 매춘부의 아이들을 돌보며 때로 아이들에게서 위로받으며 살아가고 있다. 하지만 모모는 로사의 집을, 갈 곳 없는 이들의 피난소가 아닌 거지 소굴이라고 비꼰다.

하지만 로사와 함께하는 시간은 12살 모모의 어긋난 마음을 위로해 준다. 부모도 없는 아프리카 출신 이민자라는 꼬리표를 숨기려는 듯 거친 언행을 일삼지만, 약속은 반드시 지키려는 정의롭고 순수한 아이의 마음을 가진 모모다. 물론 로사도 처음에는 모모를 색안경을 끼고 바라보며 자신의 일상생활에 모모를 들이는 것을 완강히 거부했다. 하지만 상처를 치유할 수 있는 사람은 상처받아 본 사람뿐이듯 나이, 성별, 출신 배경을 뛰어넘어 모모를 알아본 사람도 다름 아닌 로사였다. 그리고 그들은 서로에게 감히 '힘내라', '바르게 살아라'고 다그치지 않는다. 조금은 더딜지라도 마음의 생채기를 치유하는 자기만의 속도를 기다려준다. 가족이라는 울타리를 가져본 적 없는 모모가 자신의 생계를 내맡기고 있는 마약 밀매상의 보스를 가족으로 여길 때에도 "너라면 약속을 꼭 지켜줄 것"이라며 한없이 믿어주는 건 로사뿐이다. 그 한마디는 결국 모모를 마약 밀매에서 손을 떼게 했다. 그리고 유대인이라는 이유만으로 핍박받았던 로사는 모모가 무슬림으로서의 정체성을 회복할 수 있도록 작은 상점을 운영하는 무슬림 하밀을 소개해 준다. 이는 이민국에서 유대인이나 무슬림으로 살아가는 소수자의 서러움을 누구보다 잘 알고 있는 로사가 모모를 배려한 것으로 보인다.

그동안 모모는 마음의 문을 걸어 잠그고 있었기 때문이다. 세네갈이라는 자신의 출신 지역을 굳이 말하지 않을뿐더러, 무슬림이라는 정체성은 더더욱 드러내지 않았다. 그렇게 매사에 시큰둥한 태도로 모모가 하밀의 상점에서 소일거리를 하던 어느 날, 하밀은 사자가 수놓인 커다란 카펫을 펼쳐 보인다. 하밀은 카펫을 보수하는 작업을 모모에게 맡기며, 『코란』에서 힘, 끈기, 믿음을 상징하는 사자에 관해 설명해 준다. 이는 곧 이민국 사회에서 이방인으로 살아갈 모모가 스스로 채워나가야 할 것들이었다. 검은 피부의 무슬림이지만 긍정적인 에너지를 발산하여 낯선 땅의 편견에 도전하는 힘, 포기하지 않고 끝까지 용감하게 살아내는 인내심, 그리고 모든 세상을 의심의 눈초리로 보는 것이 아니라 결국에는 이방인도 이민국 사회의 일원이라는 믿음 말이다. 마침내 서로에게 마음의 문을 연 로사와 모모는, "희망을 버리면 좋은 일이 생겨. 그렇게 생각하면 위안이 된다"라는 말에 옅은 미소를 짓는다. 결국, 이들은 각자 앞에 놓인 삶을 살아가기 위해 애써 희망을 버려야만 할까? 정말 유럽 사회 내에서 유대인, 무슬림 혹은 아프리카 출신 흑인으로 살아가는 것은 항시 마음의 짐일 수밖에 없을까? 어쩌면 완전히 동화되지도, 철저히 분리된 이방인으로 살아가지도 못한 채, 그 사회에 대한 기대를 내려놓는 것만이 이주민 공동체의 유일한 생존 전략일지도 모르겠다.

피에블랑이 된 이방인들

알제리에 피에누아르Pied-noir가 있다면 프랑스에는 피에블랑Pied-blanc이 있다. 검은 발을 뜻하는 피에누아르는 2차 세계대전 당시 북아프리카에서 전개된 독일과의 전투에 참전한 검은 신발(군화)을 신은 프랑스인을 비유한다는 설이 유력하다. 하지만 유색인종이 사는 아프리카 땅에 뿌리내린 백인이라는 의미로, 발만 까맣다는 것은 아닐까 짐작해 본다. 물리적으로 알제리라는 타국에 거주하지만 피는 속일 수 없는, 프랑스인(백인)일 수밖에 없는 이방인을 빗대어 표현한 것으로 보인다. 그러기에 프랑스로 이주한 식민지인들은 발만 하얀 피에블랑의 이방인이 된다. 식민 지배의 트라우마와 무관하게 프랑스어로 의사소통할 수 있다는 사실은 알제리인들의 프랑스 사회 진입 장벽을 낮추기 충분했다. 이는 알제리뿐만 아니라 프랑스의 보호령이던 모로코, 튀니지, 세네갈 그리고 중동의 레바논과 시리아 난민까지 1970년대 경제 성장과 함께 프랑스로의 이민을 촉발시켰다. 프랑스 인구의 10%에 달하는 이민자와 그중 가장 많은 알제리 출신들은 '영광의 날들'을 끌어낸 용사들(9장 참고)의 뒷이야기를 엿보는 듯하다.

하지만 그들이 프랑스에 정착한 지역의 상황은 여의치 않다. 파리 중심부에서 북쪽으로 약 10킬로미터 떨어진 교외에 모여 사는 아프리카계 흑인들. 영화 〈변방의 형제들〉이 거주하는 곳이다. 파리 외곽의 센생드니에서부터 샤를드골공항으로 이어지는 교외Banlieu(방리외) 지역은, 도심으로 편입되지 못한 이주민들의 집단거주지면서 동시에 우범지대라는 오명을 씻지 못하고 있다. 사실 1995년 여름 알제리 무장 이슬람 그룹GIA: Groupe Islamique Armé의 소행으로 밝혀진 파리 생미셸 지하철역 테러 사건을 전후로 이슬람 문화권 출신의 이민자들은 편견을 외면하며, 또 다른 오해를 만들어내는 공동체 생활을 시작했다. 그들은 파리의 치솟는 물가를 피해 프랑스 정부가 외곽 지역에 건설한 공공 임대주택에 모이기 시작했고, 텅 빈 예배당을 품은 교회를 사들여 이슬람 사원(모스크)으로 개조하는 등 본국에서의 생활 방식을 프랑스 땅에 옮겨왔다. 게다가 톨레랑스tolérance(관용)에서 멀어져 가는 동화주의 이민 정책이 암묵적인 차별을 키웠고, 결국 식민 경험을 아로새긴 젊은 세대 이주민들이 프랑스 사회에 반감을 품게 되었다.

이 여파로 아프리카 지역에서는 반프랑스 정서가 생겨난다. 탈식민 이후 프랑스가 감내해야만 하는 프랑스를 향한 부정적인 인식은, 자유·평등·박애에 가려진 프랑스 사회 내 반이슬람 정서만큼 수면 위로 오르고 있는 듯하다. 프랑스 연구기관인 이마르IMMAR Research & Concultancy 의 아프리카의 타 국가 호감도 조사(「아프리카리드스(Africaleads) 2021」 보고서)에 따르면, 아프리카 사람들의 프랑스에 대한 인식은 부정적으로 나타났지만, 튀르키예나 걸프만 국가들에 대한 호감도는 꾸준히 상승하고 있다. 이 보고서는 프랑스에 대한 호감도 하락의 원인으로 프랑스의 아프리카 시장 점유에 따른 경제적 종속과 부작용, 과거 식민 시대의 치유되지 못한 상처, 프랑스 언론에 빈번히 노출되는 프랑스 사회의 부정적인 모습 등을 꼽았다. 이러한 분석 결과가 프랑스에 대한 호감도 하락 전반을 설명하기에는 다소 부족한 면이 있다. 하지만 식민지 시절부터 프랑스와 아프리카 사이에 축적된 오랜 역사적·사회문화적 교차를 고려해 보면 더욱 직관적으로 이해하는 데 도움이 된다. 결과적으로 프랑스의 반이슬람 정서와 프랑코포니 아프리카의 반프랑스 정서가 유기적으로 발동하면서 서로 간에 미움의 양상이 짙어지는 상황을 외면할 수 없을 것이다.

환영받지 못한 삼바

10여 년 전 건설 현장에서 발생한 사고로 부친을 여의고 삼촌이 있는 프랑스로 오게 된 세네갈 출신 삼바. 〈웰컴 삼바〉라는 영화 제목과는 달리 삼바는 그다지 환영받지 못하고 있는 듯하다. 프랑스 정착 초기에 주방 한쪽에서 접시 닦는 일부터 시작해 마침내 요리사 수업을 받기 위해 고용 계약서를 쓰는 날, 삼바는 합법적인 체류가 거부되었다는 통보를 받고 구금된다. 프랑스의 경우 외무부 산하 '난민 및 무국적자 프랑스 보호실OFPRA: The Office Français de Protection des Réfugiés et Apatrides'에서 이들을 담당하는데, 법무부 산하 출입국·외국인 정책본부에서 관리하는 우리나라와 집행 기관이 다르다. 삼바는 수용소에서 그곳에 구금된 이민자들을 지원하는 OFPRA 소속 자원봉사자 엘리스를 만난다. 그녀는 성과주의에 얽매인 스카우트 전문가로 15년 동안 노예처럼 일하다 자신을 잃어버리고 방전된 상태였다. 공통점이라고는 하나도 없어 보이는 이주 노동자 삼바와 프랑스 여성 엘리스는 아슬아슬한 우정을 쌓아간다.

한편 삼바가 합법적인 체류 불가 판결로 추방 통지서를 받은 날, 그의 삼촌은 프랑스 사회에 완벽하게 적응하지 못한 삼바의 옷차림부터 지적한다. 셔츠를 곁들인 정장 차림에 잡지 한 권쯤은 손에 들고 다니는 유로피안 스타일로 아프리카계 흑인이라는 이방인의 이미지를 지우라는 것이다. 또한, 불시에 체포되는 상황을 방지하기 위해 지하철 무임승차보다는 버스를 이용하라고 충고한다. 하지만 억지스럽게 남의 옷을 입은 불편한 상황이 오히려 주변 사람들의 시선을 끄는 것 같아 삼바는 괴로워한다. 이러한 사정을 알 길이 없는 본국의 가족들은 오히려 삼바에게 먹고살 걱정을 늘어놓는다. 결국, 거주 허가 재신청을 위해 1년 동안 합법적인 노동을 할 수 없는 그는 생계를 위해 불법 노동을 시작한다. 그리고 비슷한 처지의 노동자들과 쇼핑몰 경비 보조를 하며 잠입한 강도를 제압하지만, 출동한 경찰의 눈을 피해 도망가야만 했다. 한바탕 소동이 있었던 그날 밤, 삼바와 엘리스는 서로의 속마음을 털어놓는다. 쳇바퀴 도는 삶 속에서 불안감이 커졌던 엘리스가 심리 치료의 일환으로 말horse을 쓰다듬으러 가는 것과 불법체류자 신분을 위장하기

위해 삼바가 지하철에 들고 탄 잡지가 하필 ≪슈발 마가진Cheval magazine≫
(슈발은 '말'을 뜻하는 프랑스어로, 표지에 말 사진이 실리는 말 전문 잡지)이
었던 것은 우연일까? 아니면 사회적 지위에 상관없이 누구나 비슷한 삶
의 무게를 지고 있다는 것을 보여주려는 감독의 의도였을까?

이러한 질문이 깊어가던 어느 밤, 삼바의 삼촌이 이렇게 건배사를 던
진다.

"아프리카에서는 비 오는 밤이면 하루살이라는 벌레가 들끓는데, 접시에
막 떨어지고 그래요. 가끔 벽에 부딪히기도 하고, 반은 살아 있는 채로 떨
어지죠. 그게 빛에 끌리는 본능 때문인데, 살려는 의지가 그렇게 대단한 것
들이 미친 듯이 전구 주위를 맴돌고는 아침이 되면 식탁 위로 낙엽처럼 떨
어져 있죠. 그 전날까진 하늘을 날았는데 말이에요. 우린 그런 삶을 살지
않기를!"

이민자들은 이렇게나 간곡히 하루살이의 삶을 거부했지만, 정교분
리를 표방하는 프랑스의 라이시테와 이민자들을 향한 동화정책으로 여
러 가지 갈등 상황에 직면해야 했다. 프랑스가 추구한 '프랑스식' 삶이
무엇인지, 혼종성이 만연한 문화적 흐름 속에 과연 '프랑스 문화'라고
정의할 수 있는 것은 무엇이 있을지 자문해 볼 필요가 있다. 이를 증명
하듯 프랑스의 동화정책은 오히려 이민자 사회의 결속을 강화하여 주
류 사회에 대한 반감을 키우고 있다. 결국 프랑스는 극단주의 무슬림들
의 소행으로 드러난 2015년 1월 샤를리 에브도Charlie Hebdo 사건, 2015
년 11월 파리 테러와 2016년 7월 니스 테러를 겪으며 한때 식민지였던
이슬람 세계와의 조우를 공존의 문제로 인식하게 되었다.

이 옷을 입으면 안 되는 이유: 일상의 부르카와 해변의 부르키니

베일veil은 이슬람 여성의 복장을 통칭하는 것이다. 이는 지역과 착용 양식에 따라 부르카burqa, 니캅niqab, 차도르chador, 히잡hijab 등으로 다르게 부른다. 부르카는 머리부터 발끝까지 전신을 가리고 눈 부위까지 망사로 덮는 가장 엄격한 복장이다. 주로 아프가니스탄 일부 지역에서 탈레반이 강제하고 있다. 니캅은 부르카에서 눈은 보여줄 수 있는 복장으로, 사우디아라비아의 와하비 이슬람Wahabi Islam에 영향을 받은 것이다. 와하비 이슬람 혹은 와하비즘Wahabism이란 순수 이슬람화를 추구하는 운동의 한 갈래로, 사우디아라비아의 사우드 가문과 결합된 일종의 통치 이념이다. 다시 말해 이슬람교 교리를 엄격히 해석하여 전통을 고수하는 보수 이슬람주의를 표방한다고 볼 수 있다.

서구의 관점에서 부르카와 니캅은 이슬람교의 여성에 대한 억압이기 때문에 2009년 6월 사르코지 전 프랑스 대통령은 공공장소에서 이러한 복식의 착용을 금지하는 법인 '얼굴 가리기 금지법Loi interdisant la dissimulation du visage dans l'espace public'을 통과시켰다. 공공장소에서 헬멧을 제외하고 얼굴을 가리는 복장 착용을 전면 금지하는 법으로 일명 '부르카 금지법'으로 불리는데, 위반 시 최대 150유로의 벌금을 부과한다. 이는 뒤이어 살펴볼 부르키니와 함께 프랑스 사회에서 여성 복식을 놓고 개인의 자유와 정교분리가 첨예하게 맞서는 계기가 되었다. 반면 차도르는 얼굴을 제외한 전신을 가리는 복장으로 이슬람의 가르침을 일상에서 실천하는 이란 여성들이 착용한다. 그리고 히잡은 가장 대표적인 이슬람 전통 의상으로 머리, 귀와 목을 가리는 스카프의 일종이다.

'부르카 금지법'으로 촉발된 이슬람 여성에 대한 의복 규제는 최근 부르키니burquini(혹은 버키니burkini) 논쟁으로 번져나갔다. 부르카burqa와 비키니bikini의 합성어인 부르키니는 얼굴과 손발을 제외한 전신을 가리는 이슬람 여성 수영복으로 2003년 레바논 출신 호주 여성 디자이너 아헤다 자네티Aheda Zanetti가 개발한 것이다. 프랑스는 2011년부터 발효되어 논란이 많았던 '부르카 금지법'에 이어 2016년부터는 부르키니 착용을 금지했다. '부르카 금지법'의 경우 프랑스만의 문제가 아닌, 이슬람 인구 유입이 증가하는 유럽 곳곳의 사회적 이슈였다. 이에 낯선 의복에 대한 거부감과 이슬람 교리에 따르는 개인의 선택을 규제할 수 있나를 놓고 갈등을 빚었다. 하지만 2014년 유럽인권재판소는 해당 법안이 다문화·다인종 국가로 변모해 가는 프랑스 사회 내 다양한 시민 간 화합을 목적으로 제정되었기 때문에 위법하다고 볼 수 없다는 판결을 내렸다. 그러고는 베일(부르카) 금지 법안은 사회적 선택이므로 이슬람 인구가 증가하고 있는 프랑스 사회의 재량권임을 인정했다. 이러한 판결에도 불구하고 '부르카 금지법' 제정으로 인해 프랑스의 톨레랑스(관용)는 시험대에 올랐다. 부르키니 착용 금지도 마찬가지다.

부르키니에는 이슬람 이민자 사회를 바라보는 프랑스의 두 가지 시선이 담겨 있다. 우선 이슬람=테러리스트라는 공식이다. 해변에서의 부르키니 착용 금지를 주장하는 이들은 공공장소에서의 부르카 착용 금지와 마찬가지로, 이슬람 여성의 복장을 극단주의의 상징으로 본다. 여성에게 규율화된 의복 착용을 요구하는 종교적 관습과 이를 일상에서 실천하는 여성 모두를 과격분자이자 잠재적인 테러리스트로 여기는 것이다. 그러므로 베일에 싸인 여성들을 바라보는 외부인들에게 두려움을 줄 수 있다는 게 그들의 논리다. 무지가 부른 공포라 할 수 있다.

두 번째는 종교적 신념에 따라 개인이 선택했을지라도 의복이 여성의 자유를 억압한다는 주장이다. 실제로 2016년 당시 프랑스 가족·아동·여성권익부 장관 로랑스 로시뇰Laurence Rossignol은 히잡이나 부르카를 하나의 패션 상품으로 내놓은 의류 업체 '막스앤드스펜서Marks & Spencer'나 'H&M'이 여성의 신체를 차단하는, 사회적으로 무책임한 행동을 한다고 주장했다. 그러고는 자유의지로 히잡을 쓰는 여성들을 '노예제도를 지지한 미국의 니그로'에 비유해 논란에 휩싸였다. 마뉘엘 발스Manuel Valls 전 총리 역시 부르키니는 '음란하고 순수하지 않은 여성의 몸 전체를 가려야 한다는 도발적인 낡은 시각'으로 여성을 예속하기 때문에 프랑스의 가치와 공존할 수 없다고 강하게 비판했다. 하지만 조금만 비틀어보면, 부르키니는 가정 내에만 머물러야 했을 여성들이 해변으로 나올 수 있도록 운신의 폭을 넓힌 자유의 상징이 될 수 있다. 평범하지 않은 수영복 때문에 이슬람 극단주의자가 되는 것이 아니라, 수영복 덕분에 이슬람 사회의 변화 가능성을 보여줄 수 있는 것이다.

이러한 이슈들은 2015년 이래 여러 번의 테러가 발생한 프랑스에 내재한 이슬람에 대한 두려움(이슬라모포비아에 관한 내용은 17장 참고)을 보여준다. 실제로 프랑스를 비롯해 유럽 국가에서는 유럽의 이슬람(아랍)화를 뜻하는 '유라비아Eurabia'라는 반이슬람 정서를 노골적으로 드러내고 있다. 이는 중동 및 북아프리카 지역에서 유입된 무슬림이 유럽 백인들보다 상대적으로 높은 출산율을 보여 무슬림들이 급증하는 일상에 마주하며 발생한 반감으로 보인다. 더군다나 9·11 이후 서방에 형성된 테러에 대한 공포는 무슬림과의 공존을 곧 안보 위협으로 인식하게 했다. 프랑스도 마찬가지다. 나날이 증가하는 이슬람 난민 유입과 수용에 관한 국내외적 압박으로 현재 프랑스 사회의 이슬라모포비아는 확산되고 있다. 게다가 이슬람이 유럽 내 보수-진보 진영의 정치 갈등에 이용되면서, 종교적·문화적 차원을 넘어 사회 전반에 걸쳐 이슬람에 대한 편견이 양산되고 있다.

하지만 이런 식의 담론 형성은 2019년 약 5%였던 무슬림 인구가 2050년 12.7%까지 증가할 것이라는 프랑스의 인구 속성 변화로, 크고 작은 사회문제를 일으킬 가능성이 있다. 타자에 대한 두려움은 곧 부정적인 고정관념을 키워 그들을 차별하게 만든다. 이러한 사회적 배제는 무슬림 공동체의 분노를 키워 혐오가 혐오를 낳는 악순환을 가속화한다. 그리고 종국에는 두려움의 본질을 파악하려는 의지를 잃어버린 채, 원주민과 이슬람 이주민 그리고 이민 후속 세대들 간에 혐오의 감정만 남게 될 것이다. 이주민을 수용하는 국가들은 이러한 인구사회학적 변화에 유연하게 대처해야 하는데, 그렇다고 자국민들에게 타 문화에 대한 무조건적인 수용을 강요할 수도 없다. 하지만 이슬람 이주민들에 대한 탄압과 배제를 강화할수록 이슬람 공동체의 결속력과 폐쇄성은 더욱 심화된다는 사실을 반드시 기억해야 한다. 이제는 이슬람에 대해 경직된 사회 분위기를 전환하려는 정부의 정책- 이주민 공동체 - 프랑스 국민 간 협력이 필요할 것으로 보인다. 그래야 아프리카계 흑인 의사 세욜로에게 진료를 받고, 식당 뒤편에서 삼바가 요리한 프랑스 음식을 먹고, 여느 10대 아이들과 다를 바 없는 천방지축 모모와, 백인 아이를 돌보는 폴과 살리와 함께 살아갈 수 있을 것이다.

#프랑스 #라이시테 #무슬림 이민자 #유라비아 #부르카 #부르키니

• 17 •
아프리카를 향한 인류애
더 나은 세상에서 함께 살아갈 우리 모두를 위하여

영화 〈바벨(Babel)〉(2006), 〈인어베러월드(In a Better World)〉(2010), 〈13시간(13 Hours: The Secret Soldiers of Benghazi)〉(2016)
배경 국가 모로코, 수단, 리비아

가끔 상상해 본다. 나와는 전혀 상관없으리라 생각하는 지구상의 누군가와 인연이 닿아 있다면, 그곳이 바로 지구본을 반 바퀴 정도 돌려 만나는 아프리카 대륙이라면. 디지털 기술의 발달과 함께 미디어 플랫폼의 다양화로 이와 같은 물리적 거리는 극복하고 있지만, 우리는 케냐의 카렌(2장)이나 튀니지의 살마(15장)와 연결되어 있다는 사실을 쉽게 받아들이지는 못한다. 다만 호기심을 가지고 우리와 조금은 다른 모양새로 살아가는 그들의 세계를 미디어 콘텐츠를 통해 엿볼 뿐이다. 알고 보면 나의 삶이 그들의 삶이 되기도 하고, 그들의 삶이 우리의 삶이 되기도 하는데 말이다.

바벨탑의 사람들: 모로코 vs. 미국

영화 〈바벨〉에서 한 무리의 서양인 관광객을 태운 대형버스 한 대가 모로코 중부 아틀라스 산악지대를 가로질러 와르자자트로 향하고 있다. 풀 한 포기조차 없이 모래 먼지만 날리는 황량한 산등성이에는 목동인 유세프와 아흐메드 형제 둘뿐이다. 그들은 가족의 귀한 자산이자 생계 수단인 염소를 지키기 위해 포식자인 자칼을 사살해야 했다. 이를 위해 아버지 압둘라는 이웃인 하산에게 500디르함(2023년 1월 환율 기준 한화 약 6만 원)과 염소 한 마리를 주고 소총을 산다. 그러곤 아들 둘에게 총을 건네며 자칼로부터 염소를 지키라고, 비록 그것이 동물을 사살하는 행위지만 그보다 가족을 지키는 것이 중대한 가장의 역할이라고 신신당부한다. 이에 반해 엄마와 누이는 집안일을 하며 매사에 큰 소리 한번 내지 못한다. 이러한 장면들을 통해 기원전부터 모로코 아틀라스 산맥 인근에서 유목 생활을 하며 염소 사육으로 우유, 가죽 등을 판매해 생계를 유지해 온 베르베르족의 생활 방식을 엿볼 수 있다.

아버지의 바람대로 형제는 호기롭게 염소를 몰고 나가지만, 표적을 정확히 겨냥하기는커녕 격발 시 반동에 몸이 휘청일 정도로 작은 아이들일 뿐이었다. 게다가 "내가 너보다는 총을 더 잘 쏘지"라며 경쟁적으로 방아쇠를 당기던 아이들은 결국 사고를 치고 만다. 자칼 대신 외길을 달리던 관광버스에 총질한 유세프와 아흐메드 형제는, 자신들의 실수로 무고한 마을 사람들이 미국인 관광객을 저격한 테러리스트로 지목되자 두려움에 휩싸인다. 여기서 미국인들이 이슬람 세계를 바라보는 시선이 적나라하게 드러난다.

그 누구도 예상하지 못했던 2001년 9·11 테러는 미국뿐만 아니라 세계적으로 상당한 트라우마를 남겼다. 테러범에게 납치된 비행기가 번영의 상징인 미국 세계무역센터 쌍둥이 빌딩에 날아와 꽂히는 장면이 반복 보도되며 테러에 대한 공포심을 자극했기 때문이다. 여기에 이슬람, 테러리즘, 폭력성이 한데 묶여 천편일률적으로 보도되자 무슬림은 종교의 이름으로 성전(지하드)을 자행할 수 있는 잠재적인 테러리스트가 되었다. 이로써 '공격당한 미국attacked America'은 이슬람이라는 세계악에 맞서는 선의 당위성을 획득했고, 세계 경찰 역할을 자처한 당시 부시 정권은 '테러와의 전쟁'을 선포한다. 이는 비국가 행위자인 테러 집단을 새로운 위협으로 규정하고 예방전쟁preventive war(자국의 상대적 열세를 미리 방지하고자 상대국에 도발하는 전쟁)이라는 개념을 도입한 것이다. 나아가 일방적인 미국식 패권주의를 내세우며 이란, 이라크, 북한을 악의 축으로 규정하고 2003년 이라크 전쟁을 일으켰다. 그러자 미국을 중심으로 한 서방과 중동 지역을 중심으로 한 이슬람 문화권의 갈등은 고조에 이르렀다. 이는 선을 행하는 서구 백인과 악을 일삼는 중동·이슬람·아랍이라는 지역적·종교적·언어적·문화적 요소가 혼재된 대립각을 대중에게 각인시키는 계기가 되었다. 결과적으로 이슬람교와 그 신도인 무슬림에 대한 적대감이 비합리적인 두려움으로 나타난 이슬람 공포증(이슬라모포비아Islamophobia)이 전 세계로 퍼져나갔다.

〈바벨〉에서 무고한 미국인이 저격당하기 전부터 이슬람 공포증은 사소한 행동으로 드러난다. 백인 관광객들은 끊임없이 모로코 마을 사람들을 의심하고, 식당에서 제공하는 얼음이나 식기류조차 믿지 못하는 등 내재된 편견을 드러낸다. 이는 다인종·다민족·다문화 사회의 대명사인 미국이 국제사회에 심어놓은 가장 노골적인 차별로, "선량한 미국인 관광객을 저격한 모로코 테러리스트"라는 이분법적 논리를 정당화한다. 관광객을 상대로 한 단순 강도 사건으로 수사를 진행하는 모로코 정부와 테러리스트의 소행이라 여기는 미국 정부의 입장이 외교 갈등으로 점화된다. 한 개인의 사고가 국가 간 신경전으로 번지자 정작 총에 맞은 수전과 그녀의 남편 리처드는 현지 가이드가 거주하는 타자린Tazarine이라는 작은 마을에서 두 정부가 합의점을 찾기까지 하염없이 구조를 기다릴 수밖에 없다. 테러리스트 청정 국가를 자신하는 모로코 정부는 수사가 진행 중이라며, 미국이 자국민을 보호하기 위해 어떠한 조치도 취할 수 없도록 막아선다. 이 사건을 어떻게 해결하느냐에 따라 모로코의 국가 이미지와 향후 경제 상황이 상당히 달라질 수 있기 때문이다.

실제로 이웃 나라인 튀니지의 경우, 2015년 3월과 6월 외국인 관광객을 대상으로 발생한 테러(튀니지 국립 바르도 박물관과 휴양도시 수스 해변의 무차별 난사 사건)로 인해 국가의 주요 산업인 관광 서비스업이 큰 타격을 입었다. 테러가 발생하면 외국인 관광객이 급감하고 전반적인 국가 이미지가 나락으로 떨어질 수 있다. 결국, 튀니지 경제의 16% 정도를 책임지는 관광업계가 흔들리자 경제적 손실은 물론이고 고용 시장까지 악화되었다. 이렇다 보니〈바벨〉속 모로코 정부는 필사적으로 미국인 관광객 총격 사건이 테러가 아님을 국제사회에 공표할 필요가 있었다.

포스트 9·11 시대와 우리 안의 이슬람에 대한 편견

그렇다면 우리는 '이슬람'에 대해 어떠한 이미지를 가지고 있을까? 구조 헬기를 기다리던 리처드는 사소한 언행으로 무슬림에 대한 편견을 드러낸다. 하루 다섯 번 메카를 향해 절하는 모로코 현지 가이드의 모습을 낯설게 바라보거나, 아이가 다섯 명이라는 그에게 아내가 몇 명이냐고 반문한다. 그러나 실상은 이러했다. 그는 단지 이슬람의 행동 규약 중 하나인 기도를 한 것이고, 일부다처제는 과거 전쟁이 빈번했던 중동 지역에서 가족공동체를 구하기 위해 허용한 것이었다. 오늘날에는 현실적으로 까다로운 절차와 과도한 부양 책임으로 인해 일부 보수적인 이슬람 사회에서만 행해지며, 튀니지처럼 온건 이슬람을 표방하는 나라에서는 일부다처제를 법적으로 금지한다(15장 참고). 이뿐만 아니라 영화 속에서는 긴박한 상황에 마쳐나 수술 장비 대신 라이터에 간신히 소독한 바늘로 상처를 꿰매거나 진통제 대신 주술적인 행위로 수전을 안정시키는 야만적인 의료 행위를 통해 문명과 대비시킨다. 이는 그동안 이성적·합리적·과학적인 서구가 문명화라는 사명으로 비이성적·비합리적·비과학적인 비서구를 지배할 수 있는 이분법적 논리였고, 9·11 이후 이슬람 사회에 더욱 왜곡된 형태로 적용되었다. 1장에서 살펴본 부시맨을 시작으로 아프리카 전체를 바라보는 서구의 시선과 크게 다르지 않다.

한국 사회도 이슬람을 향한 고정된 프레임에서 벗어나지 못한다. 예를 들어, 무슬림 이민자에게 "한국 사회에 적응하게 하려고 일부러 국에 돼지고기를 넣으라고 했다"라거나 "IS의 I는 이슬람인데, S는 뭐의 약자냐, 뭔가 전투적인 용어일 것 같은데"라는 말을 스스럼없이 내뱉는다(KBS 〈이웃집 찰스: 코트디부아르 숨, 한국에 살고 싶어요〉, 2015년 5월 5일 방송). 2016년 1월에는 인천공항 화장실에 아랍어로 쓴 협박성 메모와 폭발물로 의심되는 물체를 남긴 남성이 검거되는 해프닝도 발생했다. 이는 이슬람(교)과 아랍(어) 그리고 테러라는 연결 고리가 키워낸 삐뚤어진 문화 감수성의 단면을 보여준다. 어찌하여 이렇게 평범한 사람들의 일상에까지 이슬람에 대한 편견이 뿌리를 내린 것일까?

여기에는 아랍·이슬람에 대해 '우리 vs. 그들'로 구분 짓는 세계관이 영향을 미친 것으로 보인다. 서구는 고대부터 오늘날에 이르기까지 혼돈 상태의 중동 지역을 규정할 때마다 이런 잣대를 활용해 왔고, 한국과 같이 아랍·이슬람과 연결 고리가 약한 문화권에서는 서구의 논리를 그대로 받아들였다. '우리'와는 다른 '그들'로 타자화하는 과정은 리비아를 사례로 살펴볼 수 있다.

〈사막의 라이온〉에서 온 힘을 다해 서구 세력에 대항했던 리비아(9장 참고)는, 1969년 쿠데타로 권좌에 오른 카다피가 2011년 이웃 나라 튀니지에서 불어온 아랍의 봄으로 축출될 때까지 42년 동안 독재 정권 하에 있었다. 그는 철저히 반미 노선을 밟으며 사회주의와 범아랍주의 정책을 시행하여, 미국의 로널드 레이건 전 대통령이 1986년 기자회견에서 그를 중동의 미친개the mad dog of the middle east라고 부르기까지 했다. 그러던 리비아가 2003년 12월 핵 포기를 선언하며 미국과의 관계 개선에 긍정적인 신호가 감지되었다. 카다피는 2009년 유엔총회에서 세계의 이목이 집중되자 한껏 들떠 스스로를 아프리카의 왕중왕Africa's king of kings[아프리카 통합을 위해 2002년 아프리카연합(AU)을 창설할 때부터 공들여 온 별칭]이라 칭하며 장광설을 늘어놓았다. 하지만 아랍 민주화 혁명이 한창이던 2011년 10월, 살려달라고 애원하는 독재자 카다피의 비참한 최후가 분노한 시민의 휴대폰 영상으로 남게 되었다. 결국 서구 중심의 '선과 악'의 틀에서 철저히 악마의 화신이 될 수밖에 없었던 카다피는, 서구의 개입을 정당화하는, 국제사회에 만연한 9·11 이후 반이슬람적 보도(포스트 9·11 저널리즘)의 요긴한 기삿거리가 되었다. 이러한 맥락에서 영화 〈13시간〉은 이슬람 문화권의 시각으로 9·11의 의미를 되돌아보게 한다.

'13시간'은 2012년 9월 11일 저녁 8시 40분, 무장 괴한들이 리비아 벵가지 소재 미국 영사관을 습격한 때부터 다음 날 새벽 탈출에 성공하기까지 걸린 시간이다. 2011년 아랍 세계의 민주화 혁명으로 독재자를 축출한 여느 나라들과 마찬가지로, 리비아 역시 카다피 축출 후 권력 공백을 차지하기 위한 세력 다툼으로 아수라장이 되었다. 특히 카다피가 그동안 은닉해 온 무기 상당수가 민병대 손에 들어갔고, 대화보다는 무력을 일삼던 '2월 17일 여단'과 또 다른 무장 세력은 미국에 대한 견해차로 첨예하게 맞서고 있었다. '2월 17일 여단'이란, 튀니지가 2011년 1월 14일을 재스민 혁명일로 기념하듯 리비아 역시 카다피 정권에 종식을 요구했던 2011년 2월 17일을 '분노의 날'로 정했다. 그런데 무장단체 중 하나가 이를 빌려 작명한 것이다. 이들은 9·11을 떠올리며 안보에 위협을 느끼는 미국이 2012년 14분짜리 단편영화 〈무슬림의 순진함 Innocence of Muslims〉을 제작해 반미 세력을 자극하자, 미국 편에 서서 무장단체에 대한 공격을 도왔다.

그럼에도 불구하고 벵가지의 미국 영사관과 CIA 비밀기지가 테러를 당해 리비아 주재 크리스토퍼 스티븐슨Christopher Stevens 대사를 포함해 미국인 네 명이 목숨을 잃었다. 이처럼 9·11 이후 반복되는 참극은 미국과 이슬람 세계 사이에 팽배한 긴장감을 넘어 전 세계적인 반이슬람 정서로 확산되고 있다. 결국, 서로에게 가하는 폭력은 혐오를 키웠고, 아프리카의 무슬림들은 패권 국가인 미국과의 관계에 따라 운명이 결정되는 상황에 놓인 것이다.

경계를 넘기 위해 다시 바벨탑으로

영화 〈바벨〉에는 영어, 스페인어, 모로코식 아랍어 사투리, 프랑스어, 일본어 총 다섯 개의 언어가 뒤엉켜 있다. 일본인 야스지로가 모로코 사냥 여행의 현지 가이드인 하산 이브라함에게 소총을 선물한 것을 계기로 다섯 개 이방의 언어들은 '바벨'을 완성해 나간다. 영화 〈바벨〉은 『성경』 「창세기」 11장 '바벨'의 실사판이라 할 수 있다.

온 땅의 언어가 하나요 말이 하나였더라(「창세기」 11 : 1).
성읍과 탑을 건설하여 그 탑 꼭대기를 하늘에 닿게 하여 우리 이름을 내고 온 지면에 흩어짐을 면하자 하였더니(11 : 4).
(여호와께서 이르시되) 이 무리가 한 족속이요 언어도 하나이므로 이같이 시작하였으니 이후로는 그 하고자 하는 일을 막을 수 없으리로다(11 : 6).
우리가 내려가서 거기서 그들의 언어를 혼잡하게 하여 그들이 서로 알아듣지 못하게 하자 하시고(11 : 7).
그러므로 그 이름을 바벨이라 하니 이는 여호와께서 거기서 온 땅의 언어를 혼잡하게 하셨음이니라 여호와께서 거기서 그들을 온 지면에 흩으셨더라(11 : 9).

영화가 노골적으로 말하지 않은 구절 일부를 살펴보자. 한때 모두가 같은 언어를 쓰며 자유롭게 소통하며 살았지만, 인간의 욕심이 하늘 높은 줄 모르고 치솟자 신은 지역·민족·문화권에 따라 인간의 언어를 달리하여 서로를 향해 오해와 불신을 드러내도록 하는 벌을 내렸다. 모로코의 유세프 형제도, 일본의 농아 치에코도, 미국의 데비 남매도, 그들의 부모들 사이에 사슬처럼 얽힌 사연들로 인해 지구를 가로지르는 바벨탑의 증거가 된다. 이처럼 인간의 욕심은 바벨 안에 갇혀 서로에게 생채기를 내고 있다. 아마 영화는 바벨탑 안에서는 바벨탑을 전혀 보지 못하는, 고질적으로 서로를 미워하며 폭력을 가하는 인간의 어리석음을 우회적으로 보여주고 있는지 모른다. 다른 생김새에 다른 언어를 쓰지만, 결국 '우리'라는 것이다.

그렇다면 우리는 한국뿐만 아니라 아프리카 대륙 안팎에 내려앉은 폭력이라는 환영에 어떻게 대처해야 할까? 〈바벨〉 안에서도 차이에 대한 차별은 폭력으로 나타났다. 장애와 비장애, 이주민과 원주민, 서구와 이슬람으로 양분된 세계 곳곳은 특정 집단을 사회 내 소수로 낙인찍어 언어적·감정적·신체적 폭력을 가했다. 이에 〈인어베러월드〉는 폭력은 폭력으로만 응수할 수 있는지 되묻는다. 수단 난민 캠프에서 의료 봉사를 하는 덴마크 출신 의사 안톤은, 마을 여성들을 상대로 차마 입에 담지도 못할 가학 행위를 저지르는 '빅맨'을 환자로 맞는다. 그의 선넘은 폭력에 마을 사람들은 공포에 떨어야 했고, 안톤 역시 내적 갈등에 시달린다. 아무리 폭력성이 극에 달한 환자라도 의사로서 의무를 다해 치료해야 하는지, 악마의 생명을 연장하는 것이 과연 의사의 도리인지 말이다. 과연 선으로 악을 뛰어넘을 수 있는 것인가? 누구나 살면서 직면할 수 있는 딜레마다.

결국, 안톤은 난민 캠프 사람들의 호소에도 불구하고 악마 빅맨이 두 다리로 캠프를 걸어 나갈 수 있게 치료한다. 그는 의사로서 책임을 다하고, 그 후 빅맨의 행로는 그의 운명에 맡겼다. 목발에 의지한 채 무방비 상태로 나온 빅맨은 분노한 주민들에 의해 자신이 저지른 악의 대가를 치를 수밖에 없었다. 난민 캠프의 수단 사람들도, 덴마크의 의사도, 바벨탑 안에서 자기 앞의 폭력에 굴복하기도 하고, 때로는 자신이 모르는 사이에 정당방위라는 명목으로 폭력의 행위자가 되기도 한다. 그리고 자신이 처한 상황이 더 절박하다고 여길수록 상대에 대한 폭력성은 짙어지기에, 아프리카는 바벨탑의 외진 곳에서 폭력의 희생양으로 영원히 남거나 더 극악무도한 폭력의 세계에 자신을 가두게 된다.

윌레 소잉카(1장 참고)는 『오브 아프리카』(2017)의 말미에 요루바족의 토착 종교인 '오리사교'를 소개한다. 이는 나이지리아 서부 해안의 토착민인 요루바족이 믿는 종교로 특정 신을 섬기는 것은 아니지만, 오리사교를 관통하는 신앙의 큰 줄기가 있다. 바로 선악에 대한 이분법적 구분이 없다는 것이다. 이러한 방식은 칼라하리 사막에 사는 코이산족과 도시에 사는 백인을 구분하지 않고, 오직 한 '인간'으로만 바라보게 한다. 과거 아프리카 대륙에 기독교가 유입될 때, 선교사들은 아프리카의 영적 의식을 비과학적(미신)이고 주술적(우상 숭배)이라는 이유로 악마의 행위라고 비판했다. 이처럼 아프리카는 이원론의 부정적인 부분을 담당하며 언제나 피해를 보는 수동적인 위치에 서 있었다.

하지만 오리사교는 갈등을 해결하는 지혜와 타협의 의지, 그리고 다름을 배제의 대상이 아닌 포섭과 관용의 대상으로 바라본다. 또한, 오직 신만을 숭배하는 광신주의를 거부하고 공동체 중심의 인간 사회에 대한 결속에 주목한다. 이러한 연유로 갈등보다는 평화와 타협, 순응과

조화를 기본으로 한 인간적 가치가 바로 오리사교의 핵심이다. 오리사교가 우리와 그들의 경계를 허무는 데 절대적인 해결책이 될 수는 없지만, 종교성을 넘어 인간을 바라보는 가치관과 그것이 아프리카를 관통하는 방식은 눈여겨볼 만하다.

실제로 앞서 살펴본 영화 〈오직 사랑뿐〉(2장), 〈바람을 길들인 풍차 소년〉(12장)에는 아프리카 특유의 갈등을 봉합하고 합의하는 방식이 나온다. 보츠와나에서도 말라위에서도 마을에 분쟁이 생기면 그늘막 하나 없는 뙤약볕 아래에서 추장과 원로가 주도하는 마을 회의가 열린다. 그들은 공개적으로 자신의 의견을 말하고 원로들의 말을 경청하며 합의점에 도달하기까지 토의한다. 누구 하나 독단적으로 의견을 몰아가거나 성급히 회의를 마무리하지 않고, 모두가 찬성할 때까지 회의를 끌어나간다. 이는 전통 사회의 공동체 중심 문화에 기인하는데, 조금은 느릴지라도 '함께', '멀리' 가려는 우분투 정신(7장 참고)이 깃든 것이라 할 수 있다. 우리가 그동안 간과해 온 아프리카의 정신이기도 하다.

하지만 오늘날 시대가 변하고 아프리카 대륙에 청년층이 증가하면서 합의 방식도 달라지고 있다. 이들은 도시화와 디지털화로 인해 빠르게 도시로 유입되어 스마트기기로 소통한다. 그에 따라 고인 물로 정체되어 버린 자국의 거버넌스에 비판 의식을 품게 되었고, 청년 실업률이 대변하듯 사회적·경제적으로 소외된 청년층의 불만이 쌓여만 갔다. 특히 2011년 아랍의 봄 이후 정부의 인터넷 검열과 통제에도 불구하고 세상 밖 이야기에 대한 청년층의 갈급함이 커져 결국 목소리를 내기 시작한 젊은이들로 인해 정치적 변화가 나타나고 있다. 예컨대 2019년 4월 수단(30년 통치한 알바시르 정권 축출), 알제리(20년 통치한 부타플리카 대통령 하야)의 정권 교체나 2018년 에티오피아의 아프리카 최연소 총리인 아비 취임 등이 있다. 특히 나이지리아에서는 경찰 개혁을 주장하며 강도소탕특공대인 SARS^{Special Anti-Robbery Squad}의 해체를 요구하는 #EndsSARS 운동이 젊은이들을 중심으로 일어나, 부패한 현 부하리 정권에 맞서는 시위로 확대되기도 했다.

이처럼 아프리카의 지도자들은 더는 미디어를 통제하는 일회성 언론 탄압으로 국민들을 속일 수 없게 되었고, 세대 변화에 유연하게 대처하지 않으면 정권 유지가 어려울 수 있다는 사실을 목도하고 있다. 2021년 6월에는 온·오프라인에서 행동하는 청년 3000여 명의 민주화 요구 시위에 아프리카 유일의 절대왕정 국가인 에스와티니 국왕 음스와티 3세의 해외 도피설이 돌기도 했다. 따라서 이제는 아프리카의 전통적인 사고의 틀 안에서 새로운 환경 변화에 빠르게 적응해 나가는 젊은 세대들을 포섭할 전략이 필요한 때다. 이를 위해 지구 곳곳에 흩어진 바벨탑의 사람들을 둥글게 바라볼 수 있는 용기와 편견 없이 서로를 알아볼 수 있는 지혜를 축적해 가길 기대해 본다.

함께 읽으면 좋은 책!

• 『오브 아프리카(Of Africa)』(2017). 월레 소잉카 지음, 왕은철 옮김, 삼천리.
  2부 「몸과 영혼」.

#이슬라모포비아(이슬람 공포증) #포스트 9·11 저널리즘(post-9·11 journalism) #노벨 문학상

안녕? 안녕, 아프리카

얼마 전 클래식 전문 라디오 방송을 듣던 중, 존 배리John Barry가 작곡한 영화 〈아웃 오브 아프리카〉의 테마곡과 아나운서의 설명이 흘러나왔다. 미디어를 통해 '아프리카'라는 단어만 나와도 관심을 가져온 터라, 클래식 음악 채널에서 아프리카가 들려오니 더없이 반가웠다. 당시 라디오 방송 DJ는 '아프리카적인 느낌'이 난다고 몇 번이나 이야기했다. 제국주의적 시선이 가미되었다는 비판에도 불구하고 스크린을 가득 채운 케냐의 광활한 초원과 호수를 날아오르는 홍학의 모습은 아프리카를 향한 노스탤지어를 고스란히 담아냈다. 영화 속 장면들에 감성을 더하는 주제곡이, 영화가 세상에 나온 지 40여 년이 되어가는데도 아프리카의 느낌과 이미지를 강화하는 듯했다. 이 책 저술 작업이 지지부진하던 차에, 영화로 아프리카 문화를 읽어내는 작업을 마무리해야 할 동인을 재확인하는 시간이었다.

특정 대상에 대해 잘 알지 못한다는 것은 두 가지 생각의 여지가 있다. 잘 알지 못하기 때문에 열린 마음으로 호기심을 가지거나, 편향된 정보에 매몰되어 무지에 대한 두려움으로 혐오라는 극단적인 감정을 키울 수도 있다. 대부분의 사회문화적 편견은 이러한 사고 과정을 거친다. 아프리카에 대한 편견도 마찬가지다. 대항해 시대부터 시작된 미지의 땅 아프리카에 대한 호기심은 날것의 자연환경과 그곳에 사는 원주민들에 의해 극대화되었다. 그리고 명문화된 역사가 부재한 아프리카

그림 17-1 DR콩고 고마의 영화관

자료: 저자 촬영(2016.6).

땅을 소유하고 싶었던 제국들은 독재, 내전, 빈곤과 같은 혼란스러운 상황을 부추겼다. 이는 문명화의 사명으로 식민 지배를 정당화하기 위함이었다. 하지만 식민지 경험은 아프리카를 더욱 정체시켰고, 공적 개발원조도 아프리카를 저발전에서 완전히 구해내지 못했다. 기대 이하의 결과에 대한 실망과 피로감은 아프리카에 대한 편견을 키울 뿐이었다. 이처럼 아프리카를 에워싸고 있는 악순환의 굴레는 어떻게 끊어낼 수 있을까?

이 질문에 대한 답을 구하기 위하여 프롤로그에서 언급한 4D^{Death,} $^{Disease, Disaster, Despair}$를 넘어 History(역사), Healing(치유), Health(건강), Hope(희망)의 4H를 제안해 본다. 『시네 아프리카』에서 소개한 영화들은 그동안 반복되어 온 4D를 극복할 수 있는 4H를 담아내기 때문이다. 이는 아프리카를 재발견함과 동시에 향후 아프리카를 폭넓게 이해하는 기회가 될 것이다. 이제는 서구의 시선에 가려져 잃어버린 아프리카의 역사History를 되찾고, 뼈아픈 과거사로 인한 아픔을 치유Healing하는 동시에 건강한 신체와 마음Health을 회복하여 아프리카 스스로 희망적인 내일Hope을 꾸려갈 때다.

영화 속 4H 찾기

History: 잃어버린 아프리카 역사 찾기

아프리카 대륙에 발 디뎌본 적이 없다는 사실이 아프리카에 대한 무지를 정당화할 수 없다. 특히 오늘날처럼 온라인 미디어 콘텐츠가 활성화된 시대에는 말이다. 직접 피부에 와닿는 경험이 아니더라도 언제 어느 곳에서든 원하는 정보를 습득할 수 있기 때문이다. 하지만 아프리카는 우리의 관심에서 조금은 벗어나 있는 듯하다. 특히 아프리카 대륙에 점철된 가난의 굴레와 그에 따른 연민과 안타까움은 아프리카의 역사, 지리, 자연환경을 가리고 있다.

그리고 54개국으로 이루어진 아프리카 대륙을 하나의 국가로 간주하며 각 국가의 민족적·역사적 정체성을 뭉뚱그린다. 이는 제국주의 시대, 타자의 힘의 논리로 그어진 국경선 때문에 오늘날까지 갈등의 요소로 남아 있는 그들의 '진짜' 역사 이야기에 대해 함구하는 것으로 이어진다. 예컨대 최초의 인류 발견 당시, 고고학자들이 비틀스의 노래 「루시 인 더 스카이 위드 다이아몬드」를 들었다는 이유로 그 이름을 '루시'라고 명명해 버린 것처럼 아프리카인들의 역사는 아프리카 밖의 사람들에 의해 정리되곤 했다(2장 참고). 또는 루시가 에티오피아 지역에서 발견되었다는 사실이 공개되었을 때, "우리의 조상이 흑인이라고?"라는 의구심을 품으며 유구한 아프리카의 역사를 인종주의 담론으로 끌어내리기도 했다. 이렇게 가려진 역사는 원시 부족, 동물의 왕국, 내전 및 소년병과 같은 야만적인 요소로 영화에 그려진다.

Healing: 마음을 다해 회복하기

아프리카 역사에는 아픔이 많다. 우리가 일제 식민지 시절을 역사적 트라우마로 안고 살아가듯, 아프리카 역시 유럽을 비롯한 서구 열강의 땅따먹기의 표적이었던 시간을 안고 살아가고 있다. 그리고 무엇보다 그들을 더욱 절망에 빠뜨리는 것은, 식민지 이전의 역사는 거의 알려진 바가 없다는 것이다. 마치 아프리카 대륙의 역사는 서구에 의해 시작된 것처럼, 그 이전의 유구한 아프리카는 아무것도 아닌 것처럼 말이다.

이제는 식민지 역사에 대한 아픔을 드러내 치유할 때다. 되돌릴 수 없는 시간에 대한 자기반성은 현재를 살아가는 우리의 관심으로 재조명될 수 있기 때문이다. 아프리카인 스스로 역사를 이야기하는 시간이 필요하며, 그 역사를 배우는 우리는 열린 마음으로 그들의 목소리를 들을 준비를 해야 한다. 이것이 과거의 아픔을 진정으로 치유할 방법이며, 상처를 딛고 제힘으로 일어설 수 있는 유일한 길이다. 이제 역사적으로, 전 지구적으로 소외되어 온 아프리카 스스로 목소리를 낼 수 있도록 회복하는 시간과 기회를 내어줘야 한다. 최근 제작되는 영화에서는 아프리카의 사회문화적 맥락으로 인해 형성된 정치인 리더십의 양면성, 곪아 터진 민족 갈등을 사회 통합으로 이끌어가는 힘, 교육을 통해 장기적인 계획을 꾸려나가는 모습을 보여준다.

Health: 편견에 맞설 힘 기르기

아프리카 전체에 드리운 가난의 굴레는 비위생적인 환경으로 이어져 각종 질병에 노출되는 악순환으로 반복된다. 게다가 전 세계적인 빈익빈 부익부 현상이 아프리카 곳곳의 내부 문제에도 영향을 미쳐 교육 격차 또한 심화되고 있다. 이것이 바로 자동 기부전화 한 통만으로 그들을 일으킬 수 없는 이유다. 아프리카인들은 가난한 환경 속에서도 언제나 행복하고, 안분지족한 삶을 살아간다는 추상적인 생각은, 빈곤에서 파생된 비위생적인 여건 개선에 대한 인식을 약화한다.

지금의 아프리카를 고착화한 가장 큰 원인은 '가난한 아프리카'를 당연시했던 우리의 태도일지 모른다. 따라서 지금 그들에게 가장 필요한 것은 안전한 의식주 환경 보장으로 신체 건강을 위협하는 요소를 최소화하는 것이다. 나아가, 오늘의 노동은 매우 값지며 이는 곧 내일에 대한 희망이자 더 나은 삶을 영위할 수 있는 필수조건임을 그들이 인지하도록 해야 한다. 이처럼 심신이 건강한 삶을 독려하는 개발 협력 관련 영화들이 과거로의 회귀나 악순환을 끊어낼 수 있도록 문제의식을 자극한다.

Hope: 희망적인 내일을 스스로 만들어나가기

물론 개발 협력이라는 미명 아래 시행되는 원조가 수혜자들의 의지를 무너뜨린 것도 사실이다. 여전히 아프리카 국가 대다수가 높은 채무 위험에 빠져 있고, 국가 재정의 상당수를 원조에 의지하고 있다. 그리고 일부 국가를 제외하고는 여전히 글로벌 공급망에서 소외되어 고비용을 지불하고 선진국이 제조한 제품을 살 수밖에 없는 형편이다. 이는 '지속 가능한' 개발 협력에 대한 논의의 중요성과 맞닿아 있다.

특히 전 지구적 차원에서, 젠더 차원에서 소외되어 이중적으로 억압받는 아프리카 여성들은 세상을 향해 어떤 목소리를 내려고 할까? 무슬림 가정에서 자라나 전통과 현대의 갈등을 고스란히 겪어야 했던 젊은 이들은 어떤 내일을 구상하고 있을까?

우리는 모국을 떠나 아프리카 밖, 유럽에서 이민자로 살아가는 아프리카인들의 삶을 영상으로 들여다보며 그들이 진정으로 하고 싶은 이야기가 무엇인지 영화를 통해 상상해 볼 수 있다. 이처럼 영화 속 '보통의 아프리카'는, 내일의 희망을 이야기하는 것이 오늘날의 아프리카가 희망 없는 땅이라고 규정짓는 것이 아님을 보여준다.

어쩌면 아프리카는 스스로 목소리를 내기보다 원조에 기대는 임기응변식 대처에 익숙해졌는지 모른다. 이는 그들의 수동적인 삶의 방식에 대한 비난 이전에, 원조라는 이름으로 행해졌던 물질적인 도움이 오히려 그들을 안주하게 만든 것은 아닌지 되짚어 보게 한다. 또한 반복되는 가난의 굴레를 끊어내지 못하는 아프리카인들의 의식 문제를 많은 이들이 지적하고 있지만, 최소한의 의식주도 보장되지 않는 상황에서 오늘보다 더 나은 내일을 희망하는 사치를 강요해 온 것은 아닌지 생각해 볼 필요가 있다.

동화 『정글북The Jungle Book』과 「백인의 짐The White Man's Burden」으로 유명한 영국의 소설가이자 시인인 러디어드 키플링Rudyard Kipling은 자신의 시 「영국 국기The English Flag」에서 다음과 같이 말했다.

"영국만 아는 이들이 영국에 대해 무엇을 알아야 할까?"

영국 안에서는 우물 안 개구리처럼 영국을 제대로 알 수 없다는 말이다. 백인 우월주의와 제국주의의 옹호자라는 키플링에 대한 평가에도 불구하고, 한 문화를 이해하기 위해 그 문화권에서 나와봐야 한다는 그의 지적은 일리가 있다. 영국인이지만 식민지 인도에서 태어나 영국을 새로운 시각으로 바라본 키플링처럼, 한국을 이해하기 위해 한국 밖, 아프리카의 렌즈로 세상을 바라보는 것도 하나의 도전이 될 것이다.

원고를 마무리하며 다시 걱정에 휩싸였다. 영화를 통해 그동안 자세히 다루어지지 않은 아프리카의 사회문화적 배경을 정리하고 싶었지만, 오히려 독자들의 선입견을 키우고 또 그것을 강화한 것은 아닌지 주저하게 되었다. 하지만 한 가지 분명한 사실은, 우리가 생각해 온 '그' 아프리카는 생각보다 괜찮다. 사람들이 모이면 각자의 우주가 오는 것이기에 그 나름의 희로애락이 뒤섞여 서사가 생길 수밖에 없다. 그래서 "사람 사는 곳이 다 비슷비슷하다"라는 말이 아프리카에서도 통한다. 그 속에는 갈등과 다툼이 있을 테지만, 기쁨과 조화도 있을 것이다. 우리는 무언가 삐걱거리는 이야깃거리에 관심을 더 두지만, 우리와 별반 다를 것 없는 일상에 위로받기도 한다. 특히 단시간에 초고속 성장을 이뤄낸 빨리빨리 문화를 품은 한국 사회에서는, 자신만의 속도로 레이스를 펼치는 아프리카가 한없이 부족하고 안타까워 보일 수도 있다. 하지만 느린 변화는 그만큼 후유증이 적을 수도 있다는 사실을 기억했으면 좋겠다. 『시네 아프리카』를 통해 '역시 아프리카'라는 고정관념을 재확인하기보다 그 속내를 들어보는 기회를 갖길 간절히 바라본다.

[참고문헌]

• 책

고레비치, 필립(Philip Gourevitch). 2011. 『내일 우리 가족이 죽게 될 거라는 걸, 제 발 전해주세요!: 아프리카의 슬픈 역사, 르완다 대학살(We Wish to Inform You That Tomorrow We Will Be Killed with Our Families: Stories from Rwanda)』. 강미경 옮김. 서울: 갈라파고스.

구달, 제인(Jane Goodall)·마크 베코프(Marc Bekoff). 2021. 『제인 구달 생명의 시대 (The Ten Trusts: What We Must Do to Care for the Animals We Love)』. 최재 천·이상임 옮김. 서울: 바다출판사.

김형준. 2018. 『히잡은 패션이다: 인도네시아 무슬림 여성의 미에 대한 생각과 실천』. 파주: 서해문집.

다이아몬드, 재러드(Jared Diamond). 2005. 『총·균·쇠(Guns, Germs, and Steel)』. 김진준 옮김. 서울: 문학사상.

달메다 토포르, 엘렌(Héléne d'Almeida-Topor). 2010. 『아프리카: 열일곱 개의 편견 (L'Afrique)』. 이규현·심재중 옮김. 파주: 한울엠플러스.

디리, 와리스(Waris Dirie). 2021. 『사파 구하기: 한 아이를 살려 세상을 구하다 (Saving Safa: Rescuing a Little Girl from FGM)』. 신혜빈 옮김. 인천: 열다북스.

디리, 와리스·잔 다엠(Jeanne D'Haem). 2007. 『사막의 새벽(Desert Dawn)』. 문영혜 옮김. 서울: 섬앤섬.

디리, 와리스·캐틀린 밀러(Cathleen Miller). 2005. 『사막의 꽃(Desert Flower)』. 이 다희 옮김. 서울: 섬앤섬.

로슬링, 한스(Hans Rosling)·올라 로슬링(Ola Rosling)·안나 로슬링 뢴룬드(Anna Rosling Rönnlund). 2019. 『팩트풀니스: 우리가 세상을 오해하는 10가지 이유 와 세상이 생각보다 괜찮은 이유(Factfulness: Ten reasons we're wrong about the world—and why things are better than you think)』. 이창신 옮김. 파주: 김 영사.

류광철. 2019. 『살아 있는 공포, 아프리카의 폭군들』. 파주: 말글빛냄.

모요, 담비사(Dambisa Moyo). 2012. 『죽은 원조(Dead Aid)』. 김진경 옮김. 파주: 알마.

박경화. 2011. 『고릴라는 핸드폰을 미워해: 아름다운 지구를 지키는 20가지 생각』.

서울: 북센스.

베아, 이스마엘(Ishmael Beah). 2007. 『집으로 가는 길(Long Way Gone: Memoirs of a Boy Soldier)』. 송은주 옮김. 서울: 북스코프.

블릭센, 카렌(Karen Blixen). 2009. 『아웃 오브 아프리카(Out of Africa)』. 민승남 옮김. 파주: 열린책들.

소잉카, 월레(Wole Soyinka). 2017. 『오브 아프리카(Of Africa)』. 왕은철 옮김. 고양: 삼천리.

아부에, 마르그리트(Maguerite Abouet)(글), 클레망 우브르리(Clément Oubrerie)(그림). 2011. 『요푸공의 아야(Aya de Yopougon)』. 이충민 옮김. 서울: 세미콜론.

아이흐스테드, 피터(Peter H. Eichstaedt). 2011. 『해적 국가: 소말리아 어부들은 어떻게 해적이 되었나(Pirate State: Inside Somalia's Terrorism at Sea)』. 강혜정 옮김. 서울: 미지북스.

윤영준. 2020. 『아프리카, 미필적 고의에 의한 가난: 아프리카는 왜 아직 가난한가?』. 서울: 지식과감성.

콘래드, 조지프[콘래드, 조셉(Joseph Conrad)]. 1899/1998. 『암흑의 핵심(Heart of Darkness)』. 이상옥 옮김. 서울: 민음사.

퍼렌티, 크리스천(Christian Parenti). 2012. 『왜 열대는 죽음의 땅이 되었나: 기후 변화와 폭력의 새로운 지형도(Tropic of Chaos: Climate Change and the New Geography of Violence)』. 강혜정 옮김. 서울: 미지북스.

호프만, 코리네(Corinne Hofmann). 2006. 『하얀 마사이: 마사이 전사의 아내가 된 백인 여인(The White Masai)』. 두행숙 옮김. 서울: 솔.

Dallaire, Roméo. 2003. *Shake Hands with the Devil*. Random House Canada.

• 인터넷 자료

우분투 국제교육연구소. 2020. 「아프리카 인식제고 방안과 우리의 對아프리카 외교정책에 대한 함의」. 외교부 연구과제 보고서.

유엔난민기구(UNHCR). 2021. 「2020 연례 보고서」. https://www.unhcr.or.kr/unhcr/files/pdf/2021Q2_2020_AnnualReport_Korean.pdf.

Afrobarometer. 2020. "Summary of results Afrobarometer Round 8 Survey in Ethiopia." https://www.afrobarometer.org/wp-content/uploads/2022/02/afrobarometer_sor_eth_r8_en_2020-07-03.pdf.

BBC. 2019.6.24. "The Arab world in seven charts: are Arabs turning their backs on religion?" https://www.bbc.com/news/world-middle-east-48703377(검색일: 2022.10.23).

IMMAR Research & Consultancy. "Africaleads 2021." https://www.cian-afrique.org/media/2021/03/barometre_Africaleads2021_defweb.pdf.

INSEE(Institut national de la statistique et des études économiques). 2022. "L'essentiel sur... les immigrés et les étrangers." https://www.insee.fr/fr/statistiques/3633212(검색일: 2022.10.20).

Kimberley Process. 2022. "2022 KP participants list." https://www.kimberleyprocess.com/en/2022-kp-participants-list(검색일: 2022.10.13).

Murdock, George Peter. 1959. *Africa: Its People and Their Culture History*. McGraw Hill Text.

Pew Research Center. 2020. "Polygamy is rare around the world and mostly confined to a few regions." https://www.pewresearch.org/fact-tank/2020/12/07/(검색일: 2022.10.24).

UCDP(Uppsala Conflict Data Program). "Fatal events in 2021 by type of violence, world." https://ucdp.uu.se/downloads/charts/graphs/pdf_22/worldin2021.pdf.

UNESCO. 2021. "The African film industry: trends, challenges and opportunities for growth."

WEF(World Economic Forum). 2022. "Gloabl gender gap report." https://www3.weforum.org/docs/WEF_GGGR_2022.pdf.

WWF(World Wildlife Fund). 2022. "African elephant." https://www.worldwildlife.org/species/african-elephant(검색일: 2022.10.12).